Das Rechtsmissbrauchsverbot als Minderheitenschutz im Gesellschaftsrecht

Europäische Hochschulschriften

European University Studies

Publications Universitaires Européennes

Reihe II **Rechtswissenschaft**

Series II Law

Série II Droit

Band/Volume **5528**

Sebastian Remberg

Das Rechtsmissbrauchsverbot als Minderheitenschutz im Gesellschaftsrecht

Dargestellt am Beispiel des aktienrechtlichen Squeeze-out

PL ACADEMIC RESEARCH

Bibliografische Information der Deutschen Nationalbibliothek
Die Deutsche Nationalbibliothek verzeichnet diese Publikation in der Deutschen Nationalbibliografie; detaillierte bibliografische Daten sind im Internet über http://dnb.d-nb.de abrufbar.

Zugl.: Freiburg (Breisgau), Univ., Diss. 2012

Dekan: Prof. Dr. Sebastian Krebber, LL.M. (Georgetown University)
Erstgutachter: Prof. Dr. Hanno Merkt, LL.M. (University of Chicago)
Zweitgutachter: Prof. Dr. Marc-Philippe Weller
Dissertationsort: Freiburg im Breisgau
Datum der mündlichen Prüfung: 18.07.2012

D 25
ISSN 0531-7312
ISBN 978-3-631-62640-5 (Print)
E-ISBN 978-3-653-02091-5 (E-Book)
DOI 10.3726/978-3-653-02091-5

PL Academic Research ist ein Imprint der Peter Lang GmbH.
Peter Lang – Frankfurt am Main · Bern · Bruxelles · New York · Oxford · Warszawa · Wien

www.peterlang.de

Meiner Mutter

Meiner Schwester

Peter

Vorwort

Die vorliegende Arbeit wurde im Wintersemester 2011/2012 von der Rechtswissenschaftlichen Fakultät der Albert-Ludwigs-Universität Freiburg als Dissertation angenommen. Rechtsprechung und Literatur sind bis September 2011 berücksichtigt worden. Dem Inkrafttreten des ESUG am 01.03.2012 wurde Rechnung getragen.

Meinem Doktorvater, *Prof. Dr. Hanno Merkt, LL.M. (University of Chicago)*, danke ich herzlich für die jederzeit angenehme und unkomplizierte Betreuung dieser Arbeit. Mein Dank gilt ferner *Prof. Dr. Marc-Philippe Weller* für die zügige Erstellung des Zweitgutachtens.

Bedanken möchte ich mich bei meinen Freunden, *Dr. Jonas Woitzyk, LL.M. (University of Auckland)* und *Dr. Lovro Tomasic*, für die hilfreichen Diskussionen und Denkanstöße, die mir bei der Erstellung dieser Arbeit sehr geholfen haben.

Mein ganz besonderer Dank gebührt meiner Familie, deren bedingungslose Unterstützung einen wesentlichen Beitrag zum Gelingen dieser Arbeit geleistet hat und auf deren Zuspruch ich stets vertrauen durfte.

Inhaltsübersicht

Einleitung....17

1. Teil:
Der aktienrechtliche Squeeze-out

§ 1: Die Ausschlussregelungen der §§ 327a ff. AktG....21

I. Die Zielgesellschaft....21
II. Das Ausschlussverfahren....21
1. Der Hauptaktionär....21
2. Die Anteilsübertragung....23
a) Übertragungsverlangen und Übertragungsbeschluss....23
b) Eintragung des Beschlusses....24
3. Die Barabfindung....25
III. Sinn und Zweck....26
IV. Verfassungsmäßigkeit....27

§ 2: Verhältnis zu anderen Ausschlusstatbeständen....31

I. Sondertatbestände des Squeeze-out....31
1. Der übernahmerechtliche Squeeze-out nach dem WpÜG....31
2. Der umwandlungsrechtliche Squeeze-out nach dem UmwG....32
3. Der finanzmarktstabilisierungsrechtliche Squeeze-out nach dem FMStBG....34
II. Sonstige Ausschlussinstrumente....35
1. Unmittelbare Ausschlussmechanismen....36
a) Kaduzierung....36
b) Zwangseinziehung....37
c) Ausschluss aus wichtigem Grund....38
2. Mittelbare Ausschlussmechanismen....38
a) Zusammenlegung von Aktien bei der Kapitalherabsetzung ("Reverse Stock Split")....38
b) Kapitalerhöhung unter Bezugsrechtsausschluss....39
c) Umwandlung....40
d) Delisting....41
e) Mehrheitseingliederung....41
f) Übertragende Auflösung ("Sale of Assets")....42

2. Teil:
Das Rechtsmissbrauchsverbot - Theorie, Dogmatik und Methodik

§ 3: Rechtstheoretische Einordnung 45

I. Das Rechtsmissbrauchsverbot als Generalklausel 45
II. Das Rechtsmissbrauchsverbot als rechtsimmanente Inhaltsschranke 46
1. Funktionsweisen von Generalklauseln 46
a) Rechtsfortbildung 47
b) Rechtskorrektur 48
2. Einordnung des Rechtsmissbrauchsverbots 50

§ 4: Rechtsdogmatische Herleitung 53

I. Das Rechtsmissbrauchsverbot im Bürgerlichen Recht: Rechtsfunktioneller Anwendungsfall des § 242 BGB 53
1. Teleologische Erweiterung des § 242 BGB 53
2. Tatbestandliche Anforderungen 54
a) Das Fehlen subsumtionsfähiger Tatbestandsmerkmale 55
b) Das Gebot billiger Rücksichtnahme als Obersatz: Interessenabwägung und Kasuistik zu § 242 BGB 56
c) Das Erfordernis bestehender Sonderverbindung 57
3. Arten des Rechtsmissbrauchs 58
a) Institutioneller Rechtsmissbrauch 59
aa) Zweckwidriger Fehlgebrauch von Rechten 59
bb) Dogmatische Einordnung als Treuepflichtverstoß 60
b) Individueller Rechtsmissbrauch 62
II. Das Rechtsmissbrauchsverbot im Gesellschaftsrecht: Rechtsfunktioneller Anwendungsfall der mitgliedschaftlichen Treuepflicht 63
1. Die Lehre von der mitgliedschaftlichen Treuepflicht 64
a) Verbandszugehörigkeit als Entstehungsgrund 65
b) Funktionen und Schutzrichtung 66
aa) Vertikale Treuepflicht 67
bb) Horizontale Treuepflicht 68
cc) Das Verhältnis zwischen vertikaler und horizontaler Treuebindung 69

2. Die mitgliedschaftliche Treuepflicht als eigenständige dogmatische Kategorie 70
a) § 242 BGB als „offener" Tatbestand 71
b) Emanzipation des mitgliedschaftlichen Treuegedankens 72
aa) Besondere Interessenlage im Rahmen gesellschaftsvertraglicher Zusammenschlüsse 72
bb) Besondere Einwirkungsmacht im Rahmen gesellschaftsvertraglicher Zusammenschlüsse 73
(1) Personengesellschaftsrecht 75
(2) Kapitalgesellschaftsrecht 76
cc) Besondere vertrauensbasierte Verbundenheit im Rahmen gesellschaftsvertraglicher Zusammenschlüsse 77
dd) Fazit 79
c) Gesetzliche Rückkoppelung der mitgliedschaftlichen Treuepflicht 79
3. Die mitgliedschaftliche Treuepflicht als dogmatische Grundlage des Rechtsmissbrauchsverbots 81
a) Notwendigkeit dogmatischer Verknüpfung 83
b) Das Rechtsmissbrauchsverbot als Teilmenge der mitgliedschaftlichen Treuepflicht 85

§ 5: Rechtsmethodisches Vorgehen 89

I. Die Konkretisierungsbedürftigkeit des Rechtsmissbrauchsverbots 89
II. Die Suche nach der richtigen Konkretisierungsmethode 89
1. Das Rechtsmissbrauchsverbot im Spannungsfeld zwischen Einzelfallgerechtigkeit und Rechtssicherheit 90
2. Objektivierte Interessenabwägung als Konkretisierungsmethode 91
a) Typologische Elemente des Abwägungsprozesses (nach Hennrichs) 92
aa) Bestimmung des Alternativverhaltens 92
bb) Bestimmung der schutzwürdigen Interessen 93
cc) Die Missbrauchskontrolle i.e.S. (Interessenabwägung) 93
dd) „Verträglichkeitsprobe" des gefundenen Ergebnisses 94
b) Fallgruppen als zusätzliches Konkretisierungshilfsmittel 94
aa) Bei Einschlägigkeit einer Fallgruppe 94
bb) Bei fehlender Einschlägigkeit einer Fallgruppe 97

3. Teil: Die Minderheitenschutzfunktion des Rechtsmissbrauchsverbots am Beispiel des aktienrechtlichen Squeeze-out

§ 6: Einführung 99

I. Das Rechtsmissbrauchsverbot als Korrektiv verbandsinterner Mehrheitsmacht 99
1. Missbrauchsgefahr aufgrund Mehrheitsprinzips 100
2. Keine ausreichende Rechtfertigung durch präsumtiven Interessengleichlauf 102
a) Vermuteter Interessengleichlauf 102
b) Unzulänglichkeit der Vermutung 103
aa) Allgemein: Gefahr der Abhängigkeit und Beherrschung 103
bb) Aktienrecht: Der Minderheitsaktionär als Kapitalanleger 105
cc) Squeeze-out: Kein Interesse am eigenen Ausschluss 106
dd) Fazit: Erfordernis materieller Korrektive 107
3. Abgrenzung zu anderen Minderheitenschutzmechanismen 108
a) Materielle Beschlusskontrolle 108
aa) Die Lehre vom sachlichen Grund 108
bb) Abgrenzung zur Rechtsmissbrauchskontrolle 111
b) Gleichbehandlungsgrundsatz (§ 53a AktG) 113
c) Organschaftliche Treuepflicht des Vorstands gegenüber der Minderheit 113
II. Rechtliche und funktionale Einbettung in das Squeeze-out-Verfahren 116
1. Verbotsmaßstab 117
a) Die horizontale Rücksichtspflicht 117
b) Die mehrheitsbezogene Rücksichtspflicht 119
2. Anknüpfungspunkt und Rechtsfolgen 120
a) Anknüpfungspunkt: Stimmrechtsausübung 120
b) Rechtsfolge: Anfechtbarkeit anstatt Nichtigkeit 123

§ 7: Gesetzesimmanente Begrenzung des Rechtsmissbrauchsverbots 125

I. Gesetzgeberische Wertungsentscheidung 125
1. Der Ausschluss von Minderheitsaktionären als Selbstzweck 126

2. Kapitalmarktrechtlicher Vermögensschutz statt mitgliedschaftlichem Bestandsschutz 126
II. Bestandsschutz nur in Ausnahmefällen 127
1. Notwendigkeit der Rechtsmissbrauchskontrolle beim Squeeze-out 127
2. Abwertung des Ausschlussinteresses bzw. Aufwertung des Bestandsinteresses 129

§ 8: Bestandsschutz durch Abwertung des Ausschlussinteresses 131

I. Verhaltensbegründete Abwertung 131
1. Unredliche Rechtsausübung 131
2. Unredlicher Rechtserwerb 131
3. Grundsätzliche Unbeachtlichkeit subjektiver Motive 132
II. Unredlicher Erwerb der Hauptaktionärsstellung 133
1. Formwechsel einer GmbH in eine AG zum Zwecke des Squeeze-out 133
a) Keine Unredlichkeit mangels Treuwidrigkeit des Formwechselbeschlusses 134
aa) Keine Zweckentfremdung wegen faktischer Einführung des Squeeze-out in das GmbH-Recht 135
(1) Problemdarstellung 135
(2) Der Formwechsel als freie Ermessensentscheidung 139
(3) Keine wertungswidrige Ausstrahlungswirkung wegen umwandlungsbedingter Schlechterstellung 140
bb) Keine Umgehung des Kontinuitätsprinzips 142
cc) Keine Übertragbarkeit der Rechtssache Linotype 144
dd) Beweisschwierigkeiten 146
b) Keine Unredlichkeit mangels „Infizierung" des Übertragungsbeschlusses 147
aa) Offene Treuwidrigkeit des Umwandlungsbeschlusses 148
(1) Unterlassene Klageerhebung 148
(2) Klageabweisung und Freigabeverfahren 149
bb) Verdeckte Treuwidrigkeit des Umwandlungsbeschlusses 151
(1) Wertung des § 124 Abs. 3 BGB 152
(2) Bestandswirkung der Registereintragung 152
(3) Schutz des Rechtsverkehrs 154

(4) Keine besondere Schutzwürdigkeit von Minderheitsgesellschaftern ... 155
cc) Beweisschwierigkeiten ... 155
c) Keine Unredlichkeit aufgrund bloßer Beschlusskombination ... 157
2. Exkurs: Verschmelzung auf eine AG ... 157
3. Kapitalerhöhung unter Bezugsrechtsauschluss zum Zwecke des Squeeze-out ... 157
a) Rechtswidrigkeit des Bezugsrechtsausschlusses ... 158
b) Keine Unredlichkeit mangels „Infizierung" des Übertragungsbeschlusses ... 160
aa) Offene Treuwidrigkeit des Kapitalerhöhungsbeschlusses ... 160
bb) Verdeckte Treuwidrigkeit des Kapitalerhöhungsbeschlusses ... 160
4. Zeitlich begrenzte Aktienbündelung zum Zwecke des Squeeze-out ... 162
a) Der Missbrauchsvorwurf am Beispiel des Wertpapierdarlehens ... 162
b) Kein Verstoß gegen Sinn und Zweck des Squeeze-out (institutioneller Rechtsmissbrauch) ... 165
aa) Vermeidung umständlichen „Umhängens" von Beteiligungen ... 165
bb) Effektive Unternehmensführung ... 166
cc) Vermeidung von Formalaufwand ... 167
5. Fazit ... 168
III. Unredliches Ausnutzen der Hauptaktionärsstellung ... 169
1. Geplante (Wieder-)Aufnahme von Aktionären ... 169
a) Keine andere rechtliche Beurteilung als im Fall vorübergehender Aktienbündelung ... 169
b) Ökonomisch veranlasste Maßnahmen ... 170
c) Beweisschwierigkeiten ... 171
2. Fehlendes Unternehmensinteresse / Schikane (§ 226 BGB) ... 171
3. Ausschluss zur Unzeit ... 172
4. Fazit ... 173

§ 9: Bestandsschutz durch Aufwertung des Bestandsinteresses ... 175

I. Vertrauensschutzbegründete Aufwertung ... 175
II. Abstrakte Schutzwürdigkeit des Bestandsvertrauens ... 176

1. Person des Vertrauenden ... 176
a) Kein schutzwürdiges Bestandsvertrauen bei vom Aktionärsleitbild getragenen Minderheitsaktionären ... 177
aa) Der Kapitalanleger als Idealtypus ... 177
bb) Keine Schutzwürdigkeit im Falle monetärer Beteiligungsinteressen ... 178
b) Schutzwürdiges Bestandsvertrauen bei vom Aktionärsleitbild abweichenden Minderheitsaktionären ... 179
aa) Auseinanderfallen von Realtypus und Idealtypus ... 180
bb) Keine vorrangige Wortsinnreduktion ... 181
2. Art des Vertrauens: Vertrauen auf ein freiwilliges Unterlassen ... 182
a) Grundsatz des Vorrangs rechtsgeschäftlicher Bindung ... 183
b) Ausnahmen: Unzumutbarkeit und besondere soziale Verbundenheit ... 183
III. Konkrete Schutzbedürftigkeit des Bestandsvertrauens ... 184
1. Auseinanderfallen von Idealtypus und Realtypus nicht ausreichend ... 184
2. Vertrauensschutz aufgrund widersprüchlichen Verhaltens ... 186
3. Vertrauensbildung ... 188
a) Vertrauenstatbestand ... 188
b) Diskutierte Fälle vertrauensbildenden Vorverhaltens beim Squeeze-out ... 189
aa) Einseitige Erklärung und schuldrechtliche Nebenabrede ... 189
bb) Längeres Untätigbleiben des Hauptaktionärs (Verwirkung) ... 191
(1) Tatbestand der Verwirkung ... 191
(2) Der Squeeze-out als wirtschaftliches Reaktionsinstrument ... 193
4. Vertrauensmanifestierung ... 194
a) Grundsatz: Notwendigkeit einer Vertrauensdisposition ... 195
aa) Bloße Veranlassung zum Gesellschaftsbeitritt nicht ausreichend ... 195
bb) Beteiligungserwerb in der Krise (debt-equity-swap) ... 196
(1) Der debt-equity-swap als Sanierungsintrument ... 197
(2) Vertrauensdisposition beim debt-equity-swap ... 198
(3) Besonderheit: Das Insolvenzplanverfahren nach dem ESUG ... 200
(4) Einschränkung durch den Grundsatz des Vorrangs rechtsgeschäftlicher Bindung ... 201

b) Keine Ausnahme bei personalistisch geprägten Familiengesellschaften 202
IV. Fazit 204

Zusammenfassung der wesentlichen Ergebnisse 205

Literaturverzeichnis 209

Einleitung

Seit 2002 gestattet das deutsche Aktienrecht jedem Aktionär, der über eine Mehrheitsbeteiligung von mindestens 95 Prozent verfügt, die Übernahme auch der restlichen im Umlauf befindlichen Aktien und damit ein „Hinausdrängen" (*Squeeze-out*) der diese Minderheitsbeteiligungen haltenden Aktionäre (vgl. §§ 327a ff. AktG).[1] Dabei hat der Gesetzgeber das Übertragungsverfahren bewusst an die Regelungen zur Mehrheitseingliederung (§§ 320 ff. AktG) angelehnt.[2] Über die Durchführung des Squeeze-out entscheidet somit die Hauptversammlung mit einfacher Mehrheit. Für die betroffenen Minderheitsaktionäre bedeutet dies allerdings, dass eine Übertragung ihrer Anteile auf den Hauptaktionär nicht nur ohne ihre Zustimmung, sondern auch gegen ihren ausdrücklichen Willen möglich ist. Als Ausgleich für den Beteiligungsverlust steht ihnen lediglich eine Barabfindung zu (vgl. §§ 327a Abs. 1, S. 1, 327b AktG).

In der Wirtschaft fand der Squeeze-out großen Anklang, ermöglicht er doch Unternehmen, ohne großen Aufwand kostenverursachende Splitterbeteiligungen einzusammeln, „störende" Minderheitsaktionäre loszuwerden und dadurch die Unternehmensführung effektiver zu gestalten.[3] So kam es bereits im Jahr seines Inkrafttretens mit der Dresdner Bank und der Mannesmann AG gleich bei zwei seinerzeit namhaften deutschen Unternehmen zu einem solchen Ausschluss von Minderheitsaktionären. Auch in den Folgejahren wurde immer wieder von § 327a Abs. 1, S. 1 AktG Gebrauch gemacht. Die Fälle HypoVereinsbank (2007), Allianz (2008), AWD (2009), Ersol (2009) und Altana (2010) stellen dabei nur ein paar prominente Beispiele der vergangenen Jahre dar.

Auch rechtlich war die Einführung des Squeeze-out bemerkenswert. Weder das Aktienrecht noch die sonstigen Gesellschaftsrechtsgebiete kannten bis dato ein vergleichbar voraussetzungsloses und anlassunabhängiges Instrument zum Ausschluss von Gesellschaftern.[4] Damit eignet sich der

---

1 Eingeführt wurden die §§ 327a ff. AktG durch das „Gesetz zur Regelung von öffentlichen Angeboten zum Erwerb von Wertpapieren und von Unternehmensübernahmen" vom 20.12.2011, BGBl 2001 I, S. 3822 (3838).

2 Begr.RegE, BT-Drucks. 14/7034, S. 32.

3 Zu Sinn und Zweck des aktienrechtlichen Squeeze-out: § 1) III).

4 Vgl.: Habersack, in: Emmerich/Habersack, Aktien- und GmbH-Konzernrecht, 6. Aufl. (2010), § 327a Rn. 8. Mittlerweile hat der Squeeze-out aber auch in andere

Squeeze-out aber wie kein anderes gesellschaftsrechtliches Rechtsinstitut zur Untersuchung und Darstellung des im Gesellschaftsrecht bestehenden Minderheitenschutzes. Dies gilt umso mehr, als die §§ 327a ff. AktG das Ergebnis eines gesetzgeberischen Trends markieren, den mitgliedschaftlichen Bestandsschutz von Minderheitsbeteiligungen im Aktienrecht zugunsten eines rein kapitalmarktrechtlichen Vermögensschutzes zurückzudrängen.[5] Vereinzelt wurde der Squeeze-out deshalb auch als "Fremdkörper"[6] oder "Radikallösung des Kapitalmarktrechts"[7] bezeichnet, obgleich das Schrifttum seiner Einführung überwiegend positiv gegenüber stand.[8]

Im Fokus dieser Arbeit steht dabei das Rechtsmissbrauchsverbot in seiner Funktion als Minderheiten schützendes Korrektiv von Mehrheitsmacht. Dies hat seinen Grund darin, dass mit zunehmender Schwere des Eingriffs in die mitgliedschaftliche Rechtsstellung von Minderheitsgesellschaftern durch eine Mehrheit stets auch die Gefahr eines Missbrauchs dieser mehrheitsbezogenen Eingriffsbefugnis steigt. Dies gilt insbesondere für den Squeeze-out, bei dem es naturgemäß nicht nur um eine bloße Beschränkung von Minderheitsrechten, sondern letztendlich um deren gänzlichen Verlust geht. Es sind daher gerade die Frage einer etwaigen Rechtsmissbräuchlichkeit des Squeeze-out im Einzelfall und die Suche nach Missbrauchsszenarien, denen im Folgenden besondere Aufmerksamkeit gewid-

---

Gesetze Eingang gefunden (§§ 39a ff. WpÜG, § 62 Abs. 5 UmwG, § 12 Abs. 4 FMStBG).

5 Fröde (NZG 2007, 729 (734f.)) spricht insofern zutreffend von einem Paradigmenwechsel „Vermögens- statt Bestandsschutz“; ähnlich auch: Merkt, AG 2003, 126 (133); dazu im Einzelnen: § 7) I) 2).

6 Habersack, in: Emmerich/Habersack, Aktien- und GmbH-Konzernrecht, 6. Aufl. (2010), § 327a Rn. 5; Koppensteiner, in: Kölner Kommentar zum AktG, 3. Aufl. (2004), Vorb. § 327a Rn. 8.

7 Heidel/Lochner, in: Heidel, Aktienrecht und Kapitalmarktrecht, 3. Aufl. (2011), Vor §§ 327a ff Rn. 8; Hüffer, AktG, 9. Aufl. (2010), § 327a Rn. 4a.

8 Baumbach, WM 1999, 1968; Ph.Baums, Ausschluss von Minderheitsaktionären, 2001, S. 131; DAV-Handelsrechtsausschuss, NZG 1999, 850; Ehricke/Roth, DStR 2001, 1120; Halm, NZG 2000, 1162 (1165); Gesmann/Nuissl, WM 2002, 1205; Halasz/Kloster, DB 2002, 1253; Hasselbach, in: Kölner Kommentar zum WpÜG, 2. Aufl. (2010), § 327a AktG Rn. 2; Kallmeyer, AG 2000, 59; Kossmann, NZG 1999, 1198 (1203); Schiessl, AG 1999, 442 (451); Sieger/Hasselbach, ZGR 2002, 120 (132); Vetter, DB 2001, 743; kritisch hingegen: Emmerich/Habersack, Konzernrecht, 9. Aufl. (2008), S. 174; Fleischer, ZGR 2002, 757 (768 ff.); Heidel/Lochner, in: Heidel, Aktienrecht und Kapitalmarktrecht, 3. Aufl. (2011), Vor §§ 327a ff Rn. 8; Hüffer, AktG, 9. Aufl. (2010), § 327a Rn. 4a; Koppensteiner, in: Kölner Kommentar zum AktG, 3. Aufl. (2004), Vorb. § 327a Rn. 8; Merkt, AG 2003, 126 (133).

met werden soll.[9] Dabei haben sich verschiedene Fallgruppen etabliert, anhand derer im Schrifttum eine potentielle Missbräuchlichkeit des Ausschlussverfahrens diskutiert wird. Dazu zählt insbesondere die nur vorübergehende Schaffung der gesetzlichen Squeeze-out-Voraussetzungen mittels Einsatzes eines Wertpapierdarlehens, die Vornahme gesellschaftsrechtlicher Strukturmaßnahmen im Vorfeld eines Squeeze-out (insbesondere eines Formwechsels oder einer Kapitalerhöhung unter Bezugsrechtsausschluss), der Aktionärsausschluss mit unmittelbar anschließender (Wieder-)Aufnahme neuer bzw. alter Aktionäre oder die dem Squeeze-out vorausgehende Veranlassung einzelner Minderheitsaktionäre zum Gesellschaftsbeitritt. Auf höchstrichterliche Rechtsprechung kann in diesem Zusammenhang seit März 2009 zurückgegriffen werden, als sich der Bundesgerichtshof in seiner „Wertpapierdarlehen"-Entscheidung erstmals zur Frage des missbräuchlichen Einsatzes eines Squeeze-out äußerte. Dabei verneinte er einen Rechtsmissbrauch für die genannte Fallgruppe des Ausschlusses unter Zuhilfenahme eines Wertpapierdarlehens. In der Literatur stieß das Urteil weitestgehend auf Zustimmung, schaffte es doch zumindest ein gewisses Maß an Rechtssicherheit beim praktischen Umgang mit den §§ 327a ff. AktG.[10]

Gleichwohl scheint es nach wie vor an einer klaren Linie der Auslegung und Strukturierung des Rechtsinstituts *Rechtsmissbrauch* als Minderheitenschutz im Gesellschaftsrecht und konkret mit Blick auf den aktienrechtlichen Squeeze-out zu fehlen.[11] Auch von einer einheitlichen Terminologie kann insofern kaum die Rede sein. So wird der Rechtsmissbrauch vereinzelt mit der Verletzung der mitgliedschaftlichen Treuepflicht in Verbindung gebracht,[12] während andere diese Begriffe offenbar als zwei gesondert zu prüfende Rechtsfragen verstehen.[13] Als ein Schwerpunkt dieser Arbeit sollen

---

9 Siehe insofern auch: Hasselbach, in: Kölner Kommentar zum WpÜG, 2. Aufl. (2010), § 327a AktG, Rn. 76, der dies unter anderem als Reaktion darauf sieht, dass es der Gesetzgeber unterlassen hat, den Squeeze-out auf börsennotierte Gesellschaften zu beschränken und keine weiteren Sicherungsvorkehrungen zum Schutz bestimmter besonders schutzwürdiger Minderheiten vorzusehen.

10 Heider/Hirte, GWR 2009, 111; Leuering/Rubner, NJW-Spezial 2009, 335 (336); Petersen/Wille, NZG 2009, 856 (857); Pluskat, DB 2009, 1224 (1227); Rieder, ZGR 2009, 981 (983); Ruoff/Marhewka, BB 2009, 1321 (1322); kritisch: Grunewald, EWiR 2009, 327 (328).

11 So auch: Heidel/Lochner, in: Heidel, Aktienrecht und Kapitalmarktrecht, 3. Aufl. (2011), § 327a Rn. 14.

12 Siehe dazu die Nachweise in Fn. 285.

13 Siehe dazu die Nachweise in Fn. 283.

daher zunächst die rechtstheoretischen, rechtsdogmatischen und rechtsmethodischen Grundlagen des allgemeinen Rechtsmissbrauchsverbots als ein Kerngedanke unserer Rechtsordnung geklärt und festgelegt werden (2. Teil). Ausgehend von den allgemein-zivilrechtlichen Voraussetzungen des Verbots missbräuchlicher Rechtsausübung werden dabei vornehmlich dessen gesellschaftsrechtsspezifischen und Squeeze-out-typischen Besonderheiten herausgearbeitet und systematisiert. Am Ende soll ein verständliches und umfassendes Minderheitenschutzkonzept stehen, das dem Rechtsanwender die Durchführung einer Rechtsmissbrauchskontrolle in gesellschaftsrechtlichen Sachverhalten und insbesondere mit Blick auf Squeeze-out-Verfahren erleichtert. Nur dann, wenn die Grundrisse des Rechtsmissbrauchsverbots feststehen, kann in einem zweiten Schritt die Suche nach Fallgestaltungen erfolgen.

Erst im Anschluss ist daher zu untersuchen, ob und unter welchen Voraussetzungen das Rechtsmissbrauchsverbot auch tatsächlich auf Konstellationen bei oder im Vorfeld der Durchführung eines Squeeze-out Anwendung findet (3. Teil). Dabei sollen Kriterien herausgearbeitet werden, die eine einheitliche Rechtsmissbrauchsbeurteilung im Kontext der §§ 327a ff. AktG ermöglichen. In diesem Zusammenhang wird auf die genannten Missbrauchsfallgruppen zurückzukommen sein.

1. Teil: Der aktienrechtliche Squeeze-out

§ 1: Die Ausschlussregelungen der §§ 327a ff. AktG

I. Die Zielgesellschaft

Als Zielgesellschaft eines Squeeze-out kommen ausweislich des § 327a Abs. 1, S. 1 AktG nur die AG und die Kommanditgesellschaft auf Aktien (KG a.A.) in Betracht. Für die GmbH ist das Ausschlussverfahren *de lege lata* nicht vorgesehen.[14] Begründen lässt sich dies unter anderem mit der gegenüber dem gesetzgeberischen Leitbild[15] der Aktiengesellschaft stärker personalistisch geprägten Gesellschafterstruktur der GmbH.[16]

Anders als im Falle des übernahmerechtlichen Squeeze-out-Verfahrens spielt die Börsennotierung der Zielgesellschaft für den aktienrechtlichen Zwangsausschluss keine Rolle.[17]

II. Das Ausschlussverfahren

Voraussetzung für die Durchführung eines aktienrechtlichen Squeeze-out ist neben der Existenz eines Hauptaktionärs eine ordnungsgemäß „verlangte", beschlossene und in das Handelsregister eingetragene Aktienübertragung sowie die Zahlung einer angemessenen Barabfindung (vgl. § 327a Abs. 1, S. 1 AktG).

1. Der Hauptaktionär

Initiiert werden kann der aktienrechtliche Squeeze-out ausschließlich durch einen mit mindestens 95 Prozent an dem Grundkapital der Zielgesellschaft beteiligten Aktionär (§ 327a Abs. 1, S. 1 AktG). Für Zielgesellschaften mit Nennbetragsaktien richtet sich die Beteiligungshöhe nach dem Verhältnis des Gesamtnennbetrags der gehaltenen Aktien zum Nennkapital, für

---

14 Zur Frage einer analogen Anwendung: v. Morgen, WM 2003, 1553 (1558 ff.).

15 Zum gesetzgeberischen Aktionärsleitbild des AktG: § 9) II) 1) a).

16 Vgl.: Koppensteiner, in: Kölner Kommentar zum AktG, 3. Aufl. (2004), § 327a Rn. 2, der als Begründung anführt, Minderheitsgesellschafter einer GmbH verfolgten im Gegensatz zu Minderheitsaktionären nicht nur Vermögensinteressen.

17 Hasselbach, in: Kölner Kommentar zum WpÜG, 2. Aufl. (2010), § 327a AktG Rn. 1; Hüffer, AktG, 9. Aufl. (2010), § 327a Rn. 5.

Zielgesellschaften mit Stückaktien nach der Zahl der Aktien, wobei jeweils eigene Anteile vom Nennkapital bzw. der Zahl der Aktien abzuziehen sind.[18] Berücksichtigung finden nach § 327a Abs. 1, S. 1 AktG allerdings nur solche Aktien, die dem Hauptaktionär „gehören". Wann dies der Fall ist, entscheidet sich ausschließlich anhand der sachenrechtlichen Eigentumszuordnung, weshalb sich eine wirtschaftliche Betrachtung verbietet.[19] Eine Ausnahme gilt lediglich für mittelbar – etwa über eine Tochtergesellschaft – gehaltene Aktien,[20] da sich dadurch ein aufwendiges und teures Umhängen von Unternehmensbeteiligungen vermeiden lässt.[21] Damit können aber neben natürlichen und juristischen Person auch Personenhandelsgesellschaften und Gesellschaften Bürgerlichen Rechts (GbR) tauglicher Hauptaktionär sein, vorausgesetzt, sie vereinen das formale Aktieneigentum auf sich.[22] Relevant wird dies etwa bei als GbR organisierten Stimmrechtsbindungskonsortien oder Stimmrechtspoolen, die folglich nur dann als Hauptaktionär in Betracht kommen, wenn das Aktieneigentum nicht bei den einzelnen Konsorten oder Poolmitgliedern verbleibt, sondern in das Gesamthandeigentum der GbR eingebracht wird und diese als Folge über mindestens 95 Prozent der Anteile an der Zielgesellschaft verfügt.[23]

Darüber hinaus stellt das Gesetz keine weiteren Anforderungen an die Hauptaktionärseigenschaft. Insbesondere bedarf es neben der Kapital-

---

18 § 327a Abs. 2 AktG i.V.m. § 16 Abs. 2 AktG.

19 Vgl. etwa: BGH, WM 2009, 896 (898 f.) (Wertpapierdarlehen); OLG München, ZIP 2006, 2370 (2374); Austmann, in: Münchener Handbuch des Gesellschaftsrechts, Band 4, 3. Aufl. (2007), § 74 Rn. 16; Habersack, in: Emmerich/Habersack, Aktien- und GmbH-Konzernrecht, 6. Aufl. (2010), § 327a Rn. 16; Hasselbach, in: Kölner Kommentar zum WpÜG, 2. Aufl. (2010), § 327a AktG Rn. 55; Holzborn/Müller, in: Bürgers/Körber, AktG, 2008, § 327a Rn. 10; Schnorbus, in: K.Schmidt/Lutter, AktG, 2. Aufl. (2010), § 327a Rn. 5.

20 § 327a Abs. 2 AktG i.V.m. § 16 Abs. 2 AktG.

21 BGH, WM 2009, 896 (898) (Wertpapierdarlehen); Grunewald, in: Münchener Kommentar zum AktG, 3. Aufl. (2010), § 327a Rn. 6.

22 Grunewald, in: Münchener Kommentar zum AktG, 3. Aufl. (2010), § 327a Rn. 5; Grzimek, in: Geibel/Süßmann, WpÜG, 2. Aufl. (2008), § 327a AktG Rn. 29 (dort Fn. 37); Hasselbach, in: Kölner Kommentar zum WpÜG, 2. Aufl. (2010), § 327a AktG Rn. 40; Singhof, in: Spindler/Stilz, AktG, 2. Aufl. (2010), § 327a Rn. 15.

23 Fleischer, in: Großkommentar zum AktG, 4. Aufl. (2007), § 327a Rn. 35; Grzimek, in: Geibel/Süßmann, WpÜG, 2. Aufl. (2008), § 327a AktG Rn. 29 (dort Fn. 37); Habersack, in: Emmerich/Habersack, Aktien- und GmbH-Konzernrecht, 6. Aufl. (2010), § 327a Rn. 15; Hasselbach, in: Kölner Kommentar zum WpÜG, 2. Aufl. (2010), § 327a AktG Rn. 40; Koppensteiner, in: Kölner Kommentar zum AktG, 3. Aufl. (2004), § 327a Rn. 4.

mehrheit nach ganz herrschender Meinung keiner zusätzlichen Stimmrechtsmehrheit,[24] so dass auch stimmrechtslose Vorzugsaktien zu berücksichtigen sind.[25]

2. Die Anteilsübertragung

Die Übertragung der Aktien der Minderheitsaktionäre auf den Hauptaktionär erfolgt gemäß §§ 327a Abs. 1, S. 1, 327e Abs. 1, S. 1 AktG mehrstufig (Übertragungsverlangen, Übertragungsbeschluss und Eintragung des Übertragungsbeschlusses).

a) Übertragungsverlangen und Übertragungsbeschluss

Eingeleitet wird die Anteilsübertragung durch ein entsprechendes Verlangen des Hauptaktionärs gegenüber der Zielgesellschaft (Übertragungsverlangen). Dabei handelt es sich um ein einseitiges korporationsrechtliches Rechtsgeschäft, das ausdrücklich oder konkludent gegenüber mindestens einem Mitglied des Vorstands der Zielgesellschaft als deren gesetzlichem Vertreter zu erklären ist.[26]

Ungeachtet seiner grundsätzlichen Weisungsfreiheit (§ 76 Abs. 1 AktG) wird der Vorstand durch das Übertragungsverlangen zur Einberufung einer gegebenenfalls außerordentlichen Hauptversammlung mit dem Squeeze-out-Verlangen als Beschlussgegenstand verpflichtet (vgl. §§ 121 Abs. 1, 124 Abs. 1 AktG).[27] Angesichts der erheblichen Kosten einer außerordentlichen

---

24 Siehe etwa: Austmann, in: Münchener Handbuch des Gesellschaftsrechts, Band 4, 3. Aufl. (2007), § 74 Rn. 16; Fleischer, in: Großkommentar zum AktG, 4. Aufl. (2007), § 327a Rn. 18; Grunewald, in: Münchener Kommentar zum AktG, 3. Aufl. (2010), § 327a Rn. 15; Grzimek, in: Geibel/Süßmann, WpÜG, 2. Aufl. (2008), § 327a AktG Rn. 38; Schnorbus, in: K.Schmidt/Lutter, AktG, 2. Aufl. (2010), § 327a Rn. 4; auch die Regierungsbegründung (BegrRegE, BT-Drucks 14/7034, S. 72) spricht lediglich von dem Erfordernis einer „Kapitalbeteiligung in Höhe von 95 Prozent"; a.A.: Koppensteiner, in: Kölner Kommentar zum AktG, 3. Aufl. (2004), § 327a Rn. 12.

25 Habersack, in: Emmerich/Habersack, Aktien- und GmbH-Konzernrecht, 6. Aufl. (2010), § 327a Rn. 16; Holzborn/Müller, in: Bürgers/Körber, AktG, 2008, § 327a Rn. 16.

26 Austmann, in: Münchener Handbuch des Gesellschaftsrechts, Band 4, 3. Aufl. (2007), § 74 Rn. 32 f.; Hüffer, AktG, 9. Aufl. (2010), § 327a Rn. 8; Schnorbus, in: K.Schmidt/Lutter, AktG, 2. Aufl. (2010), § 327a Rn. 16.

27 Habersack, in: Emmerich/Habersack, Aktien- und GmbH-Konzernrecht, 6. Aufl. (2010), § 327a Rn. 20; Hüffer, AktG, 9. Aufl. (2010), § 327a Rn. 8.

Hauptversammlung dürfte die Pflicht zur Einberufung einer solchen allerdings nur dann bestehen, wenn das Gesellschaftsinteresse eine unverzügliche Beschlussfassung verlangt, der Hauptaktionär die Kosten der Einberufung übernimmt oder bei Bestehen eines Beherrschungsvertrags der Hauptaktionär von seinem Weisungsrecht nach § 308 Abs. 1, S. 1 AktG Gebrauch macht.[28] In allen anderen Fällen hat die Beschlussfassung im Rahmen der nächsten ordentlichen Hauptversammlung zu erfolgen. Des Weiteren hat der Hauptaktionär dem Vorstand im Vorfeld der Einberufung der Hauptversammlung die Erklärung eines Kreditinstituts vorzulegen, in dem dieses die Barabfindungszahlung seitens des Hauptaktionärs garantiert (§ 327b Abs. 3 AktG).

Wurde eine Hauptversammlung ordnungsgemäß einberufen, erfolgt die Beschlussfassung über die Aktienübertragung (Übertragungsbeschluss) mit einfacher Mehrheit, es sei denn, die Satzung der Zielgesellschaft sieht ausnahmeweise ein höheres Quorum vor (§ 133 Abs. 1 AktG).

b) Eintragung des Beschlusses

Der Übertragungsbeschluss führt jedoch nicht *ipso iure* zur rechtswirksamen Übertragung der Aktien. Er ist vielmehr nur Teil eines mehrstufigen gesetzlichen Erwerbstatbestands.[29] Wirksamkeit erlangt die Aktienübertragung erst mit Eintragung des Übertragungsbeschlusses in das Handelsregister.[30] Dabei darf das zuständige Registergericht nach der Grundkonzeption des § 327e Abs. 2 i.V.m. § 319 Abs. 5 und 6 AktG den Beschluss nur dann eintragen, wenn der Vorstand der Zielgesellschaft (i) eine Negativerklärung mit dem Inhalt abgibt, dass eine Klage gegen den Übertragungsbeschluss nicht oder nicht fristgemäß erhoben bzw. eine solche Klage rechtskräftig abgewiesen oder zurückgenommen wurde,[31] (ii) die klageberechtigten Minderheitsaktionäre durch notariell beurkundete Verzichtserklärung auf ihr Anfechtungsrecht verzichten[32] oder – soweit bereits fristgerecht Klage gegen den Übertragungsbeschluss erhoben und zugelassen wurde – (iii) eine entsprechende Entscheidung des zuständigen Oberlandesgerichts im

---

28 So auch: Singhof, in: Spindler/Stilz, AktG, 2. Aufl. (2010), § 327a Rn. 19; a.A.: Holzborn/Müller, in: Bürgers/Körber, AktG, 2008, § 327a Rn. 14.

29 Habersack, in: Emmerich/Habersack, Aktien- und GmbH-Konzernrecht, 6. Aufl. (2010), § 327a Rn. 22.

30 § 327e Abs. 3 S. 1 AktG.

31 § 327e Abs. 2 i.V.m. § 319 Abs. 5, S. 1 AktG.

32 § 327e Abs. 2 i.V.m. § 319 Abs. 5, S. 2 AktG.

Freigabeverfahren ergangen ist.[33] Stellt sich im letztgenannten Fall die Klage im Nachhinein als begründet heraus, lässt dies die Wirksamkeit der Eintragung unberührt. Den Minderheitsaktionären steht dann lediglich ein Anspruch gegen die Zielgesellschaft auf Ersatz des ihnen durch die unberechtigte Eintragung entstandenen Schadens zu,[34] wobei der durch das „Gesetz zur Umsetzung der Aktionärsrechterichtlinie" vom 30. Juli 2009 (ARUG)[35] neu eingefügte § 319 Abs. 6, S. 11 AktG nunmehr ausdrücklich klarstellt, dass damit eine Rückübertragung der „verlorenen" Aktien im Wege der Naturalrestitution (§ 249 Abs. 1 BGB) gerade nicht verlangt werden kann.[36]

3. Die Barabfindung

Als Ausgleich für den Verlust ihrer Beteiligung an der Zielgesellschaft gewährt das Gesetz den vom Zwangsausschluss betroffenen Minderheitsaktionären einen Anspruch gegen den Hauptaktionär auf Zahlung einer angemessenen Barabfindung (§§ 327a Abs. 1, S. 1, 327b AktG). Wie die Aktienübertragung selbst ist auch die Höhe der Barabfindung Gegenstand des Übertragungsbeschlusses. Sie wird einseitig durch den Hauptaktionär festgelegt[37] und muss bereits in der Bekanntmachung der Tagesordnung betragsmäßig angegeben sein (vgl. § 327c Abs. 1, Nr. 2 AktG). Eine nachträgliche Erhöhung der Barabfindung im Zuge der Hauptversammlung bleibt jedoch möglich.[38] Die Abfindungshöhe richtet sich grundsätzlich nach dem anteiligen Unternehmenswert, dessen Ermittlung in der Praxis meist nach dem sog. Ertragswertverfahren erfolgt.[39] Bei börsennotierten Gesellschaf-

---

33 § 327e Abs. 2 i.V.m. § 319 Abs. 6, S. 1 AktG.

34 § 327e Abs. 2 i.V.m. § 319 Abs. 6, S. 10 AktG.

35 BGBl 2009 I, S. 2479 (2488).

36 Bis zur Einführung des neuen § 319 Abs. 6, Satz 11 AktG durch das ARUG war umstritten, ob eine Rückgängigmachung der Eintragung und damit eine Aktienrückübertragung im Wege der Naturalrestitution möglich sein sollte, vgl. dazu etwa: Hüffer, AktG, 9. Aufl. (2010), § 327e Rn. 3a; Schnorbus, in: K.Schmidt/Lutter, AktG, 2. Aufl. (2010), § 327e Rn. 18 ff.

37 § 327b Abs. 1 S. 1 AktG.

38 Dem stehen auch keine Vertrauensschutzgesichtspunkte entgegen, da auch Aktionären, die im Vertrauen auf den in der Bekanntmachung der Tagesordnung angegebenen Abfindungsbetrag der Hauptversammlung ferngeblieben sind, dadurch keine Nachteile entstehen (vgl.: Austmann, in: Münchener Handbuch des Gesellschaftsrechts, Band 4, 3. Aufl. (2007), § 74 Rn. 60; Hasselbach, in: Kölner Kommentar zum WpÜG, 2. Aufl. (2010), § 327b AktG Rn. 7).

39 Leyendecker, NZG 2010, 927; Schnorbus, in: K.Schmidt/Lutter, AktG, 2. Aufl. (2010), § 327b Rn. 2.

ten fungiert dabei der Durchschnitts-Börsenwert der letzten drei Monate vor Bekanntgabe des Squeeze-out als Untergrenze.[40]

Zulässig ist die angebotene Barabfindung jedoch nur dann, wenn sie auch angemessen ist, sie also die wirtschaftlichen Verhältnisse der Zielgesellschaft im Zeitpunkt der Beschlussfassung widerspiegelt (vgl. § 327b Abs. 1, S. 1 AktG). Erfüllt eine Barabfindung das Kriterium der Angemessenheit im Einzelfall nicht, so bedeutet dies jedoch nicht *per se* bereits die Unwirksamkeit oder Anfechtbarkeit der Übertragungsbeschlusses (vgl. § 327f S. 1 AktG). Über die Angemessenheit der gezahlten Abfindung sowie über eine etwaige Anpassung der Abfindungshöhe wird ausschließlich in einem separaten Spruchverfahren entschieden (§ 327f S. 2 AktG).

III. Sinn und Zweck

Mit Einführung der §§ 327a ff. AktG verfolgte der Gesetzgeber eine Vielzahl unternehmensfreundlicher Motive. So heißt es in der Begründung des Gesetzesentwurfs etwa[41]:

> „Von Seiten der Wirtschaft ist aus verschiedenen Gründen ein Bedürfnis für eine solche Regelung geltend gemacht worden. Zunächst wird darauf hingewiesen, dass es ökonomisch keinen Sinn mache, sehr kleine Minderheiten in Aktiengesellschaften zu belassen. Die Beteiligung von Minderheitsaktionären stelle einen erheblichen – kostspieligen – Formalaufwand dar, der sich aus der Beachtung zwingender minderheitsschützender Normen ergebe. Dieser Aufwand bliebe im Wesentlichen derselbe, auch wenn neben dem Mehrheitsaktionär nur ein Rest an Splitterbesitz vorhanden sei. Die Praxis zeige, dass Kleinstbeteiligungen oftmals missbraucht würden, um den Mehrheitsaktionär bei der Unternehmensführung zu behindern und ihn zu finanziellen Zugeständnissen zu veranlassen. Eine Behinderung könne insbesondere durch Anfechtung von Hauptversammlungsbeschlüssen erfolgen. Daher ließen sich gegen den Willen einzelner Kleinaktionäre auch notwendige Umstrukturierungen oft nicht oder nur mit großer zeitlicher Verzögerung durchsetzen. Schließlich gebe es die Fälle, in denen eine gewisse Anzahl von Aktien nicht erworben werden könnte, weil die Inhaber von Aktien nicht ausfindig zu machen seien und/oder von ihrem vielleicht ererbten Aktienbesitz selbst nichts wüssten."

Der Squeeze-out soll demnach vornehmlich der Sicherstellung einer effektiven Unternehmensführung sowie der Entfaltung unternehmerischer Initiative dienen. Es geht um den Ausschluss störender „räuberischer" Klein-

---

40 So neuerdings: BGH, GWR 2010, 370 (Stollwerck).

41 BegrRegE, BT-Drucks. 14/7034, S. 31 f.

aktionäre[42] ebenso wie um das Einsammeln von Splitterbeteiligungen, die für die Gesellschaft nicht mehr als einen zeit- und kostenintensiven Formalaufwand bedeuten.[43] Auch sollte durch die Aufnahme des Squeeze-out in das AktG eine Harmonisierung des innereuropäischen Rechts erfolgen.[44]

IV. Verfassungsmäßigkeit

Die Verfassungsmäßigkeit des Squeeze-out ist heute, nicht zuletzt aufgrund mehrerer verfassungsgerichtlicher Entscheidungen,[45] weitestgehend anerkannt.[46]

---

42 Heidel/Lochner, in: Heidel, Aktienrecht und Kapitalmarktrecht, 3. Aufl. (2011), Vor §§ 327a ff Rn. 5.

43 Vgl. etwa: Kumpan/Mittermeier, ZIP 2009, 404 (408).

44 Koppensteiner, in: Kölner Kommentar zum AktG, 3. Aufl. (2004), Vorb. § 327a Rn. 4; siehe zu dem Verweis auf die Rechtsordnung anderer Mitgliedstaaten der EU, BegrRegE, BT-Drucks 14/7034, S. 32.

45 BVerfG, ZIP 2007, 1261 (Edscha AG); ZIP 2007, 2121; vor diesen Entscheidungen wurde die Verfassungsmäßigkeit des aktienrechtlichen Squeeze-out aus der sog. Moto-Meter-Entscheidung des BVerfG (NJW 2001, 279) hergeleitet, in der es der Sache nach um einen Aktionärsausschluss im Wege der übertragenden Auflösung ging.

46 BGH, WM 2009, 896 (898) (Wertpapierdarlehen); BGH, ZIP 2006, 2080 (2081); BGH, BB 2005, 2651; Angerer, BKR 2002, 260; Bauer, NZG 2000, 1214 (1215); Ehricke/Roth, DStR 2001, 1120 (1121); Fleischer, in: Großkommentar zum AktG, 4. Aufl. (2007), § 327a Rn. 48 ff.; ders., ZGR 2002, 757 (764); ders., DNotZ 2000, 876 (879); Geßler, AktG, Stand: 2008/2009, § 327a Rn. 6; Grunewald, in: Münchener Kommentar zum AktG, 3. Aufl. (2010), Vor § 327a Rn. 6; Grzimek, in: Geibel/Süßmann, WpÜG, 2. Aufl. (2008), § 327a AktG Rn. 21; Halm, NZG 2000, 1162 (1165); Heidel/Lochner, in: Heidel, Aktienrecht und Kapitalmarktrecht, 3. Aufl. (2011), Vor §§ 327a ff. Rn. 7; Hüffer, AktG, 9. Aufl. (2010), § 327a Rn. 4; Koppensteiner, in: Kölner Kommentar zum AktG, 3. Aufl. (2004), Vorb. § 327a Rn. 6 f.; Krieger, BB 2002, 53 (54); Land/Hasselbach, DB 2000, 557 (562); Pötzsch/Möller, WM 2000, Sonderbeilage 2, 1 (30); Schnorbus, in: K.Schmidt/Lutter, AktG, 2. Aufl. (2010), Vor §§ 327a-327f Rn. 5; Sellmann, WM 2003, 1545 (1546f.); Singhof, in: Spindler/Stilz, AktG, 2. Aufl. (2010), § 327a Rn. 5; Stumpf, NJW 2003, 9 (12); Vetter, DB 2001, 743 (746 f.); ders., AG 2002, 176 (182 f.); Wirth/Arnold, AG 2002, 503 (504); vefassungsrechtliche Bedenken hingegen: LG Hamburg, ZIP 2003, 951 (952); LG Wuppertal, AG 2004, 161 (162); Meilicke, AG 2007, 261 ff.; gar für eine verfassungskonforme Reduktion der §§ 327a ff. AktG: Hanau, NZG 2002, 1040 (1047).

Bei den §§ 327a ff. AktG handelt es sich um keine Enteignungsvorschriften im Sinne des Art. 14 Abs. 3 GG.[47] Sie stellen vielmehr bloße Inhalts- und Schrankenbestimmungen des in der Aktie verkörperten Eigentums (vgl. Art. 14 Abs. 1 GG) dar, die zulässig sind, wenn der Gesetzgeber die widerstreitenden Interessen, namentlich das Bestandsinteresse der ausgeschlossenen Aktionäre und das Ausschlussinteresse des Hauptaktionärs innerhalb der ihm obliegenden Schranken in einen angemessenen Ausgleich gebracht hat.[48] Diese Voraussetzungen sieht das Bundesverfassungsgericht im Fall der §§ 327a ff. AktG erfüllt.[49] Erforderlich sei lediglich, dass den ausgeschlossenen Minderheitsaktionären ein angemessener wirtschaftlicher Ausgleich gezahlt werde, was durch §§ 327a Abs. 1, S. 1, 327b AktG gewährleistet sei.[50] Durch die Aufnahme verschiedener gesetzlicher Vorkehrungen[51] zur Sicherstellung der angemessenen Barabfindungszahlung sei fer-

---

47 BVerfG, ZIP 2007, 1261 (1262) (Edscha AG); siehe zur umstrittenen Frage, ob das Handeln der Hauptversammlung dem Staat zugerechnet werden kann, so dass eine Enteignung angenommen werden könnte: Seuffert, Der Schutz des Aktieneigentums nach Art. 14 GG und seine Auswirkungen im Zusammenhang mit dem Ausschluss von Minderheitsaktionären gemäß §§ 327a ff. AktG, 2005, S. 68 f.

48 BVerfG, ZIP 2007, 2121; Grunewald, in: Münchener Kommentar zum AktG, 3. Aufl. (2010), Vor § 327a Rn. 6; Grzimek, in: Geibel/Süßmann, WpÜG, 2. Aufl. (2008), § 327a AktG Rn. 21.

49 BVerfG, ZIP 2007, 2121.

50 BVerfG, ZIP 2007, 2121; dem folgend etwa: BGH, BB 2005, 2651 (2652); Habersack, in: Emmerich/Habersack, Aktien- und GmbH-Konzernrecht, 6. Aufl. (2010), § 327a Rn. 7; Singhof, in: Spindler/Stilz, AktG, 2. Aufl. (2010), § 327a Rn. 5 m.w.N; vgl. zur Rechtslage bei der übertragenden Auflösung bereits BVerfG, NJW 2001, 279 (Moto Meter).

51 Etwa die ggfs. erfolgende Erläuterung der Bemessung der Abfindung durch den Hauptaktionär zu Beginn der Hauptversammlung (§ 327d S. 2 AktG), die Überprüfung der Angemessenheit der Abfindung durch einen sachverständigen Prüfer (§ 327c Abs. 1, S. 2 AktG), die Möglichkeit der Festlegung einer angemessenen Barabfindung im Wege eines Spruchverfahrens (§ 327f AktG), die Absicherung gegen eine mögliche Insolvenz des Hauptaktionärs durch Bankbürgschaft (§ 327b Abs. 3 AktG) sowie die Verzinsung der Barabfindung ab Bekanntmachung der Eintragung des Übertragungsbeschlusses in das Handelsregister (§ 327b Abs. 2 AktG; ggfs. zuzüglich Verzugszinsen gemäß § 288 BGB). Hinsichtlich der Bankbürgschaft soll sogar dann von einer verfassungsrechtlich ausreichenden Absicherung auszugehen sein, wenn diese sich lediglich auf die vom Hauptaktionär festgesetzte und nicht die im Spruchverfahren erreichte Barabfindung erstreckt, so dass die unbesicherte Differenz zwischen diesen Beträgen dem Insolvenzrisiko des Hauptaktionärs ausgesetzt ist (BGH, BB 2005, 2651 (2652); OLG Stuttgart, NZG 2004, 146 (149)).

ner auch dem Erfordernis effektiven Rechtsschutzes ausreichend Rechnung getragen.[52]

52 BVerfG, ZIP 2007, 2121; OLG Stuttgart, NZG 2004, 146 (149); Grzimek, in: Geibel/Süßmann, WpÜG, 2. Aufl. (2008), § 327a AktG Rn. 23.

§ 2: Verhältnis zu anderen Ausschlusstatbeständen

I. Sondertatbestände des Squeeze-out

Wie erwähnt ist die rechtliche Möglichkeit eines Squeeze-out nicht allein dem Aktienrecht vorbehalten. Auch das Kapitalmarktrecht (WpÜG), das Finanzmarktstabilisierungsrecht (FMStBG) und das Umwandlungsrecht (UmwG) kennen mittlerweile vergleichbare Ausschlussregelungen. Gegenüber den §§ 327a ff. AktG verkörpern diese Squeeze-out-Varianten jedoch lediglich rechtsbereichsspezifische Sonderlösungen. Anders als der aktienrechtliche Squeeze-out stehen sie nicht gänzlich im freien Ermessen des Hauptaktionärs, sondern knüpfen an bestimmte, ihrem Rechtsbereich typische Tatbestände an und sind somit in ihrem Anwendungsbereich begrenzt.

1. Der übernahmerechtliche Squeeze-out nach dem WpÜG

Sonderregelungen eines Squeeze-out finden sich zunächst für übernahmerechtliche Sachverhalte in den §§ 39a ff. WpÜG.[53] Vom aktienrechtlichen Ausschlussverfahren unterscheidet sich der übernahmerechtliche Squeeze-out dabei neben seiner Beschränkung auf börsennotierte Aktiengesellschaften insbesondere durch seine Koppelung an ein vorausgehendes Übernahme- oder Pflichtangebot (vgl. § 39a Abs. 1, S. 1 WpÜG). Erlangt ein Bieter im Anschluss an ein Übernahme- oder Pflichtangebot Aktien in Höhe von mindestens 95 Prozent des Grundkapitals der Zielgesellschaft, so kann er innerhalb von drei Monaten nach Ablauf der Annahmfrist des Angebots die Übertragung der restlichen Aktien auf ihn beantragen.[54] Im Gegensatz zu den §§ 327a ff. AktG erfolgt die Anteilsübertragung dabei jedoch nicht im Wege eines Hauptversammlungsbeschlusses, sondern durch gerichtlichen Beschluss des allein zuständigen LG Frankfurt am Main.[55]

Auch im Fall des übernahmerechtlichen Squeeze-out ist den Minderheitsaktionären eine Abfindung zu zahlen, deren Art sich nach der Gegenleistung des Übernahme- oder Pflichtangebots richtet, eine wahlweise Bar-

---

53 Eingeführt wurden die §§ 39a ff. WpÜG durch das „Gesetz zur Umsetzung der Richtlinie 2004/25/EG des europäischen Parlaments und des Rates vom 21. April 2004 betreffend Übernahmeangebote (Übernahmerichtlinie-Umsetzungsgesetz)" vom 8. Juli 2006 (BGBl. 2006 I, 1426 (1429)).

54 § 39a Abs. 4, S. 1 WpÜG.

55 §§ 39a Abs. 5, 39b Abs. 3, S. 1 WpÜG

abfindung aber enthalten muss.[56] Dabei besteht ein wesentlicher Vorteil darin, dass die Angemessenheit der Abfindung unwiderlegbar[57] vermutet wird, wenn der Bieter im Wege des Übernahme- oder Pflichtangebots Aktien in Höhe von mindestens 90 Prozent des Grundkapitals erworben hat.[58]

2. Der umwandlungsrechtliche Squeeze-out nach dem UmwG

Auch das Umwandlungsrecht verfügt seit dem „Dritten Gesetz zur Änderung des Umwandlungsgesetzes" vom 11. Juli 2011 mit § 62 Abs. 5 UmwG über einen bereichsspezifischen Squeeze-out-Tatbestand.[59] Anders als der aktienrechtliche und der übernahmerechtliche Squeeze-out ist das umwandlungsrechtliche Ausschlussverfahren dabei allerdings zweckgebunden. Seine systematische Verortung im fünften Absatz des § 62 UmwG verdeutlicht, dass er ausschließlich der Vorbereitung und Vereinfachung konzerninterner *Upstream*-Verschmelzungen, also in erster Linie der Verschmelzung einer Tochter- auf deren Muttergesellschaft, dient. Relevant wird ein solcher *pre-merger*[60]-Squeeze-out dabei immer dann, wenn es sich bei der Muttergesellschaft nicht um die alleinige Aktionärin der Tochtergesellschaft handelt, sie aber über das zur Einleitung des Squeeze-out-Verfahrens erforderliche Anteilsquorum verfügt. Dann nämlich kann über den vorgeschalteten Aktionärsausschluss dennoch die Verschmelzung einer 100-prozentigen Tochtergesellschaft erreicht werden, für die ein vereinfachtes Verschmelzungsverfahren gilt, da die Einhaltung bestimmter regulärer Verfahrensanforderungen in diesem Fall als reiner Formalismus er-

---

56 § 39a Abs. 3, S. 1 und 2 WpÜG.

57 Str.; so aber eine weitverbreitete Meinung in Übereinstimmung mit der Regierungsbegründung (BT-Drucks. 16/1003, S. 22): Hasselbach, ZGR 2005, 387 (404 f.); Merkt/Binder, BB 2006, 1285 (1290 f.); die Gegenansicht hält dies in Anbetracht von Art. 14 GG für verfassungswidrig, vgl.: Habersack, ZIP 2001, 1230 (1238); Heidel/Lochner, Der Konzern 2006, 653 (656); Rühland, NZG 2006, 401 (405).

58 § 39a Abs. 3, S. 3 WpÜG.

59 BGBl. 2011 I, S. 1338; Anlass war die Änderung der Verschmelzungsrichtlinie (Dritte Richtlinie 78/855/EWG vom 9. Oktober 1987 betreffend die Verschmelzung von Aktiengesellschaften) durch die Richtlinie 2009/109/EG vom 16. September 2009 zur Änderung der Richtlinien 77/91/EWG, 78/855/EWG und 82/891/EWG des Rates sowie der Richtlinie 2005/56/EG hinsichtlich der Berichts- und Dokumentationspflicht bei Verschmelzungen und Spaltungen.

60 Zu dieser Terminologie: Bayer/Schmidt, ZIP 2010, 953 (961).

scheint.[61] So bedarf es eines Verschmelzungsbeschlusses der übernehmenden Muttergesellschaft ebenso wenig wie eines Verschmelzungsberichts oder einer Verschmelzungsprüfung.[62] Nach § 62 Abs. 4, S. 1 UmwG ist nunmehr auch ein Verschmelzungsbeschluss der übertragenden Tochtergesellschaft nicht mehr erforderlich. Übertragungsbeschluss und Verschmelzung können somit gemeinsam zur Eintragung in das Handelsregister angemeldet werden.

Rechtlich stellt der *pre-merger*-Squeeze-out kein eigenständiges Ausschlussverfahren dar. Wie der Verweis in § 62 Abs. 5, S. 8 UmwG auf die Vorschriften zum aktienrechtlichen Squeeze-out verdeutlicht, richtet sich auch der *pre-merger*-Squeeze-out grundsätzlich nach den §§ 327a ff. AktG.[63] Lediglich hinsichtlich dessen zeitlichen Anwendungsbereichs, des tatbestandlichen Mehrheitserfordernisses sowie einzelner Verfahrensbestimmungen ergeben sich aus § 62 Abs. 5 UmwG bestimmte verschmelzungsspezifische Besonderheiten und verfahrenserleichternde Modifikationen der aktienrechtlichen Vorschriften. So ist ein *pre-merger*-Squeeze-out zunächst nur dann zulässig, wenn ein Verschmelzungsvertrag bereits zustande gekommen ist und zwischen Vertragsschluss und dem Übertragungsbeschluss nach § 327a Abs. 1, S. 1 AktG nicht mehr als drei Monaten vergangen sind.[64] Gleichzeitig erleichtert § 62 Abs. 5, S. 1 UmwG die Initiierung des Ausschlussverfahrens gegenüber § 327a Abs. 1, S. 1 AktG, indem er die zur Stellung des Übertragungsverlangens erforderliche Kapitalmehrheit von 95 auf 90 Prozent senkt. In Bezug auf das konkrete Ausschlussverfahren verlangt § 62 Abs. 5 UmwG insbesondere die Aufnahme eines Hinweises auf den geplanten Ausschluss der Minderheitsaktionäre in den Verschmelzungsvertrag bzw. seinen Entwurf,[65] die Auslegung des Vertrags bzw. des Entwurfs zur Einsicht der Aktionäre gemäß § 327c Abs. 3 AktG[66] sowie die Beifügung des Vertrags in Ausfertigung oder öffentlich beglaubigter Abschrift oder seines Entwurfs bei der Anmeldung des Übertragungsbeschlusses zur Eintragung in das Handelsregister nach § 327e Abs. 1 AktG[67]. Zur Vermeidung einer Umgehung des strengeren Mehrheits-Erfordernisses des § 327a Abs. 1, S. 1 AktG soll der Übertragungsbeschluss aber erst mit der

61 Freytag, BB 2010, 1611 (1613).
62 §§ 8 Abs. 3, S. 1, Var. 2, 9 Abs. 3, 62 Abs. 1 und 2 UmwG.
63 Siehe auch: Freytag, BB 2010, 1611 (1615).
64 § 62 Abs. 5, S. 1 UmwG.
65 § 62 Abs. 5, S. 2 UmwG.
66 § 62 Abs. 5, S. 5 UmwG.
67 § 62 Abs. 5, S. 6 UmwG.

Eintragung des Verschmelzungsbeschlusses wirksam werden. Die Eintragung des Übertragungsbeschlusses ist daher mit einem entsprechenden Vermerk zu versehen (§ 62 Abs. 5, S. 7 UmwG).

3. Der finanzmarktstabilisierungsrechtliche Squeeze-out nach dem FMStBG

Verfahrenserleichternde Modifikationen der §§ 327a ff. AktG finden sich des Weiteren in § 12 Abs. 4 FMStBG[68] für Squeeze-out-Verfahren als Teil staatlicher Rettungsmaßnahmen zum Zwecke der Finanzmarktstabilisierung. Hauptaktionär und damit Initiator eines solchen vereinfachten Squeeze-out kann dabei ausschließlich der Sonderfonds Finanzmarktstabilisierung[69] (SoFFin) und Zielgesellschaft nur ein Unternehmen des Finanzsektors[70] sein. Erwirbt der SoFFin im Zusammenhang mit der Stabilisierung eines solchen Unternehmens Beteiligungen an diesem,[71] so sieht das Gesetz eine Reihe von Erleichterungen für einen anschließenden Squeeze-out vor. Insbesondere reicht für das Übertragungsverlangen des § 327a Abs. 1, S. 1 AktG erneut bereits eine Anteilsmehrheit von 90 Prozent aus.[72] Da es sich bei dem SoFFin um ein staatliches Sondervermögen handelt,[73] bedarf es darüber hinaus auch keiner Bankgarantie gemäß § 327b Abs. 3 AktG.[74]

Eine wesentliche Modifikation betrifft ferner die Eintragung des Übertragungsbeschlusses in das Handelsregister. Nach der Grundkonzeption des § 327e Abs. 2 i.V.m. § 319 Abs. 6 AktG stehen Klagen von Minderheitsaktionären einer Beschlusseintragung entgegen, solange kein anderslautender Gerichtsbeschluss im Freigabeverfahren ergangen ist. Auch hiervon macht das FMStBG eine Ausnahme. So erklärt § 12 Abs. 4, S. 3 FMStBG anstelle des § 327e Abs. 2 AktG die Spezialvorschrift des § 7c S. 2 bis 4 FMStBG für an-

68 Gesetz zur Beschleunigung und Vereinfachung des Erwerbs von Anteilen an sowie Risikopositionen von Unternehmen des Finanzsektors durch den Fonds „Finanzmarktstabilisierungsfonds" (Finanzmarktstabilisierungsbeschleunigungsgesetz).

69 Zweck des Finanzmarktstabilisierungsfonds ist die Stabilisierung des Finanzmarkts durch Überwindung von Liquiditätsengpässen sowie durch Schaffung der Rahmenbedingungen für eine Stärkung der Eigenkapitalbasis von Unternehmen des Finanzsektors (vgl.: § 2 Abs. 1, S. 1 FMStFG).

70 Zur Definition von Unternehmen des Finanzsektors: § 2 Abs. 1 FMStFG.

71 § 5a S. 1 FMStFG.

72 § 12 Abs. 4, S. 1 FMStBG.

73 § 2 Abs. 2 FMStFG.

74 § 12 Abs. 4, S. 2 FMStBG.

wendbar, wonach die Eintragung des Übertragungsbeschlusses unverzüglich und unabhängig von Klagen oder Anträgen auf Erlass von Entscheidungen im einstweiligen Anordnungsverfahren zu erfolgen hat. Eines Freigabeverfahrens bedarf es daher ebenso wenig wie einer Negativerklärung des Vorstandes oder eines Anfechtungsverzichts der vom Ausschluss betroffenen Minderheitsaktionäre. Im Gegenzug ordnet § 12 Abs. 4, S. 4 FMStBG jedoch abweichend von § 327e Abs. 2 i.V.m. § 319 Abs. 6, S. 11 AktG ausdrücklich die Rückübertragung der im Wege des Squeeze-out auf den SoFFin übergegangenen Aktien Zug um Zug gegen Rückzahlung einer bereits ausgezahlten Abfindung an, wenn sich die erhobene Klage gegen den Übertragungsbeschluss als begründet erweist.

Zur Anwendung ist der finanzmarktstabilisierungsrechtliche Squeeze-out bisher bei der Hypo Real Estate gelangt.[75]

II. Sonstige Ausschlussinstrumente

Neben dem Squeeze-out kennt das Aktienrecht eine Reihe weiterer, im folgenden untechnisch als „Ausschlussmechanismen" bezeichnete Verfahren, die unmittelbar oder mittelbar[76] zu einem Verlust der Beteiligung von Aktionären führen oder für diese einem solchen faktisch gleichkommen. Namentlich sind dies das Kaduzierungsverfahren, die Zwangsentziehung, der Ausschlusses aus wichtigem Grund, die Aktienzusammenlegung, die Kapitalerhöhung unter Bezugsrechtsausschluss, die Verschmelzung, der Formwechsel, das sog. *delisting*, die Mehrheitseingliederung und das „Vorgängerverfahren" des aktienrechtlichen Squeeze-out, die übertragende Auflösung.[77]

---

75 Siehe zum Vorgehen bei der Hypo Real Estate Holding AG den Bericht des Vorstands gemäß § 186 Abs. 2 AktG zur Tagesordnung der Hauptversammlung (Kapitalerhöhung unter Bezugsrechtsausschluss vom 2. Juni 2009 (abrufbar unter: http://www.hyporealestate.com).

76 Zur Unterscheidung zwischen unmittelbarem und mittelbarem Aktionärsausschluss siehe im Einzelnen: Ph.Baums, Ausschluss von Minderheitsaktionären, 2001, S. 35 ff.; Fleischer, in: Großkommentar zum AktG, 4. Aufl. (2007), Vor §§ 327 a-f Rn. 34; Grunewald, Ausschluss aus Gesellschaft und Verein, 1987, S. 3 f. und 291 f.; Moritz, „Squeeze out": Der Ausschluss von Minderheitsaktionären nach §§ 327 a ff AktG, 2004, S. 33; Rößler, Squeeze Out, 2007, S. 31.

77 Siehe dazu etwa auch: Moritz, „Squeeze out": Der Ausschluss von Minderheitsaktionären nach §§ 327 a ff AktG, 2004, S. 31 ff.; Posegga, Squeeze Out, 2006, S. 2ff.; Rößler, Squeeze Out, 2007, S. 30 ff.; Rühland, Der Ausschluss von Minderheitsaktionären aus der Aktiengesellschaft (Squeeze Out), 2004, S. 27 ff.

Mit dem Ausschlussverfahren nach §§ 327a ff. AktG sind diese Ausschlussmechanismen allerdings nicht vergleichbar. Sie unterscheiden sich von diesem teils erheblich in der Reichweite ihrer Rechtsfolgen sowie den konkreten Verfahrensanforderungen. So liegt in einigen Fällen – hierzu zählen z.B. die Verschmelzung, der Formwechsel und das *delisting* – rechtstechnisch schon kein Ausschluss von Aktionären vor, vielmehr wird nur ein freiwilliges Ausscheiden aus der Gesellschaft gegen Barabfindung ermöglicht. Soweit hingegen ein Aktionärsausschluss tatsächlich vorgesehen ist, beschränkt sich dieser – wie im Fall der Kaduzierung oder der Zwangseinziehung – meist nur auf einen eng begrenzten Aktionärskreis, da er von einem bestimmten Aktionärsverhalten im Vorfeld des Ausschlusses abhängt. Ein Ausschluss sämlicher Minderheitsaktionäre im freien Ermessen eines Mehrheitsgesellschafters ist regelmäßig nicht möglich.

1. Unmittelbare Ausschlussmechanismen

a) Kaduzierung

Nach § 64 Abs. 1 und 3 AktG können Aktionäre aus einer Gesellschaft ausgeschlossen werden, wenn sie ihrer Verpflichtung zur Einlagenerbringung gemäß § 54 AktG auch nach erfolglosem Ablauf einer Nachfrist nicht nachkommen. Die Kaduzierung bewirkt dabei den Entzug der Mitgliedschaft, wenngleich die entsprechenden Aktien als solche erhalten bleiben.[78] Mit ihrer Hilfe lässt sich somit nur der Ausschluss säumiger Aktionäre erreichen. Ein Ausschluss sämtlicher Minderheitsaktionäre, wie es die §§ 327a ff. AktG vorsehen, ist daher nur in dem äußerst unwahrscheinlichen Fall möglich, dass sämtliche Minderheitsaktionäre ihrer Einlagenpflicht nicht nachkommen.[79] Die Abhängigkeit von einem bestimmten Aktionärsverhalten (hier: der Nichtleistung der Einlage) führt außerdem dazu, dass die Kaduzierung in zeitlicher Hinsicht weitestgehend dem Ermessen der Gesellschaft entzogen ist. Dieser obliegt letztlich nur die Entscheidung über das „Ob", nicht aber auch über das „Wann" des Ausschlusses.

---

78 Fleischer, in: Großkommentar zum AktG, 4. Aufl. (2007), Vor §§ 327 a-f Rn. 35 m.w.N; Hüffer, AktG, 9. Aufl. (2010), § 64 Rn. 1; Moritz, „Squeeze out": Der Ausschluss von Minderheitsaktionären nach §§ 327 a ff AktG, 2004, S. 34.

79 So auch: Rößler, Squeeze Out, 2007, S. 31.

b) Zwangseinziehung

Ein unmittelbarer Aktionärsausschluss lässt sich ferner im Wege der Kapitalherabsetzung durch zwangsweise Einziehung von Aktien erreichen (§§ 237 ff. AktG). Über die Einziehung entscheidet die Hauptversammlung grundsätzlich mit ¾-Mehrheit (§ 237 Abs. 2, S. 1 i.V.m. § 222 Abs. 1, S. 1 AktG). Liegen die Voraussetzungen des § 237 Abs. 3 AktG (vereinfachtes Einziehungsverfahren) vor, reicht gemäß § 237 Abs. 4, S. 2 AktG jedoch bereits eine einfache Mehrheit aus. Voraussetzung ist aber stets, dass die Zwangseinziehung bereits in der ursprünglichen Satzung oder durch eine Satzungsänderung vor Übernahme oder Zeichnung der Aktien angeordnet oder zugelassen ist (§ 237 Abs. 1, S. 2 AktG).

Die Zwangseinziehung betrifft die Aktienanteile aller Aktionäre gleichermaßen. Zu einem Ausschluss aus der Gesellschaft führt sie daher nur hinsichtlich solcher Aktionäre, deren ursprüngliche Aktienanteile betragsmäßig hinter dem eingezogenen Anteil zurückbleiben, die als Konsequenz der Zwangseinziehung also über keine Aktien mehr verfügen.[80] Wie im Fall der Kaduzierung beschränkt sich daher auch bei der Zwangseinziehung der Gesellschaftsausschluss lediglich auf einen begrenzten Aktionärskreis. Ein Herausdrängen sämtlicher Minderheitsaktionäre ist mit Hilfe der §§ 237 ff. AktG nicht möglich.[81] Zusätzlich bedarf die Zwangseinziehung, anders als der Squeeze-out,[82] einer sachlichen Rechtfertigung, sie muss also neben dem Gleichbehandlungsgrundsatz des § 53a AktG stets auch dem Verhältnismäßigkeitsprinzip entsprechen.[83]

Ein den §§ 327a ff. AktG vergleichbares Ausschlussverfahren kann in der Zwangseinziehung somit nicht gesehen werden.[84]

---

80 Rößler, Squeeze Out, 2007, S. 32.

81 Angerer, BKR 2002, 260 (262).

82 Siehe: § 6) I) 3) a) aa).

83 So die wohl herrschende Auffassung: Grunewald, Ausschluss aus Gesellschaft und Verein, 1987, S. 232 f.; Hüffer, AktG, 9. Aufl. (2010), § 237 Rn. 16; Krieger, in: Münchener Handbuch des Gesellschaftsrechts, Band 4, 3. Aufl. (2007), § 62 Rn. 11; Lutter, in: Kölner Kommentar zum AktG, 2. Aufl. (1995), § 237 Rn. 47; Moritz, „Squeeze out": Der Ausschluss von Minderheitsaktionären nach §§ 327 a ff AktG, 2004, S. 36; Reinisch, Der Ausschluss von Aktionären aus der Aktiengesellschaft, 1992, S. 23.

84 Angerer, BKR 2002, 260 (262); Habersack, ZIP 2001, 1230; Rößler, Squeeze Out, 2007, S. 32.

c) *Ausschluss aus wichtigem Grund*

Nichts anderes gilt für den Ausschluss eines Aktionärs aus wichtigem Grund (§ 737 BGB, § 140 HGB). Auch dieser Ausschlusstatbestand - seine Anwendbarkeit auf Aktiengesellschaften vorausgesetzt[85] - verlangt als „wichtigen Grund“ stets ein bestimmtes Verhalten des einzelnen Aktionärs, hier in Gestalt eines die Erreichung des Gesellschaftszwecks gefährdenden Verstoßes gegen eine mitgliedschaftliche Pflicht.[86] Bei typischerweise nicht personalistisch geprägten Aktiengesellschaften kann dies jedoch, wenn überhaupt, nur bei einem groben Verstoß gegen die mitgliedschaftliche Treuepflicht angenommen werden.[87]

2. Mittelbare Ausschlussmechanismen

a) *Zusammenlegung von Aktien bei der Kapitalherabsetzung ("Reverse Stock Split")*

Eine weitere Möglichkeit des Aktionärsausschlusses liefert bei Gesellschaften mit Nennbetragsaktien die sog. Zusammenlegung von Aktien (*reverse stock split*) als Sonderfall der Kapitalherabsetzung (§ 222 Abs. 4, S. 2 AktG).

Die Herabsetzung des Grundkapitals erfolgt dabei vorrangig durch eine entsprechende Herabsetzung des Nennbetrags der Aktien (§ 222 Abs. 4, S. 1 AktG). Wird dadurch der Mindestnennbetrag des § 8 Abs. 2, S. 1 AktG unterschritten, kommt es subsidiär zur Zusammenlegung von Aktien. Dazu werden mehrere Aktien zu einer geringeren Anzahl neuer Aktien zusammengelegt,[88] wobei sich die Reduzierung der bestehenden Aktienanzahl auf sämt-

---

85 So die wohl herrschende Lehre: Ph.Baums, Ausschluss von Minderheitsaktionären, 2001, S. 102 und 109; Fleischer, in: Großkommentar zum AktG, 4. Aufl. (2007), Vor §§ 327 a-f Rn. 38; Grunewald, Der Ausschluß aus Gesellschaft und Verein, 1987, S. 53 und 56 f.; Habersack, ZIP 2001, 1230; Hofmann, Minderheitsschutz im Gesellschaftsrecht, 2011, S. 394; Hommelhoff, ZHR 151 (1987), 493 (516); a.A.: Rößler, Squeeze Out, 2007, S. 35. Der Bundesgerichtshof hatte eine entsprechende Anwendbarkeit der § 737 BGB, § 140 HGB auf Aktiengesellschaften zunächst abgelehnt (BGHZ 9, 157 (163); 18, 350 (365)), später dann ausdrücklich offen gelassen (BGHZ 103, 184 (192) (Linotype)).

86 Posegga, Squeeze Out, 2006, S. 3; Reinisch, Der Ausschluss von Aktionären aus der Aktiengesellschaft, 1992, S. 23, 42 ff. und 88 ff.

87 Ähnlich: Rößler, Squeeze Out, 2007, S. 35; zum in der Praxis wohl nur seltenen Vorliegen eines wichtigen Grunds: Hofmann, Minderheitsschutz im Gesellschaftsrecht, 2011, S. 394 f.

88 Rühland, Der Ausschluss von Minderheitsaktionären aus der Aktiengesellschaft (Squeeze-out), 2004, S 47 m.w.N.

liche im Umlauf befindlichen Aktien gleichermaßen erstreckt mit der Folge, dass die Beteiligungsquote der Aktionäre untereinander grundsätzlich bestehen bleibt,[89] deren Mitgliedschaft also regelmäßig nicht beeinträchtigt wird.[90]

Ein Beteiligungsverlust kommt allerdings in Betracht, wenn ein Aktionär die für die Zusammenlegung erforderliche Aktienanzahl nicht hält und diese auch nicht beschaffen kann.[91] Damit aber ist der *reverse stock split* geeignet, einen gezielten Ausschluss von Minderheitsaktionären zu ermöglichen, indem ein derart hohes Umtauschverhältnis angesetzt wird, dass einzelne Aktionäre aus finanziellen Gründen nicht mehr in der Lage sind, sich mit ausreichend weiteren Aktien zu versorgen.[92] Die herrschende Meinung sieht in einem solchen Vorgehen jedoch zu Recht einen Verstoß des die Hauptversammlung kontrollierenden Mehrheitsgesellschafters gegen die mitgliedschaftliche Treuepflicht.[93] Bei der Festlegung des Umtauschverhältnisses ist daher das Entstehen von unverhältnismäßig hohen Spitzen durch eine Reduzierung des Nennbetrags der neuen Aktien auf den gesetzlichen Mindestbetrag von 1,00 EUR zu verhindern, weshalb es faktisch zu keinem Aktionärsausschluss mehr kommen kann.[94]

b) Kapitalerhöhung unter Bezugsrechtsausschluss

Bereits rechtlich unmöglich ist ein Ausschluss von Aktionären hingegen bei der Kapitalerhöhung unter Bezugsrechtsausschluss (§ 186 AktG). Zwar kann die dadurch bedingte prozentuale Herabsenkung der Beteiligungsquo-

---

89 Geßler, AktG, Stand: 2008, § 222 Rn. 15; Krieger, ZGR 2000, 885 (893); Rühland, Der Ausschluss von Minderheitsaktionären aus der Aktiengesellschaft (Squeeze-out), 2004, S. 47.

90 Lutter, in: Kölner Kommentar zum AktG, 2. Aufl. (1995), § 222 Rn. 24.

91 Geßler, AktG, Stand: 2008, § 222 Rn. 16; Natterer, AG 2001, 629 (632); Rühland, Der Ausschluss von Minderheitsaktionären aus der Aktiengesellschaft (Squeeze-out), 2004, S. 47.

92 Siehe auch: Küting, DStR 2003, 838 (839); Land/Hasselbach, DB 2000, 557 (561), Natterer, AG 2001, 629 (632); Richard/Weinheimer, BB 1999, 1613 (1615); Rühland, Der Ausschluss von Minderheitsaktionären aus der Aktiengesellschaft (Squeeze-out), 2004, S. 47.

93 BGHZ 142, 167 (170) (Hilgers); Fleischer, in: Großkommentar zum AktG, 4. Aufl. (2007), Vor §§ 327 a-f Rn. 44; Rößler, Squeeze Out, 2007, S. 34; Schüppen/Tretter, in: Haarmann/Schüppen, Frankfurter Kommentar zum WpÜG, 3. Aufl. (2008), Vor § 327a AktG Rn. 15.

94 Zur Pflicht, das Entstehen unverhältnismäßiger Spitzen zu vermeiden: BGHZ 142, 167 (170) (Hilgers).

te für Aktionäre unter Umständen einem Teilrechtsverlust gleichkommen, insbesondere weil das Unterschreiten bestimmter Beteiligungsschwellen (z.B. 5%[95] oder 10%[96]) zu einem Verlust von Minderheitsrechten führt.[97] Einen vollständigen Beteiligungsverlust wie im Falle des Squeeze-out kann dies indes nicht begründen.

Darüber hinaus bedarf der Bezugsrechtsausschluss wie die Zwangseinziehung – und anders als das Ausschlussverfahren nach §§ 327a ff. AktG – stets einer sachlichen Rechtfertigung,[98] weshalb seine Durchführung an strengere Maßstäbe geknüpft ist als die des Squeeze-out.

c) Umwandlung

Auch die Verschmelzung (§§ 2 ff. UmwG) und der Formwechsel (§§ 190 ff. UmwG) scheiden als Instrumente zum Ausschluss von Minderheitsaktionären aus. So werden bei der Verschmelzung die Anteilsinhaber der übertragenden Gesellschaft mit deren Eintragung grundsätzlich Anteilsinhaber des übernehmenden Rechtsträgers (§ 20 Abs. 1, Nr. 3 UmwG). Selbst dann, wenn der übertragende Rechtsträger nach § 29 Abs. 1, S. 1 UmwG verpflichtet sein sollte, der Verschmelzung widersprechenden Anteilsinhabern den Erwerb ihrer Anteile gegen angemessene Barabfindung anzubieten (§ 29 Abs. 1, S. 1 UmwG), bedeutet dies nicht zwangsläufig auch deren Ausschluss aus der Gesellschaft.[99] Denn die Annahme dieses Angebots steht jedem Anteilsinhaber frei.[100] Entscheidet er sich für die Barabfindung und scheidet er daraufhin aus der Gesellschaft aus, so liegt aber schon rechtstechnisch kein Ausschluss des Anteilsinhabers vor.[101] Es handelt sich dann vielmehr um einen freiwilligen Austritt.

Gleiches gilt für den Formwechsel. Auch insofern wird dissertierenden Anteilsinhabern durch das Angebot einer entsprechenden Abfindung (§ 207 Abs. 1, S. 1 UmwG) lediglich ein Anreiz zum freiwilligen Ausscheiden

---

95 So etwa: §§ 122 Abs. 1, S. 1, Abs. 2, S. 1; 254 Abs. 2, S. 3; 260 Abs. 1, S. 1; 265 Abs. 3, S. 1 AktG.

96 So etwa: §§ 120 Abs. 1, S. 2, 147 Abs. 2, S. 2; 93 Abs. 4, S. 3; 309 Abs. 3, S. 1 AktG.

97 Ph.Baums, Ausschluss von Minderheitsaktionären, 2001, S. 13; Rößler, Squeeze Out, 2007, S. 34.

98 BGHZ 71, 40 (44 ff.) (Kali und Salz); 83, 319 (320) (Holzmann); 120, 141 (145 f.) (Bremer Bankverein); 125, 239 (241) (Deutsche Bank); 136, 133 (140) (Siemens/Nold); 144, 290 (290 ff.) (Adidas).

99 Siehe auch: Posegga, Squeeze-out, 2006, S. 6 f.

100 Stratz, in: Schmitt/Hörtnagl/Stratz, UmwG, 5. Aufl. (2009), § 29 Rn. 1.

101 Ähnlich: Grzimek, in: Geibel/Süßmann, WpÜG, 2. Aufl. (2008), § 327a AktG Rn. 15.

aus der Gesellschaft gegeben. Die Entscheidung über seinen Verbleib liegt also erneut allein bei dem jeweiligen Anteilsinhaber.

d) *Delisting*

Vergleichbar ist die Situation beim *delisting*, also dem Widerruf der Börsenzulassung.[102] Zwar kann ein solcher Widerruf grundsätzlich auch auf Antrag der emittierenden Gesellschaft erfolgen, soweit dies nicht dem Schutz der Anleger widerspricht (§ 39 Abs. 2 BörsG) und ein zur Antragstellung ermächtigender Hauptversammlungsbeschluss vorliegt.[103] Folge des *delisting* ist aber gerade nicht der Ausschluss beteiligter Minderheitsaktionäre, sondern lediglich der Verlust der Börsennotierung. Wie bei der Verschmelzung und dem Formwechsel ist die das *delisting* betreibende Gesellschaft bzw. deren Hauptaktionär vielmehr nur verpflichtet, den betroffenen Aktionären ein entsprechendes Angebot zum Erwerb ihrer Aktien zu machen.[104] Es bleibt jedoch dem einzelnen Aktionär überlassen, ob er das Angebot annimmt oder sich für einen Verbleib in der nun nicht mehr börsennotierten Gesellschaft entscheidet.[105] Die Möglichkeit eines Ausschlusses gegen seinen Willen besteht jedenfalls nicht.

e) *Mehrheitseingliederung*

Zu einem mittelbaren Aktionärsausschluss führt hingegen die Eingliederung durch Mehrheitsbeschluss (§§ 320 ff. AktG).

Gemäß § 320 Abs. 1, S. 1 AktG kann die Hauptversammlung einer Aktiengesellschaft (einzugliedernde Gesellschaft) deren Eingliederung in eine andere innerstaatlich ansässige Aktiengesellschaft (Hauptgesellschaft) beschließen, wenn die Hauptgesellschaft mindestens 95 Prozent des Grundkapitals der einzugliedernden Gesellschaft hält. Mit Eintragung der Eingliederung gehen alle übrigen, sich nicht in der Hand der Hauptgesellschaft befindlichen Aktien gegen Abfindung auf letztere über (§ 320a S. 1 AktG).

---

102 Siehe dazu etwa: Heidel/Lochner, in: Heidel, Aktienrecht und Kapitalmarktrecht, 3. Aufl. (2011), Vor §§ 327a ff Rn. 16; Posegga, Squeeze Out, 2006, S. 8; Rößler, Squeeze Out, 2007, S. 36.

103 BGH, NJW 2003, 1032 (1034) (Macrotron); zur Diskussion im Vorfeld der Entscheidung: Hellwig/Bormann, ZGR 2002, 465 (492 f.).

104 BGH, NJW 2003, 1032 (1035) (Macrotron); Benecke, WM 2004, 1122 (1125); Heidel/Lochner, in: Heidel, Aktienrecht und Kapitalmarktrecht, 3. Aufl. (2011), Vor §§ 327a ff Rn. 21.

105 Posegga, Squeeze Out, 2006, S. 8 f.

Die Mehrheitseingliederung ähnelt in ihrer Struktur dem aktienrechtlichen Squeeze-out und diente dementsprechend dem Gesetzgeber als Vorbild bei der Schaffung der §§ 327a ff. AktG. Gleichwohl stellt die Eingliederung durch Mehrheitsbeschluss kein dem Squeeze-out vergleichbares Mittel zum Ausschluss von Minderheitsaktionären dar. Denn anders als § 327a Abs. 1, S. 1 AktG sieht § 320b Abs. 1, S. 2 AktG als Abfindung die Gewährung von Aktien der Hauptgesellschaft vor. Ein endgültiges "Loswerden" der Minderheitsaktionäre lässt sich also auf diesem Weg nicht erreichen. Es kommt vielmehr lediglich zu einer Verlagerung des Mehrheits-Minderheitskonflikts auf eine höher gelagerte Konzernstufe.[106] Nur ausnahmsweise, nämlich für den Fall, dass es sich bei der Hauptgesellschaft um eine abhängige Gesellschaft im konzernrechtlichen Sinne handelt, sieht das Gesetz ein alternatives Barabfindungsangebot vor (§ 320b Abs. 1, S. 3 AktG). Die Aktionäre haben dann ein Wahlrecht zwischen der Bar- und der Aktienabfindung. Wie bei der Verschmelzung, dem Formwechsel und dem *delisting* liegt die Entscheidungsmacht über den Verbleib im Konzern somit aber erneut ausschließlich bei den Aktionären selbst. Nehmen sie die Barabfindung an, handelt es sich um ein Ausscheiden und keinen Ausschluss. Auch die Eingliederung ist daher trotz offensichtlicher Nähe zum Squeeze-out außerstande, einen Ausschluss sämtlicher Minderheitsaktionäre herbeizuführen.

f) Übertragende Auflösung ("Sale of Assets")

Bis zur Einführung des Squeeze-out stellte die sog. übertragende Auflösung[107] die praktisch bedeutsamste Methode zum Ausschluss von Aktionären dar.[108] Dazu wird dem Mehrheitsaktionär einer Aktiengesellschaft deren Gesellschaftsvermögen aufgrund eines Unternehmenskaufs durch einen mit einer ¾-Mehrheit gefassten Hauptversammlungsbeschluss übertragen (§§ 179a Abs. 1, S. 1, 179 Abs. 2, S. 1 AktG) und die zu übertragende Gesell-

106 Fleischer, in: Großkommentar zum AktG, 4. Aufl. (2007), Vor §§ 327 a-f Rn. 46; Habersack, in: Emmerich/Habersack, Aktien- und GmbH-Konzernrecht, 6. Aufl. (2010), § 327a Rn. 9; Koppensteiner, in: Kölner Kommentar zum AktG, 3. Aufl. (2004), Vorb. § 327a Rn. 5.

107 Diese Bezeichnung geht zurück auf Lutter/Drygala, in: FS Kropff, 1997, 191 (193). Alternativ werden die Begriffe "Moto-Meter-Methode" oder "auflösungsbedingte Übertragung" verwendet; siehe dazu etwa: Moritz, „Squeeze out“: Der Ausschluss von Minderheitsaktionären nach §§ 327 a ff AktG, 2004, S. 45.

108 Fleischer, in: Großkommentar zum AktG, 4. Aufl. (2007), Vor §§ 327 a-f Rn. 42; Schnorbus, in: K.Schmidt/Lutter, AktG, 2. Aufl. (2010), Vor §§ 327a-327f Rn. 10.

schaft gemäß § 262 Abs. 1, Nr. 2 AktG aufgelöst.[109] Die ausscheidenden Gesellschafter erhalten somit lediglich Anspruch auf Teilhabe am Liquidationserlös (§ 271 Abs. 1 AktG). Eine Beteiligung an der erwerbenden Gesellschaft wie im Fall der Mehrheitseingliederung erfolgt hingegen nicht.[110] Umstritten ist dabei, ob die übertragende Auflösung nur und erst dann statthaft sein soll, wenn die ausgeschlossene Minderheit nicht mehr als fünf Prozent des Grundkapitals der zu übertragenden Gesellschaft repräsentiert.[111]

Gegenüber den §§ 327a ff. AktG birgt die übertragende Auflösung jedoch den Nachteil, dass eine Übertragung der einzelnen Vermögenswerte erforderlich ist, wodurch es zu einer etwaigen steuerschädlichen Aufdeckung stiller Reserven kommen kann.[112] Darüber hinaus handelt es sich um ein langwieriges und umständliches Verfahren.[113]

---

109 Siehe hierzu: Grunewald, in: Münchener Kommentar zum AktG, 3. Aufl. (2010), § 327a Rn. 11; Moritz, „Squeeze out": Der Ausschluss von Minderheitsaktionären nach §§ 327 a ff AktG, 2004, S. 45.

110 Moritz, „Squeeze out": Der Ausschluss von Minderheitsaktionären nach §§ 327 a ff AktG, 2004, S. 45.

111 Zu diesem Streit: Roth, NZG 2003, 998 (1000); für das Erfordernis einer fünf Prozent-Hürde: Bauer, NZG 2000, 1214 (1215); Henze, BB 2001, 53 (57); ders., in: FS Peltzer, 2001, 181 (189); Lutter/Drygala, in: FS Kropff, 1997, 191 (220 f.); ders./Leinekugel, ZIP 1999, 261 (263); v.Morgen, WM 2003, 1553 (1555 f.); Rühland, WM 2002, 1957 (1961 f.); gegen eine fünf Prozent-Grenze und für einen Ausschluss bis zu 25 Prozent des Grundkapitals: Schwichtenberg, DStR 2001, 2075 (2078); Wolf, ZIP 2002, 153 (156 f.).

112 Grzimek, in: Geibel/Süßmann, WpÜG, 2. Aufl. (2008), § 327a AktG Rn. 10.

113 Fleischer, in: Großkommentar zum AktG, 4. Aufl. (2007), Vor §§ 327 a-f Rn. 42; Kallmeyer, AG 2000, 59; Schüppen/Tretter, in: Haarmann/Schüppen, Frankfurter Kommentar zum WpÜG, 3. Aufl. (2008), Vor § 327a AktG Rn. 14.

2. Teil: Das Rechtsmissbrauchsverbot - Theorie, Dogmatik und Methodik

§ 3: Rechtstheoretische Einordnung

I. Das Rechtsmissbrauchsverbot als Generalklausel

Durch die Einräumung subjektiver Rechte schafft der Gesetzgeber privatautonome Gestaltungs- und Entscheidungsfreiheit im Rechtsverkehr. Dass die Privatautonomie des Einzelnen als Grundprinzip des Privatrechts dabei jedoch nicht uneingeschränkt bestehen kann, liegt auf der Hand. Jede Rechtsausübung, jede Wahrnehmung einer dem am Rechtsverkehr Teilnehmenden zuteil werdenden Befugnis findet ihre Grenze in dem allgemeinen Verbot des Rechtsmissbrauchs.

Der Grundgedanke von der Unzulässigkeit missbräuchlicher Rechtsausübung ist daher ein zentrales Prinzip des deutschen Zivilrechts.[114] Dennoch hat sich der Gesetzgeber, sieht man von speziellen Einzelfällen wie dem Schikaneverbot des § 226 BGB ab, gegen die ausdrückliche Normierung eines allgemeinen Rechtsmissbrauchsverbots entschieden.[115] Der Terminus „Rechtsmissbrauch" verkörpert daher zunächst nicht mehr als eine inhaltsleere Begriffshülle.[116] Ihm greifbare Konturen zu verleihen und damit einen eigenständigen Aussagegehalt zu verschaffen, bleibt allein Literatur und Rechtsprechung überlassen. Insbesondere den Gerichten obliegt es, den Rechtsmissbrauchsgedanken rechtsdogmatisch in das bestehende Rechtsgefüge einzubetten (gesetzliche Rückkoppelung) sowie insbesondere einen – wenn auch nur abstrakten – materiellen Verbotstatbestand einschließlich der Rechtsfolgen seiner Missachtung zu formulieren. Die herrschende Meinung behilft sich dabei – wie noch im Einzelnen auszuführen ist – mittler-

---

114 Eine Auflistung der einzelnen Anwendungsbereiche – wenn auch allgemein bezogen auf § 242 BGB – findet sich bei: Looschelders/Olzen, in: Staudinger, BGB, 2009, § 242 Rn. 403 ff.

115 Anders etwa die Rechtslage in der Schweiz, wo Art. 2 Abs. 2 des schweizerischen ZGB ausdrücklich bestimmt, dass „(d)er offene Missbrauch eines Rechts (...) keinen Rechtsschutz" findet.

116 Ähnlich: Mader, Rechtsmißbrauch und unzulässige Rechtsausübung, 1993, S. 80: „Die (...) „Grundnorm" des Rechtsmissbrauchsgedankens (...) ist zunächst nur ein Hinweis auf das Vorhandensein des Korrektivs. Mehr sagt sie nicht aus".

weile mit einem Rückgriff auf die Generalklausel[117] des § 242 BGB (allgemein zivilrechtsdogmatischer Ansatz),[118] die jedoch nach hier vertretener Ansicht im Gesellschaftsrecht durch die Generalklausel[119] der mitgliedschaftlichen Treuepflicht zu ersetzen ist (gesellschaftsrechtsdogmatischer Ansatz).[120] Damit fungieren § 242 BGB bzw. die mitgliedschaftliche Treuepflicht als gesetzliche Bindeglieder zwischen dem allgemeinen Rechtsmissbrauchsgedanken einerseits und der Rechtsordnung andererseits (Rückkoppelung). Der Rückgriff auf sie dient darüber hinaus auch dem zweiten wesentlichen Aspekt im Hinblick auf die Konturierung des Rechtsmissbrauchsgedankens: der Formulierung eines materiellen Verbotstatbestands.

Dadurch wird aber zugleich auch das Rechtsmissbrauchsverbot selbst rechtstheoretisch in den Stand einer Generalklausel erhoben und ist methodisch als eine solche zu behandeln. Dies erscheint auch zwingend geboten, lässt sich doch die Frage der Missbräuchlichkeit eines Verhaltens stets nur im Wege einer wertenden Betrachtung und Interpretation des Einzelfalls, keinesfalls aber einheitlich anhand starrer Merkmale beantworten.[121]

II. Das Rechtsmissbrauchsverbot als rechtsimmanente Inhaltsschranke

1. Funktionsweisen von Generalklauseln

Sinn und Zweck einer Generalklausel ist die Zusammenführung von Recht und Wirklichkeit, von Norm und normiertem Realitätsausschnitt.[122] Je nach Anwendungsbereich der betreffenden Generalklausel lässt sich dieses Er-

117 Zum Generalklauselcharakter des § 242 BGB: Baumann, Einführung in die Rechtswissenschaft, 8. Aufl. (1989), S. 94; Beater, AcP (194) 1994, 82 (83 ff.); Brüggemann, Die richterliche Begründungspflicht, 1971, S. 133; Heinrich, in: FS Laufs, 2006, 586; Kamanabrou, AcP (202) 2002, 662 (665); Teichmann, in: Soergel, BGB, 12. Aufl. (1990), § 242 Rn. 6; Weber, AcP 192 (1992), 516 (516 ff.).

118 Siehe die Nachweise in Fn. 144.

119 Zur Generalklauseleigenschaft der mitgliedschaftlichen Treuepflicht: Hellgardt, in: FS Hopt, 2010, 765 (774); Hüffer, in: Münchener Kommentar zum AktG, 3. Aufl. (2011), § 243 Rn. 44; ders., in: FS Steindorff, 1990, 59 (68 ff.); Raiser, ZHR 151 (1987), 422 (423).

120 Dazu ausführlich: § 4) II).

121 Zur wertenden Konkretisierung von Generalklauseln durch den im Einzelfall zur Entscheidung berufenen Richter: § 5).

122 Weber, AcP 192 (1992), 516 (519).

gebnis dabei auf unterschiedliche Weise erreichen. Funktional kann insofern von einer Rechtsfortbildungs- bzw. Rechtsanpassungsfunktion einerseits und einer auf Einzelfallgerechtigkeitserwägungen beruhenden Rechtskorrekturfunktion andererseits gesprochen werden.[123]

a) Rechtsfortbildung

Ihrer rechtlichen Konzeption nach dienen die meisten[124] Generalklauseln, wie etwa §§ 138, 242, 826 BGB, § 238 HGB, § 3 UWG,[125] dem Rechtsanwender zunächst als Werkzeuge richterlicher Rechtsfortbildung. Als solche ermöglichen sie eine gegebenenfalls erforderliche Anpassung der Rechtsordnung an den Wandel der Zeit und der Verhältnisse.[126] Will man eine „hoffnungslose Veralterung unseres Rechts"[127] vermeiden, bedarf es zwingend der Anerkennung flexibler Instrumente zur fortlaufenden Rechtsanpassung und Rechtsfortbildung, die der Vielfältigkeit rechtserheblicher Lebenssachverhalte sowie den sich ständig wechselnden sozialen und rechtlichen

---

123 Eine ähnliche Terminologie verwendet Weber (AcP 194 (1994), 90 (91)): „Entwicklungsfunktion" und „Korrekturfunktion"; Canaris (in: Larenz/Canaris, Methodenlehre der Rechtswissenschaft, 3. Aufl. (1995), S. 191 ff. und 232 ff.) spricht hingegen von einer „gesetzesimmanenten" und einer „gesetzesübersteigenden Rechtsfortbildung"; allgemein zu den verschiedenen Funktionen von Generalklauseln Beater, AcP 194 (1994), 82 (82 f.); Canaris, Die Feststellung von Lücken im Gesetz, 1964, S. 28 f; Looschelders/Olzen, in: Staudinger, BGB, 2009, § 242 Rn. 121; Teichmann, in: Soergel, BGB, 12. Aufl. (1990), § 242 Rn. 6 ff.; kritisch im Hinblick auf die Gewährleistung von Einzelfallgerechtigkeit hingegen offenbar: Mader, Rechtsmißbrauch und unzulässige Rechtsausübung, 1993, S. 80 ff.

124 Weiter noch geht indes Beater (AcP 194 (1994), 82 (87)), der sämtlichen Generalklauseln eine Rechtsfortbildungsfunktion beimessen will.

125 Siehe die Auflistung bei: Beater, AcP 194 (1994), 82 (84); zur Rechtsfortbildungsfunktion des § 242 BGB: Roth, in: Münchener Kommentar zum BGB, 5. Aufl. (2007), § 242 Rn. 21; zur Rechtsfortbildungsfunktion der 2004 in § 3 UWG neugefassten Generalklausel: BReg-E, BR-Drs. 301/03, S. 31; die Rechtsfortbildungsfunktion des § 826 BGB ist angesichts des strengen Schädigungsvorsatzerfordernisses begrenzt und wird – wie das allgemeine Persönlichkeitsrecht, das Recht am eingerichteten Gewerbebetrieb und die Verkehrssicherungspflichten – daher meist von § 823 BGB übernommen (vgl.: Beater, AcP 194 (1994), 82 (83)).

126 Für § 242 BGB: Beater, AcP 194 (1994), 82 (83); Teichmann, in: Soergel, BGB, 12. Aufl. (1990), § 242 Rn. 8 ff.; siehe auch: Looschelders/Olzen, in: Staudinger, BGB, 2009, § 242 Rn. 121: „So verstanden bildet § 242 BGB ein unentbehrliches Instrument zur Anpassung schuldrechtlicher Pflichten an grundlegende Veränderungen der Tatsachen und Wertüberzeugungen (...)".

127 Weber, AcP 192 (1992), 516 (521).

Wertvorstellungen und Anschauungen im Rechtsleben Rechnung tragen. Der Gesetzgeber wird zu einer solchen Justierung der Rechtsordnung in der Regel aber nur „repressiv", also erst nach Bekanntwerden der relevanten und bisher gesetzlich unberücksichtigt gebliebenen Umstände und Gegebenheiten in der Lage sein. Überdies dürfte eine rasche Reaktion aufgrund des formalen und häufig zeitaufwendigen Gesetzgebungsverfahrens meist unmöglich sein. Dem Bedürfnis eines den aktuellen Rechtsanschauungen entsprechenden Rechts geschuldet ist daher die Notwendigkeit eines flexiblen, der fortlaufenden Anpassung zugänglichen offenen Rechtssystems,[128] gewährleistet durch den Einsatz unbestimmter oder wertausfüllungsbedürftiger Tatbestandsmerkmale oder die legislative oder richterrechtliche Einführung und Entwicklung präzisierungsbedürftiger Generalklauseln.[129] Dem Richter wird dadurch die Aufgabe der Rechts- und Sozialgestaltung zuteil.[130] Beispiele für derartige richterliche Rechtsfortbildungen sind etwa – wenn auch heute normativ geregelt – die Inhaltskontrolle Allgemeiner Geschäftsbedingungen (heute: §§ 307 ff. BGB), die Lehre von der Störung der Geschäftsgrundlage (heute: § 313 BGB) oder die Haftung aus *culpa in contrahendo* (§ 311 Abs. 2 BGB). All diese Rechtsinstitute hatten ihren Ursprung in der Generalklausel des § 242 BGB.

b) Rechtskorrektur

Aber auch dann, wenn ein Lebenssachverhalt bereits *de lege lata* einer positiv-rechtlichen Regelung unterfällt, kann das Vorliegen atypischer Besonderheiten des Einzelfalls ausnahmsweise eine Abweichung von einer gel-

---

128 Zum Bedürfnis einer „offenen" Rechtsordnung: Brüggemann, Die richterliche Begründungspflicht, 1971, S. 53.

129 Aufschlussreich sind insofern etwa die Ausführungen der Bundesregierung in ihrem Entwurf zum 2004 in Kraft getretenen geänderten UWG (BReg-E. BR-Drs. 301/03, S. 31). Dort heißt es mit Blick auf die neugefasste Generalklausel des § 3 UWG n.F. (entspr. § 1 UWG a.F.): „Ein solches allgemein gehaltenes Verbot ist deshalb sinnvoll, weil der Gesetzgeber nicht alle denkbaren Fälle unlauteren Handelns im Einzelnen regeln kann. Auch soll der Rechtsanwender die Möglichkeit haben, neuartige Wettbewerbsmaßnahmen sachgerecht zu beurteilen. Zudem kann dadurch den sich wandelnden Anschauungen und Wertmaßstäben in der Gesellschaft besser Rechnung getragen werden."

130 Brüggemann, Die richterliche Begründungspflicht, 1971, S. 132; Wieacker, Gesetz und Richterkunst, 1958, S. 4 f.

tenden Rechtsnorm verlangen.[131] Neben die Rechtsfortbildungsfunktion tritt daher regelmäßig die Funktion der Generalklausel als Mittel zur Durchsetzung individueller Einzelfallgerechtigkeit.[132]

Liegt eine den grundsätzlichen Sachverhalt erfassende Sachnorm vor, bilden zunächst deren formalen Anforderungen und tatbestandlichen Voraussetzungen die äußerste Grenze der Rechtsausübung mit der Folge, dass ihre Missachtung – vorbehaltlich etwaiger Heilungsmöglichkeiten – stets zur Annahme eines formellen Gesetzesverstoßes und damit zur Unzulässigkeit der Geltendmachung des betreffenden Rechts führt. Doch bedeutet dies im Umkehrschluss nicht zugleich, dass eine Rechtsausübung auch immer dann und allein deshalb unbedenklich ist, weil sie innerhalb dieser ihr gesetzten formellen Grenzen erfolgt. Es kann vielmehr erneut auf die bereits angesprochene gesetzgeberische Unfähigkeit vollumfänglicher Normierung verwiesen werden. Denn auch insofern gilt, dass es dem Gesetzgeber bei Erlass der entsprechenden Sachnorm nicht möglich war, abschließend sämtliche Umstände sowie alle denkbaren Situationen und Individualitäten, die in den Anwendungsbereich dieser Norm fallen und deren Vorliegen Einfluss auf die konkrete Rechtsausübung haben können, zu berücksichtigen.[133] Will er einen Sachverhalt rechtlich erfassen, ist er vielmehr beschränkt auf die Zugrundelegung eines typisierten „Normalfalles", der letztendlich als Regelungsgegenstand Eingang in die abstrakt-generell gehaltene Gesetzesnorm findet. Die Generalklausel fungiert dann als einzelfallbezogenes Korrektiv des generalisierenden, an Regelfällen ausgerichteten und damit Sonderfälle unberücksichtigt lassenden Sachnormrechts.[134] Korrektivwirkung kommt ihr dabei insbesondere[135] in solchen atypischen Fallgestaltungen zu, in denen die allein an den Tatbestandmerkmalen der in Betracht kommenden Sachnorm gemessene Subsumtion zu untragbaren Ergebnissen führt, weil sie – wie im Fall des Rechtsmissbrauchs – die Interessen einer Seite unbillig benachteiligt.[136]

Von der Rechtsfortbildungsfunktion unterscheidet sich die Rechtskorrekturfunktion – vereinfacht und untechnisch gesprochen – dadurch, dass

---

131 Canaris, Die Feststellung von Lücken im Gesetz, 1964, S. 28 f.; Weber, AcP 192 (1992), 516 (516 und 558 f.).

132 Teichmann, in: Soergel, BGB, 12. Aufl. (1990), § 242 Rn. 6.

133 Ähnlich: Weber, AcP 192 (1992), 516 (521 f.).

134 Beater, AcP 194 (1994), 82; Weber, AcP 192 (1992), 516 (558).

135 Daneben lassen sich als atypisch auch solche Fallgestaltungen bezeichnen, in denen sich eine rechtliche Grundlage überhaupt nicht finden lässt (Weber, AcP 192 (1992), 516 (561)).

136 Weber, AcP 192 (1992), 516 (561).

es nicht wie im erst genannten Fall um die Anpassung des *Rechts*[137], sondern vielmehr um die Anpassung des *Gesetzes*[138] geht.

2. Einordnung des Rechtsmissbrauchsverbots

Eine Sonderstellung im Kontext der Generalklauseln nimmt dabei das Rechtsmissbrauchsverbot ein. Da, ausgehend von seinem Wortsinn, der Missbrauch eines Rechts bereits denklogisch die tatsächliche Ausübung eines Rechts voraussetzt, steht damit zugleich aber fest, dass sich das Rechtsmissbrauchsverbot allein in der Rechtskorrekturfunktion erschöpft. Es geht nicht um die Fortbildung von Recht oder die Anpassung der Rechtsordnung an geänderte Verhältnisse, Umstände und Anschauungen, etwa durch die Begründung ungeschriebener Haupt- oder Nebenpflichten. Im Fokus steht vielmehr nur die Begrenzung von Rechten zur Schaffung und Aufrechterhaltung individueller Gerechtigkeit durch die Gewährung eines gerechten Interessenausgleichs.[139]

Das Verbot missbräuchlicher Rechtsausübung fungiert damit ausschließlich als rechtsimmanente Inhaltsschranke (sog. Innentheorie).[140] Rechtsmissbrauch bedeutet also nichts anderes als Handeln ohne Recht.[141] Dies gilt dabei für subjektive Rechte (individueller Rechtsmissbrauch) ebenso wie für Rechtsnormen und Rechtsinstitute als solche (institutioneller Rechtsmissbrauch).[142] Die genannte Beschränkung führt auch nicht zu einem Widerspruch mit der umfassenden, auch die Rechtsfortbildungsfunktion einschließenden Wirkungsweise des § 242 BGB bzw. der mitglied-

137 Hier verstanden als die Rechtsordnung bzw. das Rechtssystem.

138 Hier verstanden als die einzelne Gesetzesnorm, die einen bestimmten Lebenssachverhalt nicht ausreichend berücksichtigt und deshalb eines korrektiven Eingriffs bedarf.

139 Ähnlich: Heinrich, in: FS Laufs, 2006, 585 (591), der von einer „Berichtigungsfunktion" des Rechtsmissbrauchsverbots spricht.

140 BGHZ 3, 94 (103); 30, 140 (145); Grüneberg, in: Palandt, BGB, 70. Aufl. (2011), § 242 Rn. 38; ders./Sutschet, in: Bamberger/Roth, BGB, 2. Aufl. (2007), § 242 Rn. 47; Looschelders/Olzen, in: Staudinger, BGB, 2009, § 242 Rn. 217; Nipperdey, in: Enneccerus/Kipp/Wolff, Lehrbuch des Bürgerlichen Rechts, Band 1 (Allgemeiner Teil), 2. Teilband, 15. Aufl. (1960), S. 1442; so bereits: Hager, Schikane und Rechtsmißbrauch, 1913, S. 11; siehe auch die Ausführungen bei Mader, Rechtsmißbrauch und unzulässige Rechtsausübung, 1994, S. 80 ff. Zur früher vertretenen „Außentheorie": Bokelmann, Rechtsmissbrauch des Anfechtungsrechts durch den Aktionär?, 1970, S. 113 ff.

141 BGHZ 3, 94 (103); 30, 140 (145).

142 Zu den verschiedenen Rechtsmissbrauchsarten und deren Abgrenzung: § 4) I) 3).

schaftlichen Treuepflicht als dessen dogmatische Grundlagen. Denn eine funktionale Deckung des Rechtsmissbrauchsverbots mit diesen Generalklauseln besteht nur mit Blick auf deren rechtsbegrenzende Schrankenfunktion.[143] Ersteres stellt demnach lediglich einen funktionalen Ausschnitt des § 242 BGB bzw. der mitgliedschaftlichen Treuepflicht dar.

143 Die Aufgliederung des § 242 BGB in verschiedene Funktionen ist jedoch nicht unumstritten; kritisch insofern etwa: Fikentscher/Heinemann, Schuldrecht, 10. Aufl. (2006), S. 117 ff., die in Abgrenzung zur genannten „Funktionenlehre" für die Annahme eines Verstoßes gegen § 242 BGB einzig und allein darauf abstellen, ob die Pflichterbringung im Einzelfall für eine der Parteien unzumutbar ist; das insofern maßgebliche Kriterium der Unzumutbarkeit soll dabei von dem Vorliegen etwaiger pflichtenbefreiender oder pflichtenbegründender Vertrauensumstände abhängen (sog. „Konkretisierungslehre").

§ 4: Rechtsdogmatische Herleitung

I. Das Rechtsmissbrauchsverbot im Bürgerlichen Recht: Rechtsfunktioneller Anwendungsfall des § 242 BGB

In der allgemeinen Zivilrechtsdogmatik wird das Verbot missbräuchlicher Rechtsausübung heute überwiegend als funktionale Ausprägung des Grundsatzes von Treu und Glauben verstanden und seine dogmatische Grundlage daher – neben einzelnen Spezialvorschriften wie etwa § 226 BGB und § 8 Abs. 4 UWG – in § 242 BGB gesehen.[144]

1. Teleologische Erweiterung des § 242 BGB

Die funktionale Verquickung von Rechtsmissbrauchsverbot und § 242 BGB ist aber keinesfalls selbstverständlich oder derart offensichtlich, dass an dieser Stelle jedweder Begründungsaufwand entbehrlich wäre. Denn aus dem Wortlaut des § 242 BGB lässt sich eine solche dogmatische Korrelation nicht herleiten. Der Gesetzestext spricht vielmehr gerade gegen eine Subsumtion des Rechtsmissbrauchsverbots unter den Grundsatz von Treu und Glauben. So richtet sich § 242 BGB *expressis verbis* ausschließlich an den Schuldner einer jeden Sonderrechtsbeziehung. Dieser wird verpflichtet, seine Leistung so zu bewirken, wie Treu und Glauben mit Rücksicht auf die Verkehrssitte es erfordern. Bei Zugrundelegung des Wortlauts dieser Vor-

---

144 So die ganz herrschende Meinung; für die Rechtsprechung etwa: BGHZ 25, 47 (51 f.); 30, 140 (143 ff.); 43, 289 (292); für die Literatur etwa: Grüneberg/Sutschet, in: Bamberger/Roth, BGB, 2. Aufl. (2007), § 242 Rn. 47; Grüneberg, in: Palandt, BGB, 70. Aufl. (2011), § 242 Rn. 38 ff.; Heinrich, in: FS Laufs, 2006, 585 (590); G.Hohloch, in: Erman, BGB, 13. Aufl. (2011), § 242 Rn. 101 ff.; Looschelders/Olzen, in: Staudinger, BGB, 2009, § 242 Rn. 214 ff.; Rieder, ZGR 2009, 981 (986); a.A.: Bokelmann, Rechtsmissbrauch des Anfechtungsrechts durch den Aktionär?, 1970, S. 117 f.; einschränkend auch: Larenz/Canaris, Methodenlehre der Rechtswissenschaft, 3. Aufl. (1995), S. 240 f., wonach die Lehre vom Rechtsmissbrauch ihren gesetzlichen Anknüpfungspunkt zwar in § 242 BGB finden, es sich dabei tatsächlich jedoch um ein weit über den Grundsatz von Treu und Glauben hinaus gehendes, durch richterliche Rechtsfortbildung geschaffenes rechtsethisches Prinzip handeln soll; für das Rechtsmissbrauchsverbot als eigenständiges Rechtsprinzip auch schon: Siebert, Verwirkung und Unzulässigkeit der Rechtsausübung, 1934, S. 106 ff.; differenzierend hingegen: Teichmann, in: Soergel, BGB, 12. Aufl. (1990), § 242 Rn. 12 ff.

schrift ist Gegenstand der Treuepflicht des § 242 BGB somit einzig die Leistungserbringung des Schuldners. Nicht erfasst ist hingegen die der Leistungsbewirkung als „Kehrseite einer Medaille" gegenüberstehende Rechtsausübung des Gläubigers, der die schuldnerische Leistung zu verlangen berechtigt ist. Es ist jedoch gerade diese Rechtsausübung, die den Bezugspunkt für das Rechtsmissbrauchsverbot stellt. *Teichmann* beschreibt das Rechtsmissbrauchsverbot daher zutreffend als „Spiegelbild" dessen, was § 242 BGB nach seinem Wortlaut dem Schuldner abverlangt.[145]

Eine Einbeziehung auch des Gläubigers und damit des Verbots missbräuchlicher Rechtsausübung in den Anwendungsbereich des § 242 BGB ist daher nur durch teleologische Extension der Vorschrift möglich. In der Praxis dürfte dies allerdings grundsätzlich keine Probleme mehr bereiten, ist doch eine solche, an der *ratio legis* gemessene inhaltliche Erweiterung der Treuepflicht des § 242 BGB heute gewohnheitsrechtlich anerkannt.[146] So wird der Wortlaut des § 242 BGB generell als zu eng empfunden, um die zugrunde liegende gesetzgeberische Intention und Treuepflichtkonzeption hinreichend abzubilden.[147] Treu und Glauben verkörpern vielmehr einen zentralen Rechtsgedanken des deutschen Rechts und § 242 BGB somit lediglich den bloßen Ausspruch eines allgemeinen, die gesamte Rechtsordnung als Rechtsausübungsschranke determinierenden Grundsatzes.[148]

2. Tatbestandliche Anforderungen

Ob und wann im Einzelfall aus einem zulässigen Rechts*gebrauch* ein unzulässiger Rechts*missbrauch* wird,[149] hängt demnach davon ab, ob die konkrete Rechtsausübung vor dem Hintergrund von Treu und Glauben aus-

---

145 Teichmann, in: Soergel, BGB, 12. Aufl. (1990), § 242 Rn. 11.

146 Statt vieler: Grundmann, Der Treuhandvertrag, 1997, S. 148 f.; Heinrich, Formale Freiheit und materiale Gerechtigkeit, 2000, S. 398; G.Hohloch, in: Erman, BGB, 13. Aufl. (2011), § 242 Rn. 1; Larenz, Lehrbuch des Schuldrechts, Band I, 14. Aufl. (1987), S. 131.

147 Larenz/Wolf, BGB AT, 9. Aufl. (2004), S. 284; Teichmann, in: Soergel, BGB, 12. Aufl. (1990), § 242 Rn. 4.

148 So die ständige Rechtsprechung: RGZ 85, 108 (117); 113, 19 (24); 146, 35 (38); 146, 385 (396); BGHZ 85, 39 (48); siehe zur Literatur u.a.: G.Hohloch, in: Erman, BGB, 13. Aufl. (2011), § 242 Rn. 1; Looschelders, Schuldrecht AT, 8. Aufl. (2010), Rn. 60.

149 Zur terminologischen Abgrenzung von Rechts*gebrauch* und Rechts*missbrauch*: Hager, Schikane und Rechtsmißbrauch, 1913, S. 11.

nahmsweise als missbilligte Inanspruchnahme des Rechts angesehen werden muss.[150]

a) Das Fehlen subsumtionsfähiger Tatbestandsmerkmale

Dabei kann § 242 BGB als Generalklausel jedoch nur einen bloßen Ansatzpunkt für die Präzisierung des Rechtsmissbrauchsverbots liefern, diese aber selbst nicht vornehmen.

Zwar lässt sich aus der Verortung in § 242 BGB ein gewisser inhaltlicher Rahmen des Missbrauchstatbestands insofern herleiten, als die Bestimmung von Rechtsmissbräuchlichkeit damit stets der Zugrundelegung eines rechtsethischen, auf subjektiver Vorwerfbarkeit beruhenden Verständnisses bedarf, sie also nichts anderes ist als eine Sonderform der Treuwidrigkeit.[151] Für das methodische Vorgehen ist damit aber kaum etwas gewonnen. Der Grundsatz von Treu und Glauben erreicht keinen solchen Grad an tatbestandlicher Bestimmtheit, als dass sich daraus für die Frage der Missbräuchlichkeit einer Rechtsausübung ein allgemeingültiger, der Subsumtion zugänglicher Rechtssatz ableiten ließe.[152] Vielmehr hat der historische Gesetzgeber mit den Termini *Treue* und *Glauben* dem Rechtsanwender lediglich wertausfüllungsbedürftige Maßstäbe an die Hand gegeben, die dessen moralisch-ethischer[153] Wertung nicht nur zugänglich sind, sondern diese gerade voraussetzen.[154] Damit aber lässt sich die Rechtsmissbräuchlichkeit eines Verhaltens nicht abstrakt anhand einer allgemeinen Formel oder mithilfe einer generellen Definition des Rechtsmissbrauchs bestimmen. Ein einheitlicher Missbrauchstatbestand existiert nicht.

---

150 Siehe etwa: Grüneberg, in: Palandt, BGB, 70. Aufl. (2011), § 242 Rn. 38; Looschelders/Olzen, in: Staudinger, BGB, 2009, § 242 Rn. 217; Mansel, in: Jauernig, 13. Aufl. (2009), BGB, § 242 Rn. 32; Schulze, in: Handkommentar zum BGB, 5. Aufl. (2007), § 242 Rn. 21.

151 Grüneberg/Suschet, in: Bamberger/Roth, BGB, 2. Aufl. (2007), § 242 Rn. 51; Teichmann, in: Soergel, BGB, 12. Aufl. (1990), § 242 Rn. 11; ohne weitergehende Erläuterungen: Heidel/Lochner, in: Heidel, Aktienrecht und Kapitalmarktrecht, 3. Aufl. (2011), § 327a Rn. 14; Hüffer, AktG, 9. Aufl. (2010), § 327a Rn. 11; so auch – allerdings ausschließlich zum individuellen Rechtsmissbrauch – Sieker, Umgehungsgeschäfte, 2001, S. 13 f.

152 Statt vieler: Häuser, Unbestimmte „Maßstäbe" als Begründungselement richterlicher Entscheidung, 1981, S. 178.

153 Auf moralisch-ethische Begrifflichkeiten als wesentliches Indiz für das Vorliegen einer „echten" Generalklausel abstellend: Weber, AcP 192 (1992), 516 (524).

b) Das Gebot billiger Rücksichtnahme als Obersatz: Interessenabwägung und Kasuistik zu § 242 BGB

Ungeachtet seines hohen Abstraktionsgrads dient § 242 BGB dennoch als Ausgangspunkt und Maßstab jeder Missbrauchsüberlegung und liefert damit auch zugleich den Obersatz für das Rechtsmissbrauchsverbot. Dabei geht es um eine am Wortsinn orientierte Interpretation der normativen Begriffe *Treu* und *Glauben*, die nicht nur dem besseren Verständnis des Verbots missbräuchlicher Rechtsausübung dient, sondern dieses zugleich für die anschließende Konkretisierung durch den im Einzelfall zur Entscheidung berufenen Rechtsanwender „griffiger" machen soll. Auch wenn eine deduktive Subsumtion unter diese Begriffe nicht möglich ist, so erlaubt der Gesetzestext zumindest eine erste Konturierung des allgemeinen Rechtsmissbrauchsverbots.

Während *Treue* die allgemeine Pflicht zur Rücksichtnahme auf die Interessen eines anderen beschreibt, folgt aus dem Merkmal *Glauben* die Notwendigkeit angemessenen Vertrauensschutzes.[155] Aus ihrer tatbestandlichen Kombination (*Treu und Glauben*) – und unter Heranziehung der teleologischen Extension des § 242 BGB auch auf die Rechtsausübung des Gläubigers – lässt sich damit ein Gebot billiger Rücksichtnahme auf die Interessen des anderen Teils unter besonderer Berücksichtigung von Vertrauenstatbeständen ableiten, das in untrennbarem Zusammenhang mit der Inanspruchnahme der sich aus einer Sonderbeziehung ergebenden Rechte steht.[156]

---

154 Zur wertenden Konkretisierung dieser Generalklausel: § 5).

155 Hennrichs, AcP 195 (1995), 221 (245); Roth, in: Münchener Kommentar zum BGB, 5. Aufl. (2007), § 242 Rn. 11; ähnlich auch: Heinrich, in: FS Laufs, 2006, 585 (587).

156 Zum Rechtsmissbrauchsverbot als Pflicht zur billigen Rücksichtnahme auf die Interessen des anderen Teils: RGZ 119, 231 (235); Amberger, Die Missbrauchskontrolle im Rahmen des aktienrechtlichen Squeeze-out, 2007, S. 50; Heinrich, Formale Freiheit und materiale Gerechtigkeit, 2000, S. 395 f.; ders., in: FS Laufs, 2006, 585 (587); Larenz, Lehrbuch des Schuldrechts, Band I, 14. Aufl. (1987), S. 132; Looschelders, Schuldrecht AT, 8. Aufl. (2010), Rn. 78; ders./Olzen, in: Staudinger, BGB, 2009, § 242 Rn. 215; Nipperdey, in: Enneccerus/Kipp/Wolff, Lehrbuch des Bürgerlichen Rechts, Band 1 (Allgemeiner Teil), 2. Teilband, 15. Aufl. (1960), S. 1442; Roth, in: Münchener Kommentar zum AktG, 5. Aufl. (2007), § 242 Rn. 163 f.; Teichmann, in: Soergel, BGB, 12. Aufl. (1990), § 242 Rn. 4 und 11; beschränkt auf den individuellen Rechtsmissbrauch: Esser/Schmidt, Schuldrecht, Band I 1, 8. Aufl. (1995), S. 175; Sieker, Umgehungsgeschäfte, 2001, S. 13; siehe auch: Siebert, Verwirkung und Unzulässigkeit der Rechtsausübung, 1934, S. 117 ff., der jedoch § 242 BGB lediglich als speziellen Teilaspekt des Rechtsmissbrauchsge-

Für die Rechtsanwendung im Einzelfall ist damit aber erneut nur wenig gewonnen. Auch das Gebot billiger Rücksichtnahme liefert lediglich eine weitere abstrakte, der Subsumtion nicht zugängliche normative Voraussetzung der Rechtsmissbräuchlichkeit, die der einzelfallbezogenen Konkretisierung bedarf. Eine solche lässt sich dabei mittels Bewertung und Abwägung der von der Rechtsausübung konkret betroffenen Interessen unter Berücksichtigung gesetzgeberischer Wertungsentscheidungen und gesetzlicher Schutzkonzeptionen erreichen.[157] Führen dabei Interessenbewertung und Interessenabwägung zu einer atypische Interessenlage solchen Ausmaßes, dass eine Abweichung von der gesetzlichen Rechtslage ausnahmsweise geboten erscheint, kommt das Rechtsmissbrauchsverbot zum Tragen.[158] In der Rechtsprechung haben sich dazu verschiedene Fallgruppen herausgebildet, die, wenn auch nicht als abschließende Aussage über das Vorliegen eines Rechtsmissbrauchs, so doch zumindest als Indiz für dessen Bestehen und gleichzeitig als Leitfaden der Rechtsmissbrauchskontrolle dienen.[159]

c) Das Erfordernis bestehender Sonderverbindung

Sowohl der Wortlaut (*Schuldner*; *Gläubiger*) als auch die systematische Stellung des § 242 BGB im 2. Buch des BGB (*Recht der Schuldverhältnisse*) suggerieren, dass das Gebot gegenseitiger Rücksichtnahme nicht grundsätzlich zwischen sämtlichen am Rechtsverkehr Teilnehmenden, sondern vielmehr nur zwischen den Partnern rechtlicher Sonderbeziehungen gelten soll.[160] Lediglich insofern entfaltet der Grundsatz von Treu und Glauben seine rechtliche Wirkung. Voraussetzung für die Annahme eines Rechtsmissbrauchs ist daher stets das Vorliegen einer Sonderbeziehung zwischen demjenigen, der das Recht ausübt, und dem dadurch Betroffenen.[161] Um

---

dankens behandelt; a.A. wohl aber: Krebs, Sonderverbindung und außerdeliktische Schutzpflichten, 2000, S. 441 f. (insbesondere S. 441 und S. 445), der das Rechtsmissbrauchsverbot als Ausprägung der allgemeinen Billigkeitsfunktion des § 242 BGB versteht, die er wiederum explizit von der Rücksichtspflichten begründenden Funktion des § 242 BGB trennen will.

157 Zur Interessenabwägung als Konkretisierungsmethode: § 5) II) 2).

158 Looschelders/Olzen, in: Staudinger, BGB, 2009, § 242 Rn. 217; ähnlich wohl auch: Larenz, Lehrbuch des Schuldrechts, Band I, 14. Aufl. (1987), S. 129.

159 Zur Fallgruppenarbeit als weitere Konkretisierungsmethode: § 5) II) 2) b).

160 Vgl. Teichmann, in: Soergel, BGB, 12. Aufl. (1990), § 242 Rn. 30.

161 Zum Vorliegen einer rechtlichen Sonderbeziehung als Anwendungsvoraussetzung für § 242 BGB: BGHZ 95, 274 (288); Fastrich, Richterliche Inhaltskontrolle im Pri-

den Anwendungsbereich des § 242 BGB jedoch nicht übermäßig einzuschränken, spricht sich die ganz herrschende Meinung – entgegen des Wortlauts von § 242 BGB und trotz dessen systematischer Stellung – für ein weites Verständnis des Merkmals der Sonderbeziehung aus.[162] Ausreichend soll danach bereits das Vorliegen einer besonderen, engeren Beziehung oder eines qualifizierten sozialen Kontakts zwischen den Beteiligten[163] bzw. das Bestehen einer Beziehung sein, die eine Leistung, ein Unterlassen oder Schutzpflichten zum Gegenstand hat.[164] Andere verlangen das Vorliegen besonderer Einwirkungsmöglichkeiten eines Teils auf die Rechtsstellung des anderen Teils.[165]

3. Arten des Rechtsmissbrauchs

Abhängig von dem konkreten Bezugspunkt der Rechtsmissbrauchskontrolle lassen sich zwei Arten des Rechtsmissbrauchs unterscheiden. So soll das Rechtsmissbrauchsverbot nicht nur vor einer *treuwidrigen* Ausübung subjektiver Rechte im Rahmen rechtlicher Sonderverbindungen schützen (individueller Rechtsmissbrauch), sondern gleichermaßen auch den *zweck-*

---

vatrecht, 1992, S. 24 ff.; Grüneberg, in: Palandt, BGB, 70. Aufl. (2011), § 242 Rn. 3; Larenz/Wolf, BGB AT, 9. Aufl. (2004), S. 284; Siebert, Verwirkung und Unzulässigkeit der Rechtsausübung, 1934, S. 117 ff.; Teichmann, in: Soergel, BGB, 12. Aufl. (1990), § 242 Rn. 30 ff.; differenzierend nach den Funktionskreisen des § 242 BGB (Schranken-, Konkretisierungs- und Ergänzungsfunktion): Hennrichs, AcP 195 (1995), 221 (243).

162 BGHZ 102, 95 (102); Grüneberg/Sutschet, in: Bamberger/Roth, BGB, 2. Aufl. (2007), § 242 Rn. 14; G.Hohloch, in: Erman, BGB, 13. Aufl. (2011), § 242 Rn. 15; Roth, in: Münchener Kommentar zum BGB, 5. Aufl. (2007), § 242 Rn. 72 ff; a.A.: Looschelders/Olzen, in: Staudinger, BGB, 2009, § 242 Rn. 126 ff., der ein solch weites Verständnis des Schuldverhältnisses mit Hinweis auf den Wortlaut des § 242 BGB, dessen systematische Stellung am Beginn des allgemeinen Schuldrechts sowie dessen Zweck, die innerhalb von Schuldverhältnissen bestehenden Verhaltensanforderungen von denjenigen gegenüber jedermann abzugrenzen, ablehnt.

163 Grüneberg, in: Palandt, BGB, 70. Aufl. (2011), § 242 Rn. 3; ders./Sutschet, in: Bamberger/Roth, BGB, 2. Aufl. (2007), § 242 Rn. 14; Roth, in: Münchener Kommentar zum BGB, 5. Aufl. (2007), § 242 Rn. 73 f.

164 Krebs, Sonderverbindung und außerdeliktische Schutzpflichten, 2000, S. 7 und 147 ff.

165 Canaris, JZ 1965, 475 (476).

widrigen Fehlgebrauch von Rechtstellungen, Rechtsnormen und Rechtsinstituten verhindern (institutioneller Rechtsmissbrauch).[166]

Seine rechtsbegrenzende Wirkung entfaltet das Rechtsmissbrauchsverbot demnach zweistufig: Ist es zunächst der zugrunde liegende Norm- bzw. Institutszweck, den es als äußere Grenze der Rechtsausübung zu beachten gilt und dessen Verletzung grundsätzlich zur Annahme eines institutionellen Rechtsmissbrauchs führt, so zieht das Verbot individuellen Rechtsmissbrauchs dem Rechtsinhaber eine weitere Ausübungsgrenze für den Fall, dass sich dieser mit der Rechtsausübung innerhalb der *ratio legis* bewegt.

a) Institutioneller Rechtsmissbrauch

aa) Zweckwidriger Fehlgebrauch von Rechten

Der institutionelle Rechtsmissbrauch beschreibt Sachverhalte, in denen die konkrete Rechtsausübung zwar formal korrekt ist, die mit ihr verfolgten Ziele und Motive jedoch im Widerspruch zu den ordnungspolitischen Wertungen und funktionalen Zwecken des Rechtsinstituts stehen, aus dem sich das entsprechende Recht ableitet.[167] Dann nämlich lässt sich die Rechtsausübung - noch vor Erreichen der Schwelle des § 138 BGB - entgegen ihrem äußeren Anschein nicht mehr auf die in Anspruch genommene Rechtsgrundlage (Rechtsnorm oder Rechtsinstitut) stützen.[168] Es kommt zu einer

166 Zur Ausweitung der inhaltlichen Begrenzungsfunktion des Rechtmissbrauchsverbots auch auf Rechtsnormen und Rechtsinstitute in der Rechtsprechung: BGHZ 3, 94 (103 f.) (zu Art. 131 WRV); BGHZ 29, 6 (10); 47, 184 (189); 121, 224 (234) (jeweils zum Formerfordernis bei Verträgen); in der Literatur: Amberger, Die Missbrauchskontrolle im Rahmen des aktienrechtlichen Squeeze-out, 2007, S 49; Grüneberg, in: Palandt, BGB, 70. Aufl. (2011), § 242 Rn. 40, Teichmann, Die Gesetzesumgehung, 1962, S. 76 ff.; Schurig, in: FS Ferid, 1988, 375 (406); kritisch hinsichtlich Rechtsnormen jedoch: Sieker, Umgehungsgeschäfte, 2001, S. 15.

167 Zum institutionellen Rechtsmissbrauch: BGHZ 3, 94 (103 f.); 107, 296 (310); Looschelders/Olzen, in: Staudinger, BGB, 2009, § 242 Rn. 218; Sieker, Umgehungsgeschäfte, 2001, S. 13; Teichmann, in: Soergel, BGB, 12. Aufl. (1990), § 242 Rn. 14; vgl. auch: Lutter, ZHR 153 (1989), 446 (449), der in diesem Zusammenhang jedoch lediglich von Rechtsmissbrauch spricht; ähnlich: Rühland, Der Ausschluss von Minderheitsaktionären aus der Aktiengesellschaft (Squeeze-out), 2004, S. 93 f. (zum möglichen Missbrauch der Liquidation).

168 Heinrich, Formale Freiheit und materiale Gerechtigkeit, 2000, S. 400; Teichmann, in: Soergel, BGB, 12. Aufl. (1990), § 242 Rn. 14.

funktionsfremden[169] Instrumentalisierung der jeweiligen Rechtsnorm bzw. des Rechtsinstituts, weshalb diese Art des Rechtsmissbrauchs vereinzelt auch als Normenmissbrauch bezeichnet wird.[170]

Ansatzpunkt des Missbrauchsvorwurfs ist in diesem Fall somit allein das objektive Verhältnis der Rechtsnorm bzw. des Rechtsinstituts zu deren bzw. dessen Sinn und Zweck.[171] Damit aber bedarf es für die Annahme eines institutionellen Rechtsmissbrauchs stets einer zweckorientierten Normenauslegung bzw. Interpretation des entsprechenden Rechtsinstituts.[172] Denn letztendlich handelt es sich bei dieser Art des Rechtsmissbrauchs um nichts anderes als eine der Teleologie einer Rechtsnorm bzw. eines Rechtsinstituts widersprechende Umgehung oder Erschleichung der jeweiligen Rechtsfolgen.[173] Anders als beim individuellen Rechtsmissbrauch führen im Falle eines institutionellen Rechtsmissbrauchs bereits die der Rechtsnorm bzw. dem Rechtsinstitut immanenten Rechtsfolgen schlechthin zu einem untragbaren Ergebnis.[174]

bb) Dogmatische Einordnung als Treuepflichtverstoß

Nicht unproblematisch erscheint jedoch die dogmatische Verankerung des institutionellen Rechtsmissbrauchs in § 242 BGB, begründet sich in diesem Fall doch der Missbrauchsvorwurf – anders als beim individuellen Rechtsmissbrauch – gerade nicht auf dem treuwidrigen Individualverhalten des Rechtsausübenden, sondern primär auf der Frage, ob die konkrete Rechtsausübung noch von Sinn und Zweck der ihr zugrunde liegenden Rechtsnorm (bzw. Rechtsinstitut) gedeckt ist.[175]

---

169 Zur Funktionsfremdheit als maßgebliches Kriterium des Rechtsmissbrauchs: Lutter/Drygala, in: FS Kropff, 1997, 191 (217); Sieker, Umgehungsgeschäfte, 2001, S. 15.

170 Teichmann, in: Soergel, BGB, 12. Aufl. (1990), § 242 Rn. 13.

171 Schön, in: FS Wiedemann, 2002, 1271 (1279).

172 Hofmann, Minderheitsschutz im Gesellschaftsrecht, 2011, S. 148; Teichmann, in: Soergel, BGB, 12. Aufl. (1990), § 242 Rn. 14.

173 Schön, in: FS Wiedemann, 2002, 1271 (1279); auf eine Identität des institutionellen Rechtsmissbrauchs mit dem Problem der einengenden Gesetzesauslegung hinweisend auch: Teichmann, Die Gesetzesumgehung, 1962, S. 77.

174 Grüneberg, in: Palandt, BGB, 70. Aufl. (2011), § 242 Rn. 40; ders./Sutschet, in: Bamberger/Roth, BGB, 2. Aufl. (2007), § 242 Rn. 51; Looschelders/Olzen, in: Staudinger, BGB, 2009, § 242 Rn. 218.

175 Teichmann, in: Soergel, BGB, 12. Aufl. (1990), § 242 Rn. 14; ders., Die Gesetzesumgehung, 1962, S. 77; a.A.: Grüneberg/Suschet, in: Bamberger/Roth, BGB, 2. Aufl. (2007), § 242 Rn. 51.

Dies bedeutet aber nicht, dass Schutzobjekt des institutionellen Rechtsmissbrauchs auch nur die Entscheidungs- und Gestaltungsprärogative des Gesetzgebers bzw. die gesetzgeberisch vorgesehene Funktionsfähigkeit und Funktionsweise der von ihm erlassenen Rechtsnormen und Rechtsinstitute ist. Ein derart enges Verständnis des institutionellen Rechtsmissbrauchs würde dessen Schutzwirkung zu stark beschneiden. Es würde vor allem aber verkennen, dass die Zweckwidrigkeit einer Rechtsausübung stets auch die Interessenlage der von ihr betroffenen Beteiligten berührt. Denn die gesetzlich vorgesehene Beeinträchtigung seiner Interessen oder Verkürzung seiner Rechtsposition hat der Einzelne nur dann und insoweit zu dulden, als sich die Ausübung des Rechts auch tatsächlich in den durch Sinn und Zweck des zugrundeliegenden Rechtsinstituts gesetzten Schranken bewegt. Erfolgt sie außerhalb dieser Grenzen, verfügt der Rechtsausübende nicht mehr über das von der zugrunde liegenden Norm etc. als schutzwürdig angesehene Interesse, welches die Beeinträchtigung der Interessen des anderen Teils rechtfertigt. Nimmt er sein Recht dennoch war, handelt er wider dem Grundsatz von Treu und Glauben. Besonders deutlich wird dies in Fällen, in denen der Rechtsausübende mit der Ausübung seines Rechts einzig die Schädigung des anderen bezweckt (§ 226 BGB). Das Schikaneverbot des § 226 BGB ist dabei aber nichts anderes als eine besondere Ausprägung des allgemeinen Treuegedankens des § 242 BGB.[176] Das aus § 242 BGB abgeleitete Gebot billiger Rücksichtnahme verlangt somit von dem Rechtsausübenden stets auch, sein Recht gemäß der *ratio legis* des jeweils zugrundeliegenden Rechtsinstituts auszuüben und einen Verstoß gegen dessen Sinn und Zweck zu unterlassen. Doch kann dies nur in Fällen gelten, in denen die Rechtsausübung tatsächlich auch zu einer Interessenbeeinträchtigung hinsichtlich anderer Beteiligter führt. Erst dann nämlich obliegt dem Rechtsausübenden die Pflicht des § 242 BGB zur Rücksichtnahme auf die berechtigten Interessen der anderen Partei mit der Folge, dass ein Verstoß gegen die *ratio legis* als unredlich anzusehen ist.

Einen anderen Ansatz verfolgt hingegen *Teichmann*, der einen Rückgriff auf § 242 BGB unter anderem mit der Begründung ablehnt, die Annahme eines institutionellen Rechtsmissbrauchs setze gerade keine besondere Beziehung zwischen den Beteiligten voraus, wie es § 242 BGB aber gerade vorsieht.[177] Zwar ist *Teichmann* zuzugeben, dass ein dogmatischer Rekurs

---

176 Vgl. nur: Bokelmann, Rechtsmissbrauch des Anfechtungsrechts durch den Aktionär?, 1970, S. 133; Ellenberger, in: Palandt, BGB, 70. Aufl. (2011), § 226 Rn. 1 m.w.N.

177 Teichmann, in: Soergel, BGB, 12. Aufl. (1990), § 242 Rn. 14.

auf § 242 BGB sinnlos ist, soweit es um die Ausübung von Rechten geht, die sich nicht auf eine Sonderrechtsbeziehung im Sinne des § 242 BGB als Entstehungsgrundlage zurückführen lassen; denn dann besteht auch keine Pflicht zur gegenseitigen Rücksichtnahme. Im Zivilrecht, dessen Regelungsgegenstand aber gerade die Rechtsbeziehungen zwischen Rechtssubjekten betrifft, sind derartige Fallgestaltungen jedoch angesichts des weiten Verständnisses der Sonderrechtsbeziehung nur schwer vorstellbar. Sollte es hingegen doch einmal an einer Sonderverbindung fehlen, bedarf es insofern aber auch keines Rückgriffs auf das Rechtsmissbrauchsverbot. Denn rechtsmethodisch ließe sich eine sachgerechte Rechtsanpassung dann bereits im Wege der teleologischen Reduktion erreichen.

Es besteht somit kein Bedürfnis dafür, das Rechtsmissbrauchsverbot nicht einheitlich zu behandeln und seine dogmatische Grundlage nicht stets in § 242 BGB zu sehen.

b) Individueller Rechtsmissbrauch

Missbräuchlich kann eine Rechtsausübung aber auch dann sein, wenn sie in Einklang mit dem ihr zugrunde liegenden Norm- bzw. Institutszweck erfolgt. Beim individuellen Rechtsmissbrauch folgt die Treuwidrigkeit aus der persönlichen Vorwerfbarkeit des individuellen Verhaltens bei der Rechtsausübung. Unzulässig ist diese demnach immer dann, wenn der Rechtsinhaber aufgrund von in seiner Person verwirklichten Gründen die Interessen des mit ihm in Sonderbeziehung Stehenden verletzt, etwa weil er widersprüchlich oder ohne schutzwürdiges Eigeninteresse handelt.[178]

Im Gegensatz zum institutionellen Rechtsmissbrauch bedarf die dogmatische Verknüpfung des individuellen Rechtsmissbrauchs mit § 242 BGB keiner besonderen Begründung. Daran hat auch die Einführung des § 241 Abs. 2 BGB im Zuge des Schuldrechtsmodernisierungsgesetzes nichts geändert.[179] Zwar hat der Gesetzgeber mit dieser Vorschrift eine positivrechtliche Regelung mit Blick auf sich aus Schuldverhältnissen ergebende Rücksichtpflichten geschaffen. Doch begründet § 241 Abs. 2 BGB selbst keine Rücksichtspflichten, sondern setzt ihr Bestehen voraus.[180] Er nennt die

---

178 Heinrich, Formale Freiheit und materiale Gerechtigkeit, 2000, S. 406 ff.; Teichmann, JA 1985, 497; zu den verschiedenen Fallgruppen: § 8) und § 9).

179 So auch ausdrücklich: Olzen, in: Staudinger, 2009, § 241 Rn. 423; allgemein gegen einer Pflichtenverlagerung von § 242 BGB zu § 241 BGB: Roth, in: Münchener Kommentar zum BGB, 5. Aufl. (2007), § 242 Rn. 150 ff.

180 Grüneberg, in: Palandt, BGB, 70. Aufl. (2011), § 242 Rn. 23.

Rücksichtspflichten lediglich als Pflichtengrundtyp mit der Folge, dass sich deren Inhalt und Grenzen auch weiterhin nach der Generalklausel des § 242 BGB richten.[181]

II. Das Rechtsmissbrauchsverbot im Gesellschaftsrecht: Rechtsfunktioneller Anwendungsfall der mitgliedschaftlichen Treuepflicht

Besondere Aufmerksamkeit verdient indes die Bestimmung der dogmatischen Grundlage des Rechtsmissbrauchsverbots im Gesellschaftsrecht. Zwar bestehen auch insofern an der grundsätzlichen Anwendbarkeit des § 242 BGB keine Zweifel.[182] Das Gebot von Treu und Glauben ist aufgrund seiner überragenden Stellung innerhalb der deutschen Rechtsordnung in seiner Anwendung weder beschränkt auf das Schuldrecht noch auf das BGB im Allgemeinen, es beherrscht vielmehr sämtliche auch außerhalb des BGB liegenden zivilrechtlichen Rechtsgebiete.[183]

Eine abweichende gesellschaftsrechtsspezifische Verankerung des Rechtsmissbrauchsgedankens könnte sich jedoch aus der heute weitestgehend anerkannten und unter dem Begriff der *mitgliedschaftlichen Treuepflicht* behandelten Erkenntnis ergeben, dass im Gesellschaftsrecht jeder Gesellschafter bereits aufgrund seiner Verbandsmitgliedschaft besonderen gesellschaftsrechtsspezifischen Rücksichtspflichten sowohl seinem Verband als auch seinen Mitgesellschaftern gegenüber unterliegt.[184] Für das dogmatische Verständnis des Rechtsmissbrauchsverbots im Gesellschaftsrecht ist damit aber die Klärung des Verhältnisses dieser besonderen Rück-

---

181 Grüneberg, in: Palandt, BGB, 70. Aufl. (2011), § 242 Rn. 23; vgl. zu dieser Problematik im Einzelnen auch: Olzen, in: Staudinger, 2009, § 241 Rn. 414 ff.

182 BGH, ZIP 1991, 1427; Grüneberg/Suschet, in: Bamberger/Roth, BGB, 2. Aufl. (2007), § 242 Rn. 74; Henssler/Wiedemann, in: Bayer/Habersack, Aktienrecht im Wandel, Band II, 2007, 1 (19 f.); Henze, BB 1996, 489 (492); Immenga, in: FS 100 Jahre GmbH-Gesetz, 1992, 189 (190); Zöllner, Die Schranken mitgliedschaftlicher Stimmrechtsmacht bei den privatrechtlichen Personenverbänden, 1963, S. 350 m.w.N.

183 BGHZ 12, 154 (157); Grüneberg, in: Palandt, BGB, 70. Aufl. (2011), § 242 Rn. 16; ders./Suschet, in: Bamberger/Roth, BGB, 2. Aufl. (2007), § 242 Rn. 4 ff.; G.Hohloch, in: Erman, BGB, 13. Aufl. (2011), § 242 Rn. 42; Looschelders/Olzen, in: Staudinger, BGB, 2009, § 242 Rn. 403.

184 Geprägt wurde der Gedanke einer mitgliedschaftlichen Treuepflicht von Alfred Hueck (in: FS Rudolf Hübner, 1935, 72).

sichtspflichten zu den Rücksichtspflichten des § 242 BGB als allgemein zivilrechtsdogmatische Grundlage des Rechtsmissbrauchsverbots unumgänglich. Denn sollte es sich bei der mitgliedschaftlichen Treuepflicht um eine von § 242 BGB unabhängige dogmatische Kategorie des allgemeinen Treuegedankens handeln, hätte dies entscheidende Auswirkungen auch auf die dogmatische Verankerung des Rechtsmissbrauchsverbots im Gesellschaftsrecht.

1. Die Lehre von der mitgliedschaftlichen Treuepflicht

War die mitgliedschaftliche Treuepflicht zunächst nur für das typischerweise rein personalistisch geprägte Personengesellschaftsrecht[185] sowie das GmbH-Recht[186] anerkannt, während ihre Existenz für die nach ihrem Leitbild kapitalistisch geprägte AG - zumindest im Verhältnis der Aktionäre untereinander - auf weitgehende Ablehnung stieß,[187] bestehen heute an der Anerkennung einer uneingeschränkten gesellschaftsrechtsspezifischen Treuebindung der Gesellschafter auch im Aktienrecht grundsätzlich keine Bedenken mehr.[188] Spätestens seit der *Linotype*-Entscheidung des Bundes-

---

185 RGZ 162, 388 (394); 169, 153 (155 f.); 171, 51 (54); BGHZ 30, 195 (201); 44, 40 (41 f.); 64, 253 (257); 68, 81 (82); Hopt, in: Baumbach/Hopt, HGB, 34. Aufl. (2010), § 109 Rn. 23 ff.; K.Schmidt, Gesellschaftsrecht, 4. Aufl. (2002), § 20 IV 2a-d, S. 589 ff; dazu auch: Worch, Treuepflichten von Kapitalgesellschaftern untereinander und gegenüber der Gesellschaft, 1983, S. 2 ff.

186 RGZ 165, 68 (79); 169, 330 (333 f. und 338); BGHZ 9, 157 (163); 14, 25 (38); 65, 15 (18) (ITT); 98, 276 (279 f.); Immenga, in: FS 100 Jahre GmbH-Recht, 1992, 189 (193 ff.); Raiser, ZHR 151 (1987), 422 (431 f.); als Grund diente dabei die Erkenntnis, dass die GmbH in ihrer Struktur und dem persönlichen Zusammenwirken ihrer Gesellschafter durchaus mit einer Personengesellschaft vergleichbar sein kann.

187 BGH, JZ 1976, 561 (562) (Audi/NSU); insofern auch die Nachweise bei: Worch, Treuepflichten von Kapitalgesellschaftern untereinander und gegenüber der Gesellschaft, 1983, S. 2.

188 Vgl. zur Rechtsprechung stellvertretend: BGHZ 103, 184 (195) (Linotype); zur Literatur: Hamann, Minderheitenschutz beim Squeeze-out-Beschluss, 2003, S. 129; Henze, BB 1996, 499 (498); ders., ZHR 162 (1998), 186 (187 f.); Hüffer, in: Münchener Kommentar zum AktG, 3. Aufl. (2011), § 243 Rn. 44; Immenga, in: FS 100 Jahre GmbH-Gesetz, 1992, 189 (190); Lutter, ZHR 162 (1998), 164 (167); K.Schmidt, Gesellschaftsrecht, 4. Aufl. (2002), S. 557; Wiedemann, Gesellschaftsrecht, Band I, 1980, S. 431 ff.; Windbichler, Gesellschaftsrecht, 22. Aufl. (2009), § 30 Rn. 33 ff.; Zöllner, Die Schranken mitgliedschaftlicher Stimmrechtsmacht bei den privatrechtlichen Personenverbänden, 1963, S. 335 ff.; Bedenken gegen die Anerkennung gesteigerter Treuepflichten im Gesellschaftsrecht äußert Hammen

gerichtshofs[189] ist die mitgliedschaftliche Treuepflicht endgültig als rechtsformübergreifendes Verbandsprinzip anerkannt.[190] Erklären lässt sich die Ausweitung des Anwendungsbereichs der mitgliedschaftlichen Treuepflicht dabei mit einem im Laufe der Zeit in Rechtsprechung und Schrifttum erfolgten Wandel des Verständnisses von einer solchen Treuepflicht. Wurde früher als deren Geltungsgrund noch allein auf die persönliche Beziehung der Gesellschafter zueinander abgestellt, ist Hauptgrund für die Annahme besonderer Rücksichtspflichten im Gesellschaftsrecht heute die gesteigerte Einwirkungsmacht, die Gesellschaftern mit Blick auf die Interessen der Gesellschaft und die ihrer Mitgesellschafter zuteil wird.[191]

a) Verbandszugehörigkeit als Entstehungsgrund

Entstehungsgrund der mitgliedschaftlichen Treuepflicht ist die Zugehörigkeit zu einem Personenverband.[192] Allein die Mitgliedschaft determiniert als eigenständiges und rechtsformübergreifendes[193] Rechtsinstitut[194] die Rahmenbedingungen für die Verfolgung des gemeinsamen, in der Zukunft zu verwirklichenden Verbandszwecks.[195] Sie beschreibt, abhängig von der realen Verbandsstruktur,[196] die mitgliedschaftlichen Rechte und Pflichten des einzelnen Verbandsmitglieds, die teils auf Gesetz, teils auf den Ver-

---

(ZBB 1993, 239 (242)), ohne dabei jedoch die mitgliedschaftliche Treuepflicht grundsätzlich in Frage zu stellen.

189 BGHZ 103, 184 (194 f.) (Linotype).

190 Zur Einstufung der mitgliedschaftlichen Treuepflicht als ein rechtsformübergreifendes Verbandsprinzip: Henze, ZHR 162 (1998), 186.

191 Zu den Geltungsgründen im Einzelnen: § 4) II) 2) b).

192 Hennrichs, AcP 195 (1995), 221 (234 f.); Henze, BB 1996, 489 (492); Hüffer, AktG, 9. Aufl. (2010), § 53a Rn. 15; Immenga, in: FS 100 Jahre GmbH-Gesetz, 1992, 189 (203 f.); Lutter, ZHR 162 (1998), 164 (168); Schäfer, in: Staub, HGB, 5. Aufl. (2009), § 105 Rn. 228; K.Schmidt, Gesellschaftsrecht, 4. Aufl. (2002), S. 588; Timm, ZIP 1991, 481 (483); Winter, Mitgliedschaftliche Treuebindungen im GmbH-Recht, 1988, S. 63 ff.; Zöllner, ZHR 162 (1998), 235 (237).

193 Ihre rechtsformübergreifende Geltung ist mittlerweile anerkannt, vgl. etwa: Habersack, Die Mitgliedschaft – subjektives und „sonstiges" Recht, 1996, S. 62 f.; Lutter, AcP 180 (1980), 84 (85); K.Schmidt, Gesellschaftsrecht, 4. Aufl. (2002), S. 548.

194 K.Schmidt, Gesellschaftsrecht, 4. Aufl. (2002), S. 549; so wohl auch: Lutter, AcP 180 (1980), 84 (86).

195 Lutter, AcP 180 (1980), 84 (92).

196 Henze, ZHR 162 (1998), 186; Schiel, Aktionärsschutz zwischen Aktienrecht und Kapitalmarkt, 2009, S. 88.

bandsstatuten beruhen.[197] Zu den mitgliedschaftlichen Rechten zählen dabei im funktionalen Kontext neben den Schutz- und Vermögensrechten insbesondere die sog. Teilhabe- bzw. organschaftlichen Verwaltungsrechte,[198] die jedes Verbandsmitglied zur Teilhabe am Verbandsleben und – etwa durch Mitwirkung an der verbandsinternen Willensbildung – zur Einflussnahme auf das Verbandsleben berechtigen.[199] Im Gegenzug tragen die Verbandsmitglieder aber auch die Verantwortlichkeit für das Verbandsleben.[200] Den Mitgliedschaftsrechten als innergesellschaftliches Gegengewicht stehen daher die gesellschaftsvertraglichen und gesetzlichen Mitgliedschaftspflichten gegenüber, zu denen auch die mitgliedschaftliche Treuepflicht zählt.[201] Es entsteht somit ein Wechselspiel zwischen den Mitgliedschaftsrechten einerseits und der mitgliedschaftlichen Treuepflicht andererseits.[202] Grundlage der mitgliedschaftlichen Treuepflicht ist demnach der Gesellschaftsvertrag bzw. die Satzung.[203]

b) Funktionen und Schutzrichtung

Ziel der mitgliedschaftlichen Treuepflicht ist es, die Gesellschafter eines Unternehmens in ihrem Vertrauen auf ihre Mitgesellschafter und deren Loyalität sowohl ihnen gegenüber als auch im Hinblick auf die Verfolgung des gemeinsamen Gesellschaftszwecks zu schützen.[204] Sie wird daher auch verstanden als die Pflicht zu einem harmonischen Zusammenwirken der beteiligten Verbandsmitglieder zur Erreichung des Verbandszwecks.[205] Letztendlich geht es um die Schaffung eines angemessenen und gerechten Aus-

---

197 K.Schmidt, Gesellschaftsrecht, 4. Aufl. (2002), S. 557; vgl. für die mitgliedschaftliche Treuepflicht: Henze, BB 1996, 489 (492).

198 Vgl. zu dieser funktionalen Differenzierung der mitgliedschaftlichen Rechte in Teilhabe-, Schutz- und Vermögensrechte: Lutter, AcP 180 (1980), 84 (86); K.Schmidt, Gesellschaftsrecht, 4. Aufl. (2002), S. 557 f.

199 Habersack, Die Mitgliedschaft – subjektives und „sonstiges" Recht, 1996, S. 82; Schiel, Aktionärsschutz zwischen Aktienrecht und Kapitalmarkt, 2009, S.89.

200 Schiel, Aktionärsschutz zwischen Aktienrecht und Kapitalmarkt, 2009, S.89.

201 Vgl. Hennrichs, AcP 195 (1995), 221 (235); Lutter, ZHR 162 (1998), 164 (167); Ulmer, in: FS Werner, 1984, 911 (925).

202 Henze, BB 1996, 489 (493).

203 So auch: Hüffer, in: FS Steindorff, 1990, 59 (67 f.); Immenga, in: FS 100 Jahre GmbH-Gesetz, 1992, 189 (202).

204 Lutter, ZHR 162 (1998), 164 (167).

205 Seuffert, Der Schutz des Aktieneigentums nach Art. 14 GG und seine Auswirkungen im Zusammenhang mit dem Ausschluss von Minderheitsaktionären gemäß §§ 327a ff. AktG, 2005, S. 70; Wiedemann, in: FS für Heinsius, 1991, 949.

gleichs konfligierender Interessen innerhalb von Personenverbänden und damit um die Verhinderung bzw. Beseitigung verbandsbezogener Binnenkonflikte.[206] Die mitgliedschaftliche Treuepflicht verlangt daher stets eine Interessenabwägung,[207] in die jedoch ausschließlich die sich aus der Mitgliedschaft ergebenden gesellschaftsrechtlichen Interessen der Beteiligten Eingang finden, während außergesellschaftsrechtliche Bereiche unberücksichtigt bleiben.[208]

Funktionell kommt der mitgliedschaftlichen Treuepflicht ebenso wie § 242 BGB sowohl eine für das Rechtsmissbrauchsverbot relevante[209] rechtsbegrenzende Schrankenfunktion als auch eine pflichtensteigernde sowie eine, insbesondere für die Frage des Bestehens einer Zustimmungspflicht im Rahmen von Gesellschafterbeschlüssen wichtige, anspruchsbegründende Funktion zu.[210]

aa) Vertikale Treuepflicht

Treue schuldet der Gesellschafter dabei zunächst seiner Gesellschaft (*vertikale* Treuepflicht).[211] Die Bindung an den die Individualinteressen der Gesellschafter überlagernden Verbandszweck als ein wesentlicher Teilaspekt der mitgliedschaftlichen Treuepflicht[212] begründet dabei nicht nur eine der Pflichtenumschreibung in § 705 BGB als „Grundnorm des gesamten Korporationsrecht“[213] entsprechende Pflicht zur Förderung des Gesellschaftszwecks, sie verpflichtet den Gesellschafter vielmehr gleichermaßen zur

---

206 Lutter, ZHR 162 (1998), 164 (185 f.).

207 Dreher, DStR 1993, 1632 (1634).

208 Würthwein, in: Spindler/Stilz, AktG, 2. Aufl. (2010), § 243 Rn. 161 (dort Fn. 237); Zöllner, Die Schranken mitgliedschaftlicher Stimmrechtsmacht bei den privatrechtlichen Personenverbänden, 1963, S. 349 ff.

209 Zur rechtsbegrenzenden Schrankenfunktion des Rechtsmissbrauchsverbots: § 3) II).

210 Ausführlich zu den verschiedenen Funktionen der mitgliedschaftlichen Treuepflicht etwa: Weber, Vormitgliedschaftliche Treuebindungen, 1999, S. 69 ff.

211 Vgl. u.a: BGHZ 65, 15 (18) (ITT); statt vieler: Hofmann, Minderheitsschutz im Gesellschaftsrecht, 2011, S. 28.

212 Zöllner, Die Schranken mitgliedschaftlicher Stimmrechtsmacht bei den privatrechtlichen Personenverbänden, 1963, S. 318 ff. und 344; ders., in: Bayer/Habersack, Aktienrecht im Wandel, Band II, 2007, 462 (489).

213 Lutter, ZHR 153 (1989), S. 446 (454); ders., AcP 180 (1980), 84 (102).

Loyalität gegenüber der Gesellschaft durch Rücksichtnahme auf deren Interessen und Belange.[214]

bb) Horizontale Treuepflicht

Anerkannt ist die mitgliedschaftliche Treuepflicht mittlerweile zudem für das Verhältnis der Gesellschafter untereinander (*horizontale* Treuepflicht).[215]

Während die vertikale Treuepflicht bei Personengesellschaften grundsätzlich stärker ausgeprägt ist als bei Kapitalgesellschaften, gilt für die horizontale Pflicht zur Rücksichtnahme auf die Interessen der Mitgesellschafter das Gegenteil.[216] Grund ist die der Gesellschaftermehrheit durch das im Kapitalgesellschaftsrecht vorherrschende Mehrheitsprinzip eingeräumte Majorisierungsmacht, die eine Beeinträchtigung der Minderheitsinteressen in erheblichem Maße ermöglicht.[217] Doch beschränkt sich die mitgliedschaftliche Treuepflicht in ihrer Wirkungsweise nicht auf einen reinen Minderheitenschutz.[218] Seinen Mitgesellschaftern zur Treue verpflichtet ist nicht nur der einflussreiche Mehrheitsgesellschafter, sondern auch jeder Minderheitsgesellschafter unabhängig von seiner Beteiligung.[219] Für das Personengesellschaftsrecht folgt dies bereits aus dem dort geltenden Einstim-

---

214 Hofmann, Minderheitsschutz im Gesellschaftsrecht, 2011, S. 28; Hueck/Fastrich, in: Baumbach/Hueck, GmHG, 19. Aufl. (2010), § 13 Rn. 21; Immenga, Die personalistische Kapitalgesellschaft, 1970, S. 264 ff.; Zöllner, in: Bayer/Habersack, Aktienrecht im Wandel, Band II, 2007, 462 (489); vgl. auch: Lutter, ZHR 162 (1998), 164 (166 f.), der insofern daher nur von einer „Förderpflicht" spricht.

215 BGHZ 65, 15 (18 f.) (ITT); 89, 162 (168) (Heumann/Ogilvy); 103, 184 (194 f.) (Linotype); 129, 136 (142 f.) (Girmes); Dreher, ZHR 157 (1993), 150 (151 ff.); Immenga, Die personalistische Kapitalgesellschaft, 1970, 270 ff.; Kort, ZIP 1990, 294 ff.; Lutter, ZHR 153 (1989), 446 (453 ff.); Marsch-Barner, ZHR 157 (1993), 172 (173); Wimmer-Leonhardt, Konzernhaftungsrecht, 2004, S. 167 ff.; Winter, Mitgliedschaftliche Treuebindungen im GmbH-Recht, 1988, S. 1 ff.

216 Vgl.: Zöllner, Die Schranken mitgliedschaftlicher Stimmrechtsmacht bei den privatrechtlichen Personenverbänden, 1963, S. 350.

217 Zum Mehrheitsprinzip und dem dadurch bedingten Missbrauchspotential: § 6) I) 1).

218 Weber, Vormitgliedschaftliche Treubindungen, 1999, S. 67.

219 BGHZ 129, 136 (142 f.) (Girmes); Henssler/Wiedemann, in: Bayer/Habersack, Aktienrecht im Wandel, Band II, 2007, 1 (19); Hofmann, Minderheitsschutz im Gesellschaftsrecht, 2011, S. 26; Immenga, in: FS 100 Jahre GmbH-Gesetz, 1992, 189 (195); Weber, Vormitgliedschaftliche Treubindungen, 1999, S. 67 und 88 f.; Wiedemann, WM 2009, 1 (4).

migkeitsprinzip.[220] Aber auch im Kapitalgesellschaftsrecht besteht ein grundsätzliches Bedürfnis für die Anerkennung einer Treuebindung von Minderheitsgesellschaftern, da es diesen ab einer bestimmten Beteiligungshöhe möglich ist, die Durchsetzung einzelner Rechte zu erzwingen (vgl. etwa: §§ 122 Abs. 1, Abs. 3, 142 Abs. 2, 147 Abs. 2 AktG) oder die Fassung einzelner Gesellschafterbeschlüsse zu verhindern (vgl. etwa: §§ 179 Abs. 2, 182 Abs. 1, 186 Abs. 3 AktG).[221]

cc) Das Verhältnis zwischen vertikaler und horizontaler Treuebindung

Beeinträchtigt eine Rechtsausübung gleichzeitig Interessen der Gesellschaft und solche von Mitgesellschaftern, kommt es also zu einer Pflichtenkollision zwischen der horizontalen und der vertikalen Treuepflicht, gebührt Letzterer der Vorrang mit der Folge, dass der Gesellschafter sein Handeln einzig an dem Gesellschaftsinteresse auszurichten hat und die horizontale Treuepflicht nur dann zur eigenständigen Anwendung gelangt, wenn die betreffende Maßnahme für das Verbandsinteresse neutral oder vorteilhaft ist.[222] Insofern kann der Rechtsgedanke der §§ 117 Abs. 1, S. 2, 317 Abs. 1, S. 2 AktG herangezogen werden.[223]

Für den einzelnen Gesellschafter bedeutet dies, dass er jede Ausübung seiner Mitgliedschaftsrechte am Grundsatz der Verhältnismäßigkeit zu messen hat.[224] Keine treuwidrige Rechtsausübung liegt somit vor, wenn die Wahrnehmung des betreffenden Rechts unter dem Stichwort der *Geeignetheit* der Verwirklichung des Gesellschaftszwecks dient, sie somit im Interesse der Gesellschaft erfolgt (vertikale Rücksichtspflicht), und – soweit sie zugleich zu einer Beeinträchtigung von Mitgesellschafterinteressen führt – diese Beeinträchtigung den Prinzipien der *Erforderlichkeit* und *Angemes-*

---

220 Zum Einstimmigkeitsprinzip siehe: § 6) I) 1).

221 BGHZ 129, 136 (145) (Girmes).

222 Lutter, ZHR 153 (1989), 446 (455); E.Rehbinder, ZGR 1976, 386 (391 f.); Winter, Mitgliedschaftliche Treuebindungen im GmbH-Recht, 1988, S. 85; Zöllner, Die Schranken mitgliedschaftlicher Stimmrechtsmacht bei den privatrechtlichen Personenverbänden, 1963, S. 344 ff. und 349 ff.

223 So auch – jedoch lediglich mit Hinweis auf § 117 Abs. 2 AktG – Hennrichs, AcP 195 (1995), 221 (255).

224 Zur Verhältnismäßigkeit als Prüfungsmaßstab der Rücksichtpflichten: Dreher, DStR 1993, 1632 (1634); Hüffer, in: FS Steindorff, 1990, 59 (67); Zöllner, Die Schranken der mitgliedschaftlichen Stimmrechtsmacht bei den privaten Personenverbänden, 1963, S. 351 ff.

senheit unter Berücksichtigung der diametralen (Mehrheits- und Minderheits-)Interessen genügt (horizontale Rücksichtspflicht).[225]

2. Die mitgliedschaftliche Treuepflicht als eigenständige dogmatische Kategorie

Nicht einheitlich beantwortet wird hingegen die Frage der dogmatischen Einordnung der mitgliedschaftlichen Treuepflicht: Handelt es sich dabei lediglich um eine besondere gesellschaftsrechtliche Ausprägung des allgemeinen Grundsatzes von Treu und Glauben (§ 242 BGB)[226] oder ist deren Emanzipation bereits so weit fortgeschritten, dass von einer eigenständigen, über die „normale" Pflichtenbindung des § 242 BGB hinausgehenden dogmatischen Kategorie[227] des Treuegedanken gesprochen werden kann?[228]

---

225 Ähnlich: Lutter, ZHR 153 (1989), 446 (458); Zöllner, Die Schranken mitgliedschaftlicher Stimmrechtsmacht bei den privatrechtlichen Personenverbänden, 1963, S. 351 f.

226 So etwa: Burgard, ZIP 2002, 827 (834 f.); ders., in: FS Lutter, 2000, 1033 (1038); Grunewald, Gesellschaftsrecht, 8. Aufl. (2011), S. 254; Hennrichs, AcP 195 (1995), 221 (223 und 227 ff.); Roth, in: Münchener Kommentar zum BGB, 5. Aufl. (2007), § 242 Rn. 153; Schmiedel, ZHR 134 (1970), 173 (182); tendenziell wohl auch: Weber, Vormitgliedschaftliche Treuebindungen, 1999, S. 112 f. und 132 ff.; für die horizontale Treuepflicht vgl.: Winter, Mitgliedschaftliche Treuebindungen im GmbH-Recht, 1988, S. 14 f.; gegen die Einordnung als eigenständige Kategorie auch: Grigoleit, Gesellschafterhaftung für interne Einflussnahme im Recht der GmbH, 2006, S. 299 ff. (insb. S. 308), der sich jedoch generell für eine Verlagerung dieser Thematik von § 242 BGB zu § 241 BGB ausspricht.

227 Zum Ausdruck der „eigenständigen dogmatischen Kategorie": Grigoleit, Gesellschafterhaftung für interne Einflussnahme im Recht der GmbH, 2006, S. 299.

228 So wohl: BGHZ 9, 157 (163), wo davon die Rede ist, „den Gesellschaftern einer GmbH (obliege) eine echte, nicht bloß die Grundsätze von Treu und Glauben (§ 242 BGB) beinhaltende Treuepflicht (...)."; Henze/Notz, in: Großkommentar zum AktG, 4. Aufl. (2009), Anh § 53a Rn. 15 ff.; A.Hueck, Der Treuegedanke im modernen Privatrecht, 1947, S. 12 f.; Hüffer, AktG, 9. Aufl. (2010), § 53a Rn. 15; ders., in: FS Steindorff, 1990, 59 (70 ff.); Immenga, in: FS 100 Jahre GmbH-Gesetz, 1992, 189 (190 f.); Jilg, Die Treuepflicht des Aktionärs, 2005, S. 62 f.; Lutter, ZHR 153 (1989), 446 (452) (für die vertikale Treuepflicht); ders., AcP 180 (1980), 84 (104 f.); Marsch-Barner, ZHR 157 (1993), 172 (173); Raiser, ZHR 151 (1987), 422 (423); Rieder, ZGR 2009, 981 (986); Timm, ZIP 1991, 481 (482); Wiedemann, in: FS Heinsius, 1991, 949 (950); H.Winter/Seibt, in: Scholz, GmbHG, Band 1, 10. Aufl. (2006), § 14 Rn. 50; ausdrücklich offen gelassen hingegen bei: Zöllner, Die Schranken mit-

a) § 242 BGB als „offener" Tatbestand

Gegen eine dogmatische Eigenständigkeit der mitgliedschaftlichen Treuepflicht könnte zunächst die rechtliche Charakterisierung des § 242 BGB als Generalklausel sprechen.[229] Deren Wesensmerkmal ist ihre tatbestandliche Abstraktheit, die wie gezeigt eine starre Subsumtion verbietet, die vielmehr eine situationsbezogene Präzisierung und Interpretation des Grundsatzes von Treu und Glauben erfordert.[230] § 242 BGB dient dem Rechtsanwender als Reaktionsinstrument im Falle atypischer Sondersituationen. Verfehlt wäre es daher, § 242 BGB so zu verstehen, als begründe er einen Einheitsstandard der geschuldeten Treue für sämtliche zivilrechtlichen Sonderverbindungen. Nicht nur zeichnen sich einzelne Rechtsgebiete – wie etwa das Familien- oder das Arbeitsrecht – naturgemäß durch eine stärkere Beziehungsintensität aus als andere Rechtsgebiete.[231] Auch variieren die gesetzgeberischen Wertungen von Rechtsgebiet zu Rechtsgebiet; deren Berücksichtigung im Rahmen der einzelfallbezogenen Interessenabwägung spielt jedoch gerade eine entscheidende Rolle für die Intensität der konkreten Treuebindung.[232] Insbesondere aber verdeutlicht die in § 242 BGB zum Ausdruck kommende Wechselbeziehung zwischen der Schutzwürdigkeit der durch die Rechtsausübung betroffenen Interessen einerseits und dem im Einzelfall geschuldeten Maß an Rücksichtnahme andererseits, dass eine Treuepflicht nicht isoliert und losgelöst von der im Einzelfall bestehenden Sonderverbindung betrachtet werden kann. § 242 BGB gibt vielmehr lediglich einen umrissartig festgelegten Pflichtrahmen vor,[233] während Ausmaß und Reichweite der Treuebindung entscheidend von Art und Beziehungsintensität der jeweiligen Sonderverbindung abhängen.

Da aber auch die mitgliedschaftliche Treuepflicht einen solchen unbestimmten, konkretisierungsbedürftigen Tatbestand darstellt, dessen Inhalt, Reichweite und Strenge nicht im Wege formaler Subsumtion, sondern wie

---

gliedschaftlicher Stimmrechtsmacht bei den privatrechtlichen Personenverbänden, 1963, S. 335 ff.

229 Zur Einstufung des § 242 BGB als Generalklausel siehe bereits oben: § 3) I).

230 Dazu bereits: § 4) I) 2) a).

231 Vgl. etwa: G.Hohloch, in: Erman, BGB, 13. Aufl. (2011), § 242 Rn. 42 ff.

232 Ähnlich auch: Winter, Mitgliedschaftliche Treuebindungen im GmbH-Recht, 1988, S. 14 f.; zur wertungsorientierten Interessenabwägung als Konkretisierungsmethode beim Rechtsmissbrauchsverbot siehe im Einzelnen: § 5) II) 2).

233 Zum Ausdruck des umrissartig beschriebenen Pflichtenrahmens des § 242 BGB: Winter, Mitgliedschaftliche Treuebindungen im GmbH-Recht, 1988, S. 14.

im Falle des § 242 BGB nur wertend mittels einer einzelfallbezogenen Interessenabwägung bestimmt werden können, liegt der Schluss nahe, bei dieser handele es sich letztendlich um nichts anderes als eine bloße gesellschaftsrechtsspezifische Ausprägung des allgemeinen Grundsatzes von Treu und Glauben, sie decke sich daher als flexibler und situationsabhängiger Maßstab geschuldeter Treue methodisch wie inhaltlich mit § 242 BGB. Dann aber bestünde für eine Emanzipation der mitgliedschaftlichen Treuepflicht hin zu einer eigenständigen Kategorie eines allgemeinen Treuegedankens schlechthin kein Bedürfnis. Sie wäre vielmehr rein begriffsjuristischer Natur und unzweckmäßig.[234]

b) Emanzipation des mitgliedschaftlichen Treuegedankens

So sehr diese Argumentation auf die regelmäßig in den Anwendungsbereich des § 242 BGB fallenden „Sonderbeziehungen" mit ihren spezifischen Interessenlagen (z.B. Austauschverträge, Treuhandverträge) oder der ihnen typischerweise innewohnenden unterschiedlich stark ausgeprägten Einwirkungsmacht einer Partei auf die Interessen der anderen Partei (vgl. etwa die aufgrund der Vertragsdauer erhöhte Einwirkungsmacht einzelner Vertragsparteien bei Dauerschuldverhältnissen) zutrifft, so kurz greift sie jedoch mit Blick auf Gesellschaftsverhältnisse.

aa) Besondere Interessenlage im Rahmen gesellschaftsvertraglicher Zusammenschlüsse

Zwar unterfallen auch Gesellschaftsverhältnisse als Sonderbeziehungen im Sinne des § 242 BGB grundsätzlich dem Gebot von Treu und Glauben. Die Eigenart gesellschaftsvertraglicher Zusammenschlüsse verschafft der Mitgliedschaft in einem Personenverband jedoch eine einmalige Sonderstellung unter den Sonderbeziehungen des § 242 BGB. Deutlich wird dies nicht zuletzt an der außergewöhnlichen Interessenlage, wie sie innerhalb von gesellschaftsvertraglichen Zusammenschlüssen besteht. So unterscheiden sich diese etwa von schuldrechtlichen Austauschverträgen, die geprägt sind von der Gegenläufigkeit der betroffenen Parteiinteressen, oder den auf die Wahrnehmung fremder Interessen abzielenden Treuhandverhältnissen durch den ihnen nach der gesetzgeberischen Konzeption typischerweise

234 Hennrichs, AcP 195 (1995), 221 (228).

immanenten und aus dem gemeinsamen Gesellschaftszweck abgeleiteten Interessengleichlauf (Zweckverfolgung).[235]

Insbesondere aber die einzelnen Gesellschaftern gesellschaftsrechtlich eingeräumte Macht zu einer gegenüber anderen Vertragsverhältnissen gesteigerten Einflussnahme auf die Interessen der Gesellschaft und die Stellung ihrer Mitgesellschafter ist neben einer mitunter bestehenden persönlichen Verbundenheit der Gesellschafter, gefolgt von einem besonderen Vertrauensverhältnis zwischen diesen, Geltungsgrund für die Existenz gesteigerter Treuebindungen im Gesellschaftsrecht.[236]

bb) Besondere Einwirkungsmacht im Rahmen gesellschaftsvertraglicher Zusammenschlüsse

Gesellschaftsverträge begründen grundsätzlich ein auf Dauer angelegtes Rechtsverhältnis.[237] Im Gegensatz zu Austauschverträgen, deren Erfüllung lediglich die vertraglich vereinbarte Erbringung der bereits bei Vertragsschluss detailliert umschriebenen Leistungen verlangt, ist die dauerhafte Verfolgung des Unternehmenszwecks als Ziel des Gesellschaftsvertrags ein langwieriger und von externen Umständen sowie einer Vielzahl wirtschaftlicher Faktoren und Entwicklungen abhängiger Prozess. Langfristige Risiken sind im Zeitpunkt des Beitritts zu einem Personenverband kaum vorhersehbar.[238] Auch sind insbesondere zukünftige Mehrheitsentscheidungen

---

235 Hüffer, in: Münchener Kommentar zum AktG, 3. Aufl. (2011), § 243 Rn. 48; Lutter, AcP 180 (1980), 84 (93); Zöllner, in: Bayer/Habersack, Aktienrecht im Wandel, Band II, 2007, 462 (486); zum präsumtiven Interessengleichlauf und den Makeln seiner Vermutung siehe im Einzelnen: § 6) I) 2).

236 Vgl. etwa: BGHZ 65, 15 (19) (ITT); 103, 184 (194 f.) (Linotype); 129, 136 (143 f.) (Girmes); 142, 167 (170) (Hilgers); Henssler/Wiedemann, in: Bayer/Habersack, Aktienrecht im Wandel, Band II, 2007, 1 (18 f.); Hüffer, in: FS Steindorff, 1990, 59 (73 ff.); Immenga, Die personalistische Kapitalgesellschaft, 1970, S. 264 f.; ders., in: FS 100 Jahre GmbH-Gesetz, 1992, 189 (202 f.); Winter, Mitgliedschaftliche Treuebindungen im GmbH-Recht, 1988, S. 15 ff. (für das Personengesellschaftsrecht); Zöllner, Die Schranken mitgliedschaftlicher Stimmrechtsmacht bei den privatrechtlichen Personenverbänden, 1963, S. 337 ff.; vgl. auch: Lutter, ZHR 162 (1998), 164 (167), der als Ziel der mitgliedschaftlichen Treuepflicht den Schutz des Vertrauens und der Loyalität der Verbandsmitglieder sowie die Begrenzung der Einwirkungsmacht der Gesellschafter anführt.

237 Schön, in: FS Ulmer, 2003, 1359 (1385).

238 Vgl. auch: Schäfer/Ott, Lehrbuch der ökonomischen Analyse des Zivilrechts, 4. Aufl. (2005), S. 639 zu sog. symbiotischen Verträgen, zu denen allerdings auch Gesellschaftsverträge zählen sollen (S. 635).

aufgrund der regelmäßig langen Dauer gesellschaftsrechtlicher Sonderbeziehungen nicht kalkulierbar.[239] Die Verwirklichung des Gesellschaftszwecks verlangt demnach flexible Regelungen und ein Ermessen des Einzelnen bei der Ausübung der ihm gesellschaftsrechtlich eingeräumten Rechte.[240] Eine statische und detaillierte Festlegung von Umfang und Grenze der sich aus dem Gesellschaftsvertrag ergebenden Rechte und Pflichten ist unmöglich.[241] Der Gesellschaftsvertrag beschreibt vielmehr nur die Grundregeln für das zukünftige Zusammenwirken der Gesellschafter bei der Zweckerreichung.[242]

Während also beim gewöhnlichen Schuldvertrag angesichts der von vorneherein abgegrenzten und regelmäßig ermessensfreien[243] Leistungspflichten auch die Einwirkungsmacht einer jeden Partei auf die Interessen und Rechte der anderen Partei genau fixiert sind und der ausgeübte Einfluss dementsprechend gering ist, besteht bei Gesellschaftsverträgen aufgrund des Ermessensspielraums der Akteure die Möglichkeit einer dauernden Einwirkung auf die Interessen der Gesellschaft und des einzelnen Gesellschafters.[244] Eine gesteigerte Pflicht zur Rücksichtnahme auf die Interessen des Verbands und der übrigen Verbandsmitglieder als Korrektiv dieser Einwirkungsmacht ergibt sich demnach „aus dem Wesen der Sache".[245] Dabei gestaltet sich die Einwirkungsmacht unterschiedlich, abhängig davon, ob es sich um eine grundsätzlich dem Einstimmigkeitsprinzip unterfallende

---

239 Schöner, in: FS Ulmer, 2003, 1359 (1385).

240 Zöllner, Die Schranken mitgliedschaftlicher Stimmrechtsmacht bei den privatrechtlichen Personenverbänden, 1963, S. 343.

241 Winter, Mitgliedschaftliche Treuebindungen im GmbH-Recht, 1988, S. 17.

242 Hofmann, in: FS Hopt, 2010, 833 (836); ähnlich auch: Röpke, Gläubigerschutzregime im europäischen Wettbewerb der Gesellschaftsrechte, 2007, S. 39.

243 Etwas anderes gilt für den Fall, dass einer Partei ein einseitiges Leistungsbestimmungsrecht im Sinne des § 315 BGB vertraglich eingeräumt wurde. In diesem Fall hat die zur Bestimmung berufene Partei einen Ermessensspielraum bei der Leistungsbestimmung, der jedoch begrenzt wird durch Billigkeitserwägungen (vgl.: § 315 Abs. 3, S. 1 BGB).

244 Siehe u.a. BGHZ 65, 15 (18 f.) (ITT); 103, 184 (194 f.) (Linotype); 129, 136 (143 ff.) (Girmes); Hofmann, in: FS Hopt, 2010, 833 (836); Hüffer, in: FS Steindorff, 1990, 59 (74); Lutter, ZHR 153 (1989), 446 (454 f.); Marsch-Barner, ZHR 157 (1993), 172 (176); Winter, Mitgliedschaftliche Treuebindungen im GmbH-Recht, 1988, S. 17; Timm, ZIP 1991, 481 (482); Zöllner, Die Schranken mitgliedschaftlicher Stimmrechtsmacht bei den privatrechtlichen Personenverbänden, 1963, S. 341.

245 Zöllner, Die Schranken mitgliedschaftlicher Stimmrechtsmacht bei den privatrechtlichen Personenverbänden, 1963, S. 343.

Personengesellschaft oder eine vom Mehrheitsprinzip beherrschte Kapitalgesellschaft handelt.

(1) Personengesellschaftsrecht

Das Personengesellschaftsrecht gestattet eine Einwirkung auf die Interessen der Gesellschaft und die des einzelnen Gesellschafters in zweifacher Hinsicht. Zunächst ermöglicht der personengesellschaftsrechtliche Grundsatz der Selbstorganschaft[246] bestimmten Gesellschaftern die Einwirkung auf fremde Interessen im Wege organschaftlicher Fremddisposition. Ist die Geschäftsführung nur einzelnen Gesellschaftern gesellschaftsvertraglich übertragen,[247] verfügen diese über die Rechtsmacht, nicht nur Einfluss auf die Gesellschaftsinteressen zu nehmen, sondern auch – beschränkt auf Geschäftsführungsangelegenheiten – Entscheidungen mit Wirkung für und gegen die von der Geschäftsführung ausgeschlossenen Gesellschafter zu treffen. Dabei kommt ihnen ein Ermessensspielraum zu, der diese Einflussmöglichkeit erhöht. Denn hinsichtlich der Geschäftsführung begründet der Gesellschaftsvertrag regelmäßig nur eine allgemeine Zuständigkeits- und Rahmenordnung, die als bloße Grundlage für die im Einzelfall zur Zweckerreichung erforderliche Entscheidung der Geschäftsführung dient.[248]

Aber auch mit Blick auf die Ausübung seines Stimmrechts im Rahmen von Gesellschafterbeschlüssen erwächst dem einzelnen Gesellschafter die Rechtsmacht, Einfluss auf die Interessen des Verbands und die seiner Mitgesellschafter zu nehmen. Da Gesellschafterbeschlüsse im Rahmen von Personengesellschaften grundsätzlich dem Erfordernis der Einstimmigkeit unterfallen (§§ 709 Abs. 1 BGB, 119 Abs. 1 HGB),[249] erscheint die Einwir-

---

246 §§ 709 ff. BGB, 114, 125, 164, 170 HGB. Der Grundsatz der Selbstorganschaft ist nach herrschender Meinung zwingend: BGHZ 33, 105 (108); 146, 341 (360); Habermeier, in: Staudinger, BGB, (2003), § 709 Rn. 12; Hadding, in: Soergel, BGB, 12. Aufl. (2007), § 709 Rn. 22; K.Schmidt, Gesellschaftsrecht, 4. Aufl. (2002), S. 410; Ulmer/Schäfer, in: Münchener Kommentar zum BGB, 5. Aufl. (2009), § 709 Rn. 5; Wiedemann, Gesellschaftsrecht, Band I, 1980, S. 343; a.A. etwa: Beuthien, ZIP 1993, 1589 (1595 ff.) m.w.N.

247 §§ 710 BGB, 114 Abs. 2, 161 Abs. 2, 164 Abs. 1 HGB.

248 Winter, Mitgliedschaftliche Treuebindungen im GmbH-Recht, 1988, S. 17.

249 Eine abweichende gesellschaftsvertragliche Vereinbarung ist jedoch zulässig (§§ 709 Abs. 2 BGB, 119 Abs. 2 HGB); doch gilt es dabei stets den Bestimmtheitsgrundsatz zu beachten: Selbst dann, wenn der Gesellschaftsvertrag Vertragsänderungen durch Mehrheitsbeschluss ausdrücklich zulässt, sind Mehrheitsbeschlüsse

kungsmacht hier nicht, wie im Falle der vom Mehrheitsprinzip bestimmten Kapitalgesellschaften, als Majorisierungsmacht, sondern vielmehr in Gestalt einer mitgliedschaftlichen Blockademacht.[250] Das Einstimmigkeitsprinzip ermöglicht es dem einzelnen Gesellschafter, durch Verweigerung seiner Zustimmung einen Beschluss zu verhindern, auch wenn dieser im Interesse der Gesellschaft oder aller anderen Gesellschafter liegt. Dies verdeutlicht das Einwirkungspotential, welches dem einzelnen Gesellschafter durch das Recht der Personengesellschaften eingeräumt wird und stärkt gleichzeitig das Bedürfnis nach einer Treuebindung des Gesellschafters dahingehend, seine Sonderinteressen, sollten sie mit den Interessen des Verbands kollidieren, mehr oder weniger stark unterzuordnen.[251] Soweit auch bei einer Personengesellschaft - etwa einer Publikums-KG - im Einzelfall ausnahmsweise das Mehrheitsprinzip Anwendung findet,[252] gilt das zu den Kapitalgesellschaften Ausgeführte entsprechend.

(2) Kapitalgesellschaftsrecht

Besonders deutlich wird die Notwendigkeit gesteigerter gesellschaftsrechtsspezifischer Rücksichtpflichten im Kapitalgesellschaftsrecht.[253] Bedingt durch das korporationsrechtliche Mehrheitsprinzip (vgl. §§ 133 Abs. 1 AktG, 47 Abs 1 GmbHG)[254] ist es der verbandsinternen Mehrheit möglich, aufgrund ihrer Stimmrechtsmacht Entscheidungen auch gegen den Willen

---

ungewöhnlichen Inhalts nur dann wirksam, wenn sich der betreffende Beschlussgegenstand unzweideutig, gegebenenfalls auch durch Auslegung, aus dem Gesellschaftsvertrag ergibt (BGHZ 85, 350 (356); kritisch hingegen u.a.: Hofmann, Minderheitsschutz im Gesellschaftsrecht, 2011, S. 200 ff. m.w.N.).

250 So: Timm, ZIP 1991, 481 (483); Winter, Mitgliedschaftliche Treuebindungen im GmbH-Recht, 1988, S. 17.

251 Zöllner, Die Schranken mitgliedschaftlicher Stimmrechtsmacht bei den privatrechtlichen Personenverbänden, 1963, S. 340.

252 Zur erleichterten Anwendung des Mehrheitsprinzips im Rahmen von Publikums-KGn siehe etwa: Gummert/Jaletzke, in: Münchener Handbuch des Gesellschaftsrechts, Band 2, 3. Aufl. (2009), § 66 Rn. 19 ff. (insb. Rn. 21), die unter Hinweis auf den BGH auf das bestehende Bedürfnis für die Zulassung von Mehrheitsbeschlüssen verweisen.

253 Dasselbe gilt für Personengesellschaften, die sich ausnahmsweise für die Geltung des Mehrheitsprinzips entschieden haben (vgl. §§ 709 Abs. 2 BGB, 119 Abs. 2 HGB).

254 Das Mehrheitsprinzip gilt ferner auch für das Vereins- und Genossenschaftsrecht (vgl. §§ 32 Abs. 1 S. 3 BGB, 43 Abs. 2 GenG).

der Minderheit zu treffen.[255] Die Majorisierung der Minderheit durch Mehrheitsbeschluss birgt somit eine besonders starke Einwirkungsmacht der Mehrheit nicht nur auf die Interessen des Verbands, sondern insbesondere auf die Interessen und Belange der überstimmten Minderheit.[256] Mit Eintritt in eine Kapitalgesellschaft bindet sich ein jeder Gesellschafter nicht nur an den Verbandszweck und ordnet seine Partikularinteressen insofern dem Gesellschaftsinteresse unter. Er unterwirft sich gleichzeitig auch dem Willen und der Majorisierungsmacht der verbandsinternen Mehrheit und nimmt die seinem Willen widersprechende Einflussnahme der Mehrheit auf seine Interessen bewusst in Kauf.[257] Doch wird er zur Einschränkung seiner Rechte und Interessen nur insoweit bereit sein, wie dies auch tatsächlich zur Förderung des Gesellschaftszwecks erforderlich ist.[258] Ein überstimmter Gesellschafter wird also stets auf ein sachgerechtes, am Unternehmenszweck orientiertes und nach den Grundsätzen des fairen Zusammenarbeitens ausgerichtetes Verhalten der ihn überstimmenden Mehrheit vertrauen.[259] Insbesondere gilt es durch die Anerkennung gesteigerter Rücksichtspflichten gegenüber dem Verband und der Minderheit zu verhindern, dass sich eine verbandsintern etablierte Stimmrechtsmehrheit die Gesellschaft zur Verfolgung eigener Partikularinteressen dienstbar macht.[260]

cc) Besondere vertrauensbasierte Verbundenheit im Rahmen gesellschaftsvertraglicher Zusammenschlüsse

Als Geltungsgrund gesteigerter Rücksichtspflichten wurde vornehmlich in früherer Zeit auf das Vertrauensverhältnis zwischen den Gesellschaftern

---

255 Zum Mehrheitsprinzip: § 6) I) 1).

256 Zur Einwirkungsmöglichkeit infolge der Stimmrechtsmacht der Mehrheit vgl.: BGHZ 65, 15 (18 f.) (ITT); 103, 184 (194 f.) (Linotype); Hüffer, AktG, 9. Aufl. (2010), § 53a Rn. 17.

257 Hofmann, in: FS Hopt, 2010, 833 (836 f.); Schön, in: FS Ulmer, 2003, 1359 (1385).

258 Vgl.: Bischoff, BB 1987, 1055 (1057).

259 Hofmann, in: FS Hopt, 2010, 833 (837); Zöllner, Die Schranken mitgliedschaftlicher Stimmrechtsmacht bei den privatrechtlichen Personenverbänden, 1963, S. 341 f.; ders., ZHR 162 (1998), 235 (237).

260 Zöllner, Die Schranken mitgliedschaftlicher Stimmrechtsmacht bei den privatrechtlichen Personenverbänden, 1963, S. 341; auch auf die Gefahr des Missbrauchs einer bloßen Zufallsmehrheit hinweisend: Hüffer, AktG, 9. Aufl. (2010), § 53a Rn. 17; so wohl auch: Timm, ZIP 1991, 481 (483); zur Missbrauchsgefahr bei Existenz einer perpetuierten Mehrheit siehe zudem: § 6) I) 2) b).

verwiesen.[261] Dem entspricht es, dass eine besondere gesellschaftsrechtsspezifische Treuepflicht deshalb zunächst auch nur für Personengesellschaften anerkannt war, da sich diese aufgrund ihrer gegenüber Kapitalgesellschaften vergleichsweise personalistisch geprägten Struktur durch eine stärkere persönliche Verbundenheit ihrer Gesellschafter als Grundlage schutzwürdigen Vertrauens auszeichnen.[262] Umgekehrt liegt es auf der Hand, dass das Vertrauensmoment als Begründungsansatz für die Existenz besonderer Treue- und Rücksichtspflichten dann an seine Grenzen stößt, wenn es um die Ableitung und Konkretisierung solcher Pflichten im Kapitalgesellschaftsrecht, insbesondere mit Blick auf große Publikumsaktiengesellschaften mit weit gestreutem Aktienbesitz, geht.[263] Bereits *Zöllner* wies daher darauf hin, dass das Vertrauensverhältnis als Rechtfertigung gesteigerter Rücksichtspflichten mit Blick auf Kapitalgesellschaften - abhängig von der Realstruktur der betreffenden Gesellschaft - *grundsätzlich* als Geltungsgrund vom dargestellten Einwirkungsschutz überlagert wird.[264] Schwächen offenbart der Vertrauensansatz darüber hinaus als Rechtfertigung der vertikalen Treuepflicht. Denn zur Begründung der genannten Förder- und Loyalitätspflicht ist er gänzlich untauglich und ein Rückgriff auf die Einwirkungskontrolle demnach unumgänglich. Der Anwendungsbereich des Vertrauensgedankens als Geltungsgrund beschränkt sich damit ausschließlich auf das Verhältnis der Gesellschafter untereinander[265] und im Hinblick auf Kapitalgesellschaften auf das ausnahmsweise Vorliegen einer über das normale Maß hinausgehenden besonderen persönlichen Beziehung der Verbandsmitglieder oder das Bestehen besonderer vertrauensschaffender Umstände.[266] Relevant wird Letzteres bei der Festlegung des

261 Vgl. etwa: Bokelmann, Rechtsmissbrauch des Anfechtungsrechts durch den Aktionär?, 1970, S. 66; siehe hierzu auch die Ausführungen bei: Hofmann, Minderheitsschutz im Gesellschaftsrecht, 2011, S. 32.

262 Siehe u.a.: Piepenburg, Mitgliedschaftliche Treupflichten der Aktionäre, 1996, S. 218 f. sowie die Ausführungen bei: Weber, Vormitgliedschaftliche Treuebindungen, 1999, S. 111 f.

263 So wohl im Grundsatz auch: Zöllner, Die Schranken mitgliedschaftlicher Stimmrechtsmacht bei den privatrechtlichen Personenverbänden, 1963, S. 340.

264 Zöllner, Die Schranken mitgliedschaftlicher Stimmrechtsmacht bei den privatrechtlichen Personenverbänden, 1963, S. 339 ff.; ebenfalls für den Vorrang der Einwirkungskontrolle: Hüffer, in: FS Steindorff, 1990, 59 (73 ff.); Winter, Mitgliedschaftliche Treuebindungen im GmbH-Recht, 1988, S. 16 ff.

265 So auch: Hüffer, in: FS Steindorff, 1990, 59 (73 ff.).

266 Vgl.: Piepenburg, Mitgliedschaftliche Treupflichten der Aktionäre, 1996, S. 218 f., der als Beispiel die geschlossene AG mit vinkulierten Aktien nennt, in der sich die

Anwendungsbereichs und der Konkretisierung des Rechtsmissbrauchsverbots im Kontext der §§ 327a ff. AktG.[267]

dd) Fazit

Bei den genannten Aspekten handelt es sich um generelle – wenn auch in ihrer Intensität von der Realstruktur der betreffenden Gesellschaft abhängige – Wesensmerkmale gesellschaftsrechtlicher Beziehungen, aus denen sich durchaus der Grundsatz ableiten lässt, dass Gesellschaftsrechtsverhältnisse einer typischerweise über die „Normalfälle" des § 242 BGB hinausgehenden gesteigerten Pflichtenbindung unterliegen.

Geht man jedoch von einer solchen generalisierenden Intensitätsabstufung aus, so ist zugleich auch der Weg für die Annahme einer eigenständigen dogmatischen Kategorie der Treuebindung bereitet.[268] Für eine Selbstständigkeit der mitgliedschaftlichen Treuepflicht von § 242 BGB spricht ferner die Tatsache, dass sich für die einzelnen Funktionen dieser Treuebindung durchaus sachnähere Vorschriften finden lassen.[269] Dies gilt insbesondere für die vertikale Treuepflicht (Förder- und Loyalitätspflicht) mit Blick § 705 BGB.[270]

c) Gesetzliche Rückkoppelung der mitgliedschaftlichen Treuepflicht

Steht damit nun fest, dass die mitgliedschaftliche Treuepflicht eine von § 242 BGB gelöste eigenständige Position innerhalb der Treuekonzeption der Rechtsordnung einnimmt, so ist damit jedoch zugleich zwingend die Frage nach deren dogmatischen Rückkopplung in das Gesetz eröffnet. Wor-

---

Aktionäre regelmäßig auch persönlich kennen und grundlegende Entscheidungen gemeinsam informell abstimmen. Ähnlich auch: Hüffer, in: Ulmer/Habersack/Winter, Großkommentar zum GmbHG, 2006, § 47 Rn. 196.

267 Siehe dazu: § 9).

268 Ausdrücklich für die Einordnung der mitgliedschaftlichen Treuepflicht als eigenständige dogmatische Kategorie: Looschelders/Olzen, in: Staudinger, BGB, 2009, § 242 Rn. 959; H.Winter/Seibt, in: Scholz, GmbHG, 10. Aufl. (2006), § 14 Rn. 50, wo es heißt, die Treuepflicht habe „(...) ihren Ursprung zwar in der Regel des § 242 BGB, ist aber zu einem weiterreichenden eigenständigen Rechtsinstitut entwickelt worden."

269 Vgl. auch: Henze/Nortz, in: Großkommentar zum AktG, 4. Aufl., (2009), Anh § 53a Rn. 15.

270 Hüffer, in: FS Steindorff, 1990, 59 (71f.); ein Hinweis auf die inhaltliche Vergleichbarkeit von vertikaler Treuepflicht und § 705 BGB findet sich auch bei: Grigoleit, Gesellschafterhaftung für interne Einflussnahme im Recht der GmbH, 2006, S. 300.

in aber die gesetzliche Grundlage der mitgliedschaftlichen Treuepflicht dann liegen soll, wird erneut nicht einheitlich beantwortet. Das dazu im Schrifttum vertretene Meinungsspektrum reicht von der Annahme, die Treuepflicht verkörpere eine gesellschaftsrechtliche Förder- und Loyalitätspflicht und finde ihre gesetzliche Stütze daher in § 705 BGB,[271] über den von *Häuser* begründeten und von *Winter* fortgeführten differenzierenden Ansatz, der je nach Funktion der Treuepflicht entweder § 705 BGB oder § 242 BGB für einschlägig hält,[272] der Rückkoppelung in § 241 Abs. 1 bzw. Abs. 2 BGB[273] bis hin zur Heranziehung der Grundsätze vom Vertrag mit Schutzwirkung zugunsten Dritter.[274]

Die dogmatische Eigenständigkeit und umfassende Geltung der mitgliedschaftlichen Treuepflicht im Gesellschaftsrecht spricht jedoch gegen die gesetzliche Verankerung in einer Einzelnorm. Es handelt sich bei dieser vielmehr um eine im Wege richterlicher Rechtsfortbildung geschaffene, konkretisierungsbedürftige Generalklausel,[275] die mit Blick auf ihre generelle Geltung mittlerweile einen gewohnheitsrechtlichen Rang erreicht haben dürfte.[276] Dieses Ergebnis macht jedoch eine gesetzliche Einordnung der mitgliedschaftlichen Treuepflicht nicht obsolet. Als so geschaffene Generalklausel bedarf sie vielmehr einer ausreichenden gesetzlichen Legitimationsbasis im Gesellschaftsrecht.[277] Dabei geht *Hüffer* zutreffend davon aus, dass die genannten Einzelvorschriften für sich genommen nicht ausreichend sind, das umfassende Verbandsprinzip der Treuepflicht zu begrün-

---

271 Lutter, AcP 180 (1980), 84 (102 ff.); ders. ZHR 153 (1989), 446 (454); dem folgend: Marsch-Barner, ZHR 157 (1993), 172 (173); so wohl auch: Hammen, ZBB 1993, 239 (242); Timm, ZIP 1991, 481 (482).

272 Häuser, Unbestimmte „Maßstäbe" als Begründungselement richterlicher Entscheidung, 1981, S. 182; Winter, Mitgliedschaftliche Treuebindungen im GmbH-Recht, 1988, S. 13 ff.; so auch: Beckerhoff, Treupflichten bei der Stimmrechtsausübung und Eigenhaftung des Stimmrechtsvertreters, 1996, S. 41 f.

273 Grigoleit, Gesellschafterhaftung für interne Einflussnahme im Recht der GmbH, 2006, S. 299 ff.; Looschelders/Olzen, in: Staudinger, BGB, 2009, § 242 Rn. 956; ausdrücklich gegen die Verortung der mitgliedschaftlichen Treuepflicht in § 241 BGB jedoch: Roth, in: Münchener Kommentar zum BGB, 5. Aufl. (2007), § 242 Rn. 153.

274 Wimmer-Leonhardt, Konzernhaftungsrecht, 2004, S. 185 f.

275 Zur Generalklauseleigenschaft siehe die Nachweise in Fn. 119.

276 V.Gerkan/Haas, in: Röhricht/Graf von Westphalen, HGB, 3. Aufl. (2008), § 109 Rn. 12; Lutter, ZHR 162 (1998), 164 (166); Schäfer, in: Staub, HGB, 5. Aufl. (2009), § 105 Rn. 228 m.w.N.; Thaeter/Guski, AG 2007, 301 (303).

277 Hüffer, in: FS Steindorff, 1990, 59 (69 f.); siehe allgemein auch die Ausführungen zur richterlichen Rechtsfortbildung bei: Wank, Grenzen richterlicher Rechtsfortbildung, 1978, S. 257 f.

den, sie vielmehr bloße Teilelemente eines allgemeinen Rechtsgedankens darstellen, der über diese Regelungen hinaus Ausdruck auch in einer Reihe weiterer gesetzlicher Normen, wie etwa dem Wettbewerbsverbot der §§ 112, 113 HGB, dem Prinzip der Gleichbehandlung (§ 53a AktG), dem Verbot der Verfolgung von Sondervorteilen (§ 243 Abs. 2 AktG) bzw. dem allgemein gefassten § 243 Abs. 1 AktG oder den Schädigungsverboten der §§ 117, 311 ff. AktG, gefunden hat.[278] *Hüffer* stellt insofern fest: „Die gesellschaftsrechtliche Treupflicht [...] ist die gedankliche und sprachliche Zusammenfassung im Gesetz vorhandener Teilelemente. Damit ist nicht eine bloße Addition gemeint, sondern eine Verknüpfung und Fortführung von Einzelregelungen, die am Ende ein neues Prinzip ergeben".[279]

3. Die mitgliedschaftliche Treuepflicht als dogmatische Grundlage des Rechtsmissbrauchsverbots

Verkörpert die mitgliedschaftliche Treuepflicht demnach eine von § 242 BGB gelöste, eigenständige gesellschaftsrechtsspezifische Ausprägung des allgemeinen Treuegedankens, ist fraglich, ob dieser Befund Auswirkungen auch auf die dogmatische Verankerung des Rechtsmissbrauchsverbots im Gesellschaftsrecht hat. In anderen Worten: Ersetzt die mitgliedschaftliche Treuepflicht in ihrer rechtsbegrenzenden Schrankenfunktion § 242 BGB als dogmatische Grundlage des Rechtsmissbrauchsverbots oder handelt es sich dabei um zwei strikt von einander zu trennende Prüfungsmaßstäbe einer gemeinsamen, übergeordneten allgemeinen Missbrauchskontrolle?

Während das Reichsgericht, wenn auch unter strengen Voraussetzungen, noch von einer dogmatischen Wechselbeziehung zwischen Rechtsmissbrauchsverbot und mitgliedschaftlicher Treuepflicht ausging,[280] erscheint die Rechtsprechung des Bundesgerichtshofs insofern widersprüchlich. Erklärte der BGH in seiner *Kochs-Adler*-Entscheidung aus dem Jahre

278 Hüffer, in: FS Steindorff, 1990, 59 (72); dem folgend etwa auch: Henze/Notz, in: Großkommentar zum AktG, 4. Aufl. (2009), Anh § 53a Rn. 19; Zu den einzelnen gesetzlichen Ausprägungen der Treuepflicht im Gesellschaftsrecht: Weber, Vormitgliedschaftliche Treubindungen, 1999, S. 53 ff.

279 Hüffer, in: FS Steindorff, 1990, 59 (72 f.).

280 Vgl. RGZ 146, 385 (395 f.): „Übt ein Aktionär das ihm an sich nach § 271 BGB zustehende Anfechtungsrecht (...) zu dem Zweck aus, um selbstsüchtig der Gesellschaft seinen Willen erpresserisch aufzuzwingen, also zu gesellschaftsfremden Zwecken, dann liegt darin eine so gröbliche Verletzung der Treupflicht, dass sich die Ausübung des Rechts als ein Rechtsmissbrauch darstellt, der von der Rechtsordnung nicht geduldet werden kann."

1989 ausdrücklich, dass es zur Begründung des Rechtsmissbrauchseinwands keines Rückgriffs auf die mitgliedschaftliche Treuepflicht bedürfe,[281] vertrat er bereits im Folgejahr offenbar die gegenteilige Auffassung, indem er annahm, der Gesellschafter einer GmbH, der für die Bestellung einer Person zum Geschäftsführer stimmt, obwohl diese eine Gefahr für die Gesellschaftsinteressen darstellt, verletze „seine Treuepflicht mit der Folge, dass seine Stimme wegen Rechtsmissbrauchs nichtig" sei.[282]

In der Literatur spielte die Frage nach dem dogmatischen Verhältnis dieser beiden Rechtsinstitute bislang lediglich eine untergeordnete Rolle. Erschwerend kommt hinzu, dass eine Auseinandersetzung mit dieser Thematik – soweit sie denn stattfindet – dabei meist nur beiläufig und ohne nähere Begründung erfolgt. Infolgedessen lässt sich aber auch ein einheitliches Verständnis der Beziehung des Rechtsmissbrauchsverbots zur mitgliedschaftlichen Treuepflicht kaum ausmachen. Scheinen Teile des Schrifttums eine Wechselbeziehung gänzlich abzulehnen,[283] finden sich demgegenüber zahlreiche Stimmen, die – wenn auch regelmäßig nur bezogen auf die Ausübung spezifischer Mitgliedschaftsrechte[284] – von einem grundsätzlichen Zusammenhang zwischen mitgliedschaftlicher Treuebindung und Rechtsmissbrauch auszugehen scheinen, ohne dabei jedoch meist näher auf Art und Reichweite dieser Korrelation einzugehen.[285]

---

281 BGHZ 107, 296 (311).

282 BGH, ZIP 1991, 23 (24).

283 Siehe etwa: Amberger, Die Missbrauchskontrolle im Rahmen des aktienrechtlichen Squeeze-out, 2007, S. 76 ff. und Halasz/Kloster, DB 2002, 1253 (1256), die offenbar die mitgliedschaftliche Treuepflicht und das Rechtsmissbrauchsverbot neben anderen zivilrechtlichen Schutzinstrumenten (Gleichbehandlungsgrundsatz, Gesetzesumgehung etc.) als dogmatisch eigenständige Teilaspekte einer allgemeinen Rechtsmissbrauchskontrolle verstehen.

284 Dazu zählen neben dem Auskunftsrecht des Aktionärs in der Hauptversammlung (§ 131 AktG) insbesondere die Stimmrechtsausübung und das Anfechtungsrecht gemäß § 243 AktG.

285 Bayer, in: Lutter/Hommelhoff, GmbHG, 17. Aufl. (2009), § 47 Rn. 51; ders., ZIP 1997, 1613 (1524); Buchta/Ott, DB 2005, 990 (993); Bungeroth, in: Münchener Kommentar zum AktG, 3. Aufl. (2008), 3. Teil, Vorbemerkung, Rn. 42; Fleischer, in: Großkommentar zum AktG, 4. Aufl. (2007), § 327a Rn. 76 ff.; Fuchs, Der aktienrechtliche Squeeze-out, 2009, S. 442; Hamann, Minderheitenschutz beim Squeeze-out-Beschluss, 2003, S. 122; Henze, BB 1996, 489 (494); Hasselbach, Corporate Finance law, 2010, 24 (25); Heuer, WM 1989, 1401 (1404 f.); Hirte, Bezugsrechtsausschluß und Konzernbildung, 1986, S. 139 (dort Fn. 60); G.Hohloch, in: Erman, BGB, 13. Aufl. (2011), § 242 Rn. 170; Hopt, in: Baumbach/Hopt, HGB, 34, Aufl. (2010), § 131 Rn. 69; Immenga, in: FS 100 Jahre GmbH-Gesetz, 1992, 189

a) Notwendigkeit dogmatischer Verknüpfung

Offensichtlich wird das Bedürfnis nach einer dogmatischen Verknüpfung von Rechtsmissbrauchsverbot und mitgliedschaftlicher Treuepflicht im Gesellschaftsrecht, wenn man sich Inhalt und Funktionsweise dieser beiden Rechtsinstitute vor Augen führt. In beiden Fällen handelt es sich um materielle Schranken der Rechtsausübung, die als Generalklauseln das Kriterium billiger Rücksichtnahme zum Gegenstand haben und der einzelfallbezogenen Konkretisierung durch Abwägung der betroffenen Interessen bedürfen.[286] Einzig in der Intensität der geforderten Rücksichtnahme unterscheidet sich die mitgliedschaftliche Treuepflicht in ihrer Schrankenfunktion von dem allgemeinen Rechtsmissbrauchsverbot des § 242 BGB. Sie führt lediglich zu einer stärkeren Einengung des Verhaltensspielraums und der Privatautonomie des Berechtigten als bei Anwendung des § 242 BGB,[287] während der Prüfungsmaßstab jedoch derselbe bleibt. Eine Verortung des Rechtsmissbrauchsverbots in § 242 BGB auch mit Blick auf das Gesellschaftsrecht hätte somit zur Folge, dass jede Ausübung von Mitgliedschaftsrechten einer dreifachen Inhaltsbeschränkung unterfiele: Neben dem Sittengebot des § 138 BGB als äußerste Grenze kämen auf einer nächsten Stufe die Rücksichtspflichten des § 242 BGB (Rechtsmissbrauchsverbot) zum Tragen, während zuletzt die strengen Rücksichtspflichten der mitgliedschaftlichen Treuepflicht Beachtung fänden. Weshalb aber an eine Rechtsausübung zwei unterschiedlich strenge Maßstäbe der Rücksichtnahme gestellt werden sollen, ist nicht nachvollziehbar. Im Ergebnis würde

---

(204 und 208); Koppensteiner, in: Kölner Kommentar zum AktG, 3. Aufl. (2004), § 327f Rn. 11; Kort, ZIP 1990, 294 (297); Liebscher, in: Sudhoff, GmbH & Co. KG, 6. Aufl. (2005), § 16 Rn. 145; Lutter, ZHR 153 (1989), 446 (457 f.); Markwardt, BB 2004, 277 (282); Raiser/Veil, Recht der Kapitalgesellschaften, 5. Aufl. (2010), § 33 Rn. 67 ff.; Rieder, ZGR 2009, 981 (986); Römermann, in: Michalski, GmbHG, 2. Aufl. (2010), Anh. § 47 Rn. 335; Roth, in: Roth/Altmeppen, GmbHG, 6. Aufl. (2009), § 47 Rn. 43; K.Schmidt, in: Großkommentar zum AktG, 4. Aufl. (1995), § 243 Rn. 47; Timm, ZGR 1987, 403 (413); Thaeter/Guski, AG 2007, 301 (302 f.); Zöllner, in: Baumbach/Hueck, GmbHG, 19. Aufl. (2010), § 47 Rn. 108; ders., Die Schranken mitgliedschaftlicher Stimmrechtsmacht bei den privatrechtlichen Personenverbänden, 1963, S. 366; so wohl auch: OLG Stuttgart, BB 1999, 2316 (2318 f.).

286 Ähnlich: Grigoleit, Gesellschafterhaftung für interne Einflussnahme im Recht der GmbH, 2006, S. 315, der zutreffend darauf hinweist, dass beim Rechtsmissbrauch im Ergebnis keine anderen Gesichtspunkte maßgeblich sind als im Fall der Treuepflicht.

287 Vgl. auch: Wiedemann, in: FS Heinsius, 1991, 949 (953 f.).

das Rechtsmissbrauchsverbot im Gesellschaftsrecht faktisch leer laufen, da jeder zu einem Missbrauch führende Verstoß gegen die Rücksichtspflichten des § 242 BGB bereits unter dem Blickwinkel der weiteren mitgliedschaftlichen Treuepflicht zur Unzulässigkeit des Rechtsgebrauchs führen würde.[288]

Unzutreffend wäre es daher auch, die mitgliedschaftliche Treuepflicht lediglich als Unterfall des Rechtsmissbrauchsverbots einzuordnen, indem man deren Verletzung als bloßen Anwendungsfall der zur Konkretisierung des Rechtsmissbrauchsverbots entwickelten Fallgruppe des „Rechtsmissbrauchs aufgrund eigenen Pflichtverletzung" (*tu-quoque*-Einwand) versteht.[289] Danach ist eine Rechtsausübung ausnahmsweise auch dann missbräuchlich, wenn der Berechtigte selbst eine erhebliche Pflichtverletzung begangen hat.[290] Eine Subsumtion des Treuepflichtverstoßes unter diese Fallgruppe des § 242 BGB würde jedoch der dargestellten inhaltlichen und funktionellen Übereinstimmung von Treuepflicht und Rechtsmissbrauchsverbot nicht ausreichend Rechnung tragen.

Vorzugswürdig erscheint daher vielmehr, will man das Institut des Rechtsmissbrauchs auch im Gesellschaftsrecht als Ausdruck treuwidriger Rechtsausübung nicht gänzlich seiner Bedeutung berauben, der gegensätzliche Ansatz: Es ist das Verbot der missbräuchlichen Ausübung von Mitgliedschaftsrechten, das einen funktionellen Teilaspekt der mitgliedschaftlichen Treuepflicht darstellt.[291] Nur auf diesem Wege lässt sich der inhaltliche und funktionelle Sachzusammenhang zwischen Treuepflicht und dem

---

288 Im Ergebnis ebenfalls für einen Anwendungsleerlauf des Rechtsmissbrauchsverbots neben der Treuepflicht: Grigoleit, Gesellschafterhaftung für interne Einflussnahme im Recht der GmbH, 2006, S. 315; siehe dazu auch die Ausführungen bei: Henze, BB 1996, 489 (494).

289 So aber: Grüneberg/Sutschet, in: Bamberger/Roth, BGB, 2. Aufl. (2007), § 242 Rn. 74.

290 Vgl. etwa: Grüneberg, in: Palandt, BGB, 70. Aufl. (2011), § 242 Rn. 46 ff.; Looschelders/Olzen, in: Staudinger, BGB, 2009, § 242 Rn. 251 ff.

291 So wohl auch: K.Schmidt, Gesellschaftsrecht, 4. Aufl. (2002), S. 594 f.: „Das Verbot, Mitgliedschaftsrechte missbräuchlich auszuüben, ist Bestandteil der mitgliedschaftlichen Treupflicht (...)"; ähnlich: Koppensteiner, ZIP 1994, 1325 (1327); weiter noch geht Immenga, in: FS 100 Jahre GmbH-Gesetz, 1992, 189 (204 und 208), der sich für die Aufgabe der Treuepflicht als allgemeiner Rechtssatz und vielmehr für deren funktionelle Aufteilung in die Inhaltskontrolle, das Gebot echter Treuepflicht im Sinne von Treu und Glauben und das Rechtsmissbrauchsverbot ausspricht.

Rechtsmissbrauchsgedanken dogmatisch erfassen.[292] Folgt man weiter der hier vertretenen Ansicht, wonach die mitgliedschaftliche Treuepflicht eine eigenständige, gesellschaftsrechtsspezifische und von § 242 BGB gelöste dogmatische Kategorie verkörpert, wird damit aber zugleich auch das Rechtsmissbrauchsverbot im Gesellschaftsrecht dem Anwendungsbereich des § 242 BGB entzogen. Rechtsmissbräuchlichkeit bestimmt sich demnach nicht mehr nach § 242 BGB, sie wird vielmehr determiniert durch den Umfang der mitgliedschaftlichen Treuepflicht.[293] Auch dogmatisch begründet sich der Rechtsmissbrauchsvorwurf im Gesellschaftsrecht nicht mehr durch die Annahme eines Verstoßes gegen Treu und Glauben (§ 242 BGB), sondern allein durch die Verletzung der mitgliedschaftlichen Treuepflicht.

b) Das Rechtsmissbrauchsverbot als Teilmenge der mitgliedschaftlichen Treuepflicht

Andererseits bedeutet die Instrumentalisierung der mitgliedschaftlichen Treuepflicht als Gegenstand des Rechtsmissbrauchsverbots im Gesellschaftsrecht nicht zugleich auch deren (terminologisches) Ende, etwa weil nun jedes treuwidrige Verhalten als Rechtsmissbrauch deklariert und behandelt würde. Eine solche Schlussfolgerung würde verkennen, dass sich die mitgliedschaftliche Treuepflicht nicht in ihrer die Ausübung von Mitgliedschaftsrechten betreffenden Schrankenfunktion erschöpft, sie vielmehr für die Beteiligten auch Entstehungsgrund gewisser Handlungs- und Unterlassungspflichten sein kann.[294] Zu einer inhaltlichen und dogmatischen Korrelation mit dem Verbot der missbräuchlichen Ausübung von Mitgliedschaftsrechten kommt es aber lediglich in Bezug auf die rechtsbegrenzende Schrankenfunktion der Treuepflicht.[295] Nur insofern besteht ei-

---

292 Vgl. die Ausführungen bei: Henze, BB 1996, 489 (494): „Aus Gründen des Sachzusammenhangs (erscheint es) geboten, die Rechsmissbrauchsfälle in die richterliche Generalklausel der gesellschaftsrechtlichen Treupflicht einzubetten."

293 Ähnlich: Kort, ZIP 1990, 294 (297): „Was als rechtsmissbräuchliches Verhalten gilt, wird (...) maßgeblich auch durch den Umfang der Treuepflicht bestimmt."; siehe auch die Ausführungen bei: Heuer, WM 1989, 1401 (1405).

294 Siehe etwa: Henze, ZHR 162 (1998), 186 (186 f.); Immenga, in: FS 100 Jahre GmbH-Gesetz, 1992, 189 (197); Piepenburg, Mitgliedschaftliche Treupflichten der Aktionäre, 1996, S. 163 ff.

295 So auch: Hirte, Bezugsrechtsausschluß und Konzernbildung, 1986, S. 139 (dort Fn. 60); Immenga, in: FS 100 Jahre GmbH-Gesetz, 1992, 189 (204); Schäfer, in: Staub, HGB, 5. Aufl. (2009), § 105 Rn. 231; ähnlich: Liebscher, in: Sudhoff, GmbH & Co. KG, 6. Aufl. (2005), § 16 Rn. 145 und Zöllner, in: Baumbach/Hueck,

ne funktionale Deckung zwischen Treuepflicht und Rechtsmissbrauchsverbot als eine jeder Rechtsanwendung wesensimmanente Inhaltsschranke.[296] Rechtliche und vor allem terminologische Eigenständigkeit behält die mitgliedschaftliche Treuepflicht demnach als Förder- und allgemeine Loyalitätspflicht, soweit es um die Begründung positiver Handlungspflichten (z.B. positive Stimmpflichten)[297] oder außerhalb der Ausübung von Mitgliedschaftsrechten liegender Verhaltenspflichten (z.B. Wettbewerbsverbot)[298] geht. Auch denklogisch macht es wenig Sinn, in diesen Fällen von der missbräuchlichen Ausübung eines Rechts sprechen zu wollen. Im Ergebnis lässt sich daher festhalten, dass jeder Rechtsmissbrauch auch eine Verletzung der mitgliedschaftlichen Treuepflicht bedeutet, aber nicht jeder Verstoß gegen die mitgliedschaftliche Treuepflicht zugleich auch zur Annahme eines rechtsmissbräuchlichen Verhaltens führt.[299]

Aber auch in ihrer Schrankenfunktion behält die mitgliedschaftliche Treuepflicht ihre Eigenständigkeit. Denn rechtsfolgenseitig kann der Treuepflichtverstoß zugleich auch als Grundlage einer Schadensersatzhaftung brauchbar gemacht werden.[300] Darüber hinaus fungiert die Treuepflicht als rechtliche Grundlage weiterer Mechanismen zur Verhinderung

---

GmbHG, 19. Aufl. (2010), § 47 Rn. 108, die davon ausgehen, dass „jede Rechtsausübung, die gegen Treu und Glauben und erst recht gegen gesteigerte Treubindungen verstößt, (...) rechtsmissbräuchlich" ist; durch die ausdrückliche Bezugnahme auf die Rechtsausübung sind aber positive Handlungs- und negative Unterlassungspflichten ausgeschlossen.

296 Zur rechtsbegrenzenden Schrankenfunktion des Rechtsmissbrauchsverbots im Einzelnen: § 3) II).

297 Vgl.: BGHZ 129, 136 (Girmes); Häsemeyer, ZHR 160 (1996), 109 ff; Hennrichs, AcP 195 (1995), 221 (258); Jilg, Die Treuepflicht des Aktionärs, 2005, S. 88; Kort, ZIP 1990, 294 (297); Lutter, AcP 180 (1980), 84 (108 ff.); Roitzsch, Der Minderheitenschutz im Verbandsrecht, 1981, S. 183; Timm, ZIP 1991, 481 (483); Weber, Vormitgliedschaftliche Treuebindungen, 1999, S. 75 ff; Zöllner, Die Schranken mitgliedschaftlicher Stimmrechtsmacht bei den privatrechtlichen Personenverbänden, 1963, S. 353 f.

298 Dazu ausführlich: Burgard, in: FS Lutter, 2000, 1033 ff.; zu den Anwendungsfällen einer solchen dann als gesellschaftsrechtliche Treuepflicht bezeichneten Treuebindung: Weber, Vormitgliedschaftliche Treuebindungen, 1999, S. 99 ff.

299 Henze, BB 1996, 489 (494): „Daher ist auch der Treupflichtverstoß nicht denklogischerweise identisch mit dem Rechtsmissbrauch i. S. des § 242 BGB. Umgekehrt erfüllt die rechtsmissbräuchliche Ausübung eines Mitgliedschaftsrechtes stets die Voraussetzungen der Verletzung einer gesellschaftsrechtlichen Treuepflicht."

300 Vgl.: Grigoleit, Gesellschafterhaftung für interne Einflussnahme im Recht der GmbH, 2006, S. 315.

eines Missbrauchs verbandsinterner Herrschaftsmacht, namentlich der materiellen Beschlusskontrolle.

§ 5: Rechtsmethodisches Vorgehen

I. Die Konkretisierungsbedürftigkeit des Rechtsmissbrauchsverbots

Es wurde bereits mehrfach darauf hingewiesen, dass das Rechtsmissbrauchsverbot als Generalklausel selbst keinen unmittelbar subsumtionsfähigen Missbrauchstatbestand enthält.[301] Es obliegt vielmehr dem zur Entscheidung berufenen Rechtsanwender, unter wertender Berücksichtigung der Umstände und Gegebenheiten des Einzelfalls die Kriterien dafür festzulegen, wann im vorliegenden Fall die Grenze der Missbräuchlichkeit erreicht ist, der Rechtsausübende also gegen das allgemeine oder gesellschaftsrechtliche Rücksichtnahmegebot verstößt. Dieser Vorgang wird als Konkretisierung bezeichnet.[302] Dabei gibt § 242 BGB bzw. die mitgliedschaftliche Treuepflicht als dogmatische Grundlagen des Rechtsmissbrauchsverbots dem Rechtsanwender die Richtung für dessen Entscheidungsfindung vor, ohne dabei selbst im Einzelfall eine konkrete Anwendung festzulegen.[303]

II. Die Suche nach der richtigen Konkretisierungsmethode

Problematisch ist insofern allerdings, welchen Maßstäben diese einzelfallbezogene Wertung zu folgen hat, in anderen Worten, ob sich die Prüfung einer Rechtsmissbrauch begründenden Rücksichtspflichtverletzung allein nach subjektiven, außerhalb des Rechts liegenden Wertvorstellungen des

---

301 Zum Generalklauselcharakter des Rechtsmissbrauchsverbots: § 3) I).

302 Teichmann, in: Soergel, BGB, 12. Aufl. (1990), § 242 Rn. 280; grundsätzlich zur Konkretisierungsbedürftigkeit von Generalklauseln: Baumann, Einführung in die Rechtswissenschaft, 8. Aufl. (1989), S. 90 und 94; Brüggemann, Die richterliche Begründungspflicht, 1971, S. 133; Bydlinski, Juristische Methodenlehre und Rechtsbegriff, 2. Aufl. (1991), S. 582 ff.; Engisch, Einführung in das juristische Denken, 11. Aufl. (2010), S. 190 f. und 213 ff.; Hennrichs, AcP 195 (1995), 221 (244 ff.); Kamanabrou, AcP 202 (2002), 662 (672 ff.); Ohly, AcP 201 (2001), 1 (9 ff.); Weber, AcP 192 (1992), 516 (525 ff.); Wieacker, Zur rechtstheoretischen Präzisierung des § 242 BGB, 1956; S. 1 ff.; Wiedemann, in: FS Larenz, 1973, 199 (214).

303 Vgl. allgemein zu Generalklauseln: Canaris, Die Feststellung von Lücken im Gesetz, 1964, S. 26 f.; Weber, AcP 192 (1992), 516 (522); zu § 242 BGB: Looschelders, Schuldrecht AT, 8. Aufl. (2010), Rn. 66.

berufenen Rechtsanwenders bemisst oder ob es insofern nicht vielmehr einer rationalisierten Wertungsentscheidung bedarf.[304]

1. Das Rechtsmissbrauchsverbot im Spannungsfeld zwischen Einzelfallgerechtigkeit und Rechtssicherheit

Zentraler Aspekt des Rechtsmissbrauchsverbots ist wie dargestellt dessen rechtsbegrenzende Korrektivfunktion, die es dem Rechtsanwender ermöglicht, in atypischen Einzelfällen, in denen die Anwendung des kodifizierten Rechts zu einer ungerechten Benachteiligung der Interessen eines der Beteiligten führen würde, ausnahmsweise von der entsprechenden Sachnorm abzuweichen oder die Rechtsausübung gänzlich zu unterbinden.[305] Es ist demnach der Gedanke der Einzelfallgerechtigkeit, der den Sinn und Zweck des Verbots missbräuchlicher Rechtsausübung formuliert.

Die Schlussfolgerung *Webers*, bei der erforderlichen Wertung des Rechtsanwenders handele es sich deshalb um einen „notwendig subjektiven Rechtsfindungsweg", der einzig und allein anhand „außerrechtlicher" und „nur subjektiv wertend zu erfassender Maßstäbe" zu beurteilen sei,[306] überzeugt jedoch nicht.[307] Dadurch nämlich wäre einer unbegründeten und rechtlich nicht nachprüfbaren Billigkeitsrechtsprechung Tür und Tor geöffnet. Zwar verlangt *Weber* zur Vermeidung einer Billigkeitswillkür als Anwendungsvoraussetzung von Generalklauseln stets den Nachweis, dass die kodifizierten Sachnormen im konkreten Fall nicht zu einem gerechten Ergebnis führen.[308] Diese Begründungspflicht erstreckt sich jedoch lediglich auf den Nachweis darüber, warum die entsprechende Sachnorm in dem speziellen Einzelfall auch unter Zuhilfenahme vorrangiger methodischer Hilfsmittel wie der Gesetzesauslegung oder der Analogiebildung nicht zur sachgerechten Lösung des Falles geeignet ist.[309] Nicht erforderlich ist hingegen die Begründung des Wertungsvorgangs oder des Wertungsergebnisses selbst.[310]

---

304 Zu dieser Problematik ausführlich: Hennrichs, AcP 195 (1995), 221 (244 ff.).

305 Siehe dazu: § 3) II) 2).

306 Weber, AcP 192 (1992), 516 (560, 561).

307 So auch ausdrücklich unter Bezugnahme auf die genannte Fundstelle bei Weber: Hennrichs, AcP 195 (1995), 221 (246); kritisch ebenfalls: Beater, AcP 194 (1994), 82 (87).

308 Weber, AcP 192 (1992), 516 (561).

309 Weber, AcP 192 (1992), 516 (562 f.).

310 Weber, AcP 192 (1992), 516 (562).

Richtigerweise kann es dem Rechtsanwender aber auch in dieser Hinsicht nicht gänzlich selbst überlassen bleiben, wie weit er bei seiner Missbrauchsentscheidung geht. Er ist bei der Wertungsvornahme nicht völlig frei in seine Entscheidung. Die Konkretisierung des Rechtsmissbrauchsverbots hat vielmehr systematisch unter Berücksichtigung der gesetzlichen Wertungen – insbesondere der Wertordnung der Grundrechte – zu erfolgen.[311] Die Rechtsmissbrauchsprüfung verlangt demnach stets ein Arbeiten mit den für das jeweilige Rechtsgebiet vorherrschenden Gesetzeswertungen. Sie geben dem Rechtsanwender die Richtung seiner Entscheidungsfindung vor. Eine außerrechtliche Anknüpfung der Entscheidung über Recht und Unrecht allein an den subjektiven Wertvorstellungen und ethisch-moralischen Überzeugungen des Einzelnen stünde nämlich in krassem Widerspruch zu den verfassungsrechtlich verankerten Grundsätzen der Rechtssicherheit, der Bindung der Rechtsprechung an Gesetz und Recht (Art. 20 Abs. 3 GG) und der Rechtsanwendungsgleichheit (Art. 3 Abs. 1 GG).[312] Wirksam vermeiden lässt sich die Gefahr einer ausufernden, Rechtsunsicherheit schaffenden Billigkeitsrechtsprechung mit Blick auf Generalklauseln einzig durch eine wertungsbezogene Objektivierung des Konkretisierungsprozesses.

2. Objektivierte Interessenabwägung als Konkretisierungsmethode

Methodisch bedarf die Rechtsmissbrauchskontrolle demnach eines Verfahrens zur Feststellung einer Rücksichtspflichtverletzung, das die Gebote von Einzelfallgerechtigkeit und Rechtssicherheit in einen angemessenen Ausgleich bringt. Es muss über den nötigen Einzelfallbezug verfügen und dem Rechtsanwender insofern einen weitestgehenden Entscheidungsfreiraum zugestehen, zugleich aber rational nachvollziehbar und überprüfbar sein.

---

311 Allgemein zu Generalklauseln: BVerfG, BB 1994, 16 ff.; Bydlinski, Juristische Methodenlehre und Rechtsbegriff, 2. Aufl. (1991), S. 582 ff.; Hennrichs, AcP 195 (1995), 221 (251); Kamanabrou, AcP 202 (2002), 662 (671); Ohly, AcP 201 (2001), 1 (14).

312 So auch: Hennrichs, AcP 195 (1995), 221 (247).

Erreichen lässt sich dies am besten im Wege einer „rechtlich geleiteten“[313] einzelfallbezogenen Interessenabwägung.[314]

a) Typologische Elemente des Abwägungsprozesses (nach Hennrichs)

Um die zur Gewährleistung weitestgehender Rechtssicherheit erforderliche Objektivierung der Konkretisierung des Rechtsmissbrauchsverbots zu erreichen, bedarf es im Rahmen der Interessenabwägung dabei wie erwähnt stets der Orientierung an den vorhandenen Wertungen der Rechtsordnung. Den Ablauf einer solchen rationalisierten Interessenabwägung und insbesondere die Frage, auf welche Weise und an welcher Stelle des Abwägungsprozesses die Gesetzeswertungen dabei grundsätzlich zum Tragen kommen, hat *Hennrichs* mit Blick auf die Generalklausel der mitgliedschaftlichen Treuepflicht in einem Beitrag aus dem Jahre 1995 überzeugend dargestellt.[315] Er unterteilt den Abwägungsprozess dabei in folgende vier Verfahrensabschnitte: (i) Die Bestimmung des Alternativverhaltens, (ii) die Bestimmung der schutzwürdigen Interessen, (iii) den Abwägungsprozess im eigentlichen Sinne und (iv) die abschließende „Verträglichkeitsprüfung“ des gefundenen Ergebnisses.

aa) Bestimmung des Alternativverhaltens

Zunächst gilt es, das konkrete Alternativverhalten zu bestimmen.[316] Für die Rechtsmissbrauchskontrolle spielt dieser Gesichtspunkt indes keine allzu große Rolle, da es hier nicht um die gegebenenfalls komplizierte Bestimmung möglicherweise bestehender positiver Handlungspflichten oder negativer Unterlassungspflichten geht. In ihrem Fokus steht vielmehr einzig die Ausübung eines Rechts und die Frage, ob derjenige, der das Recht ausübt, dabei die Interessen seines Gegenübers nicht ausreichend berücksichtigt und deshalb treuwidrig gehandelt hat. Das Alternativverhalten kann daher stets nur darin liegen, von der als treuwidrig eingestuften Rechtsausübung in der vorgeworfenen Art und Weise Abstand zu nehmen.

---

313 Hennrichs, AcP 195 (1995), 221 (248).

314 Looschelders, Schuldrecht AT, 8. Aufl. (2010), Rn. 65; Ohly, AcP 201 (2001), 1 (15 f.) m.w.N.; gegen eine Interessenabwägung mit Blick auf das Verbot individuellen Rechtsmissbrauchs hingegen: Heinrich, in: FS Laufs, 2006, 585 (596).

315 Hennrichs, AcP 195 (1995), 221 (249).

316 Hennrichs, AcP 195 (1995), 221 (249).

bb) Bestimmung der schutzwürdigen Interessen

In einem weiteren Schritt hat der Rechtsanwender das für seine Entscheidung relevante „Abwägungsmaterial" zusammenzutragen.[317] In der Sache geht es dabei um die von der konkreten Rechtsausübung berührten Interessen der Beteiligten, ausnahmsweise aber auch die von Dritten. Für das Squeeze-out-Verfahren ist dies etwa das Interesse des Hauptaktionärs an dem Ausschluss der Minderheitsaktionäre aus der Gesellschaft, dem das Bestandsinteresse der Minderheitsaktionäre entgegen steht.

Eingang in die Interessenabwägung finden allerdings nur solche Interessen, die auch *rechtlich* geschützt sind.[318] Hier zeigt sich die postulierte Objektivierung des Abwägungsprozesses. Beim aktienrechtlichen Squeeze-out folgt die Schutzwürdigkeit des Ausschlussinteresses des Hauptaktionärs bereits aus der Gesetzeswertung der §§ 327a ff. AktG. Denn Sinn und Zweck dieser Vorschriften ist es gerade, dem Hauptaktionär ohne besondere Hürden den zwangsweisen Ausschluss von Minderheitsaktionären zu ermöglichen.[319] Dem gegenüber ergibt sich die Legitimität des Bestandsinteresses der Minderheitsaktionäre aus den Wertungen des Grundgesetzes, namentlich der Eigentumsgarantie des Art. 14 GG, die auch das Aktieneigentum erfasst.[320]

cc) Die Missbrauchskontrolle i.e.S. (Interessenabwägung)

Stehen damit die rechtlich geschützten Interessen fest, bedarf es nunmehr der Bewertung und gegenseitigen Abwägung des gefundenen „Abwägungsmaterials". Die entscheidenden Bewertungskriterien sind dabei etwa die Wichtigkeit der Interessen, das Ausmaß der drohenden Interessenbeeinträchtigung und die Wahrscheinlichkeit deren Eintritts.[321] Ferner hat stets eine Orientierung an Sinn und Zweck der Rechtsnorm sowie den gesetzlichen Wertungen und Risikoverteilungen zu erfolgen.[322] Führt diese Abwägung zum Vorhandensein einer atypischen Interessenlage, die ein

317 Hennrichs, AcP 195 (1995), 221 (250).
318 Hennrichs, AcP 195 (1995), 221 (251).
319 Reg.Begr., BT-Drucks. 14/7034, S. 31 f.
320 Siehe etwa: BVerfGE 100, 289 (301 f.) (DAT/Altana).
321 Hennrichs, AcP 195 (1995), 221 (252).
322 Vgl.: Looschelders/Olzen, in: Staudinger, BGB, 2009, § 242 Rn. 222.

Abweichen von der gesetzlichen Rechtslage ausnahmsweise geboten erscheinen lässt, ist ein Rechtsmissbrauch zu bejahen.[323]

dd) „Verträglichkeitsprobe" des gefundenen Ergebnisses

In einem letzten Schritt hat schließlich eine „Verträglichkeitsprobe" des so gefundenen Ergebnisses der Rechtsmissbrauchskontrolle mit dem bestehenden Wertungssystem der Rechtsordnung zu erfolgen.[324] Insofern ist danach zu fragen, ob die Annahme einer missbräuchlichen Rechtsausübung oder deren Ablehnung im Widerspruch steht zu gesetzlichen Wertungen und deshalb vor dem Hintergrund der Rechtsordnung als nicht gerechtfertigt erscheint. Gerechtfertigt dürfte die Entscheidung trotz Kollision mit einer gesetzlichen Wertung etwa im Falle eines Wertungskonflikts sein, wenn sie also der Durchsetzung anderer, „höherwertiger" gesetzlicher Wertungen, etwa der Rechtssicherheit oder dem Verkehrsschutz, dient.

b) Fallgruppen als zusätzliches Konkretisierungshilfsmittel

Ein die Konkretisierung des Rechtsmissbrauchsverbots weiter vorantreibendes methodisches Hilfsmittel bei der Interessenabwägung ist die Bildung und Heranziehung von Fallgruppen.[325] Ein Blick auf die diesbezügliche Kasuistik zum Rechtsmissbrauchsverbot zeigt, dass sich im Laufe der Zeit auch insofern eine Vielzahl von Missbrauchsfallgruppen – etwa das Verbot widersprüchlichen Verhaltens (*venire contra factum proprium*) oder der Grundsatz der Verwirkung – entwickelt haben.

aa) Bei Einschlägigkeit einer Fallgruppe

Konnte sich für den zu entscheidenden Fall eine Fallgruppe bereits etablieren, wird dadurch der Bewertungs- und zugleich auch der Begründungsaufwand des Rechtsanwenders reduziert. Denn jede Fallgruppe beinhaltet bereits eine eigene Wertungsentscheidung für die Beurteilung des ihr zugrunde liegenden Sachverhalts. Diese Wertungsentscheidung spielt wiederum eine entscheidende Rolle für die Gewichtung der betroffenen Inter-

---

323 Ähnlich auch: Larenz, Lehrbuch des Schuldrechts, Band I, 14. Aufl. (1987), S. 129; Looschelders/Olzen, in: Staudinger, BGB, 2009, § 242 Rn. 217.

324 Zur Treuepflicht: Hennrichs, AcP 195 (1995), 221 (253).

325 Vgl. etwa: Kamanabrou, AcP 202 (2002), 662 (672 ff.); Ohly, AcP 201 (2001), 1 (19 ff.); Teichmann, in: Soergel, BGB, 12. Aufl. (1990), § 242 Rn. 280; kritisch zur Fallgruppenmethode hingegen: Weber, AcP 192 (1992), 516 (535 ff.).

essen im Rahmen des Abwägungsprozesses. Der Rechtsanwender kann zum Zwecke der Interessenbewertung daher grundsätzlich auf die in der jeweiligen Fallgruppe als „Zwischenergebnis“ enthaltene Wertung zurückgreifen, ohne selbst in jedem Einzelfall erneut eine umfassende Interessenneubewertung vorzunehmen.[326] Auch die Entwicklung der einzelnen Wertungskriterien ist ihm damit im Wesentlichen abgenommen.

Doch ist insofern Vorsicht geboten. Die Funktion des Rechtsmissbrauchsverbots als Instrument der Schaffung und Gewährleistung von Einzelfallgerechtigkeit darf auch bei der Fallgruppenmethode nicht gänzlich aus den Augen verloren werden. Es wäre nämlich rechtsmethodisch bedenklich, wollte man sich zum Zwecke der weiteren Konkretisierung des Rechtsmissbrauchsverbots nun allein und ausschließlich auf die Heranziehung der einzelnen Missbrauchsfallgruppen beschränken.[327] Ein solches Vorgehen berge stets die Gefahr, dass sich die vom Rechtsanwender vorzunehmende Rechtsmissbrauchskontrolle dann auf die Durchführung einer abstrakten, unreflektierten, vor allem aber einer jeder richterlichen Begründung entbehrenden Subsumtion des vorliegenden Sachverhalts unter die jeweils einschlägige Fallgruppe erschöpfe.[328] Dies hätte wiederum zur Folge, dass die genannten Fallgruppen in den Stand von „Ersatztatbeständen“[329] erhoben würden.[330] Mit Wesen, Funktion und Wirkungsweise der Generalklausel *Rechtsmissbrauchsverbot* als flexibles, einzelfallbezogenes (Reaktions-)Instrument wäre dies aber nicht vereinbar, stellen Fallgruppen doch lediglich die Abstrahierung konkreter Lebenssachverhalte durch die Herausnahme sämtlicher Individualisierungsmomente[331] dar, die sich als bloß für möglich gehaltene, allgemein festgelegte Sachverhalte beliebig oft wiederholen können.[332] Aufgabe des Rechtsanwenders mit Blick auf das

326 Weber, AcP 192 (1992), 516 (531 f.).

327 Kritisch ebenso: Esser/Schmidt, Schuldrecht, Band I 1, 8. Aufl. (1995), S. 175.

328 Vgl. auch: Kamanabrou, AcP 202 (2002), 662 (673).

329 Der Begriff des „Ersatzmerkmals“ geht zurück auf: Leenen, Typus und Rechtsfindung, 1971, S. 96.

330 Weber, AcP 192 (1992), 516 (531).

331 Unter Individualisierungsmomenten sind die zur Kennzeichnung einer konkreten Person oder eines konkreten Sachverhalts bestehenden Mittel, etwa konkrete Hinweise, Eigennamen, räumliche und zeitliche Lokalisierung sowie die Beilegung von Merkmalen, die einzelnen oder insgesamt einem bestimmten Individuum ausschließlich zukommen, zu verstehen (Engisch, Die Idee der Konkretisierung in Recht und Rechtswissenschaft unserer Zeit, 2. Aufl. (1968), S. 194 ff.).

332 Haubelt, Konkretisierung von Generalklauseln, 1978, S. 89; Weber, AcP 192 (1992), 516 (527 f.).

Rechtsmissbrauchsverbot ist es wie gezeigt jedoch gerade, mit seiner Entscheidung für individuelle Gerechtigkeit zu sorgen, während die *abstrakte* Tatbestandsformung dem Gesetzgeber überlassen bleibt.[333]

Die Bedeutung der Fallgruppen für die Interessenabwägung und damit für die Frage nach dem Vorliegen eines Rechtsmissbrauchs darf andererseits aber auch nicht unterschätzt werden. Das Arbeiten mit Fallgruppen ist mit Blick auf das Rechtsmissbrauchsverbot unumgänglich, will man der Gefahr einer „richtungslosen, wildwuchernden, schwankenden Rechtsprechung"[334] wirksam entgegentreten. Zwar fehlt es ihnen nach hier vertretener Ansicht an der uneingeschränkten und unumstößlichen Beweiskraft von „Ersatztatbestandsmerkmalen"; allein die Tatsache also, dass die Voraussetzungen und Merkmale einer Fallgruppe im Einzelfall erfüllt sind, trifft somit noch keine endgültige und abschließende Aussage über das Vorliegen eines Rechtsmissbrauchs und entbindet den Rechtsanwender daher keinesfalls von seiner Pflicht zur Durchführung einer an den gesetzlichen Wertungen ausgerichteten Würdigung des Einzelfalls mittels Interessenabwägung.[335] Doch lässt sich mit Hilfe von Fallgruppen der konkrete Abwägungsprozess im Einzelfall systematisch ordnen und lenken. Die Orientierung an Präjudizien führt zu einer Harmonisierung des Umgangs mit dem Verbot missbräuchlicher Rechtsausübung und dient damit nicht zuletzt der Rechtssicherheit sowie dem Grundsatz der Gleichbehandlung.

Für das methodische Vorgehen bei der Konkretisierung des Rechtsmissbrauchsverbots lässt sich damit als Ergebnis festhalten: Die Missbrauchsfallgruppen haben indizielle Wirkung.[336] Sie fungieren als Leitfaden für die Rechtmissbrauchskontrolle und damit als Richtlinien für das Bestehen einer missbilligten Geltendmachung von Rechtspositionen. Bereits die Subsumtion eines Sachverhalts unter eine dieser Fallgruppen führt also zu einer grundsätzlichen und positiven Vorentscheidung über das Vorliegen eines Rechtsmissbrauchs. Damit ist aber nicht auch die Rechtsmissbrauchskontrolle am Ende. Der Rechtsanwender hat vielmehr wie erwähnt stets im Anschluss zu prüfen, ob die Umstände des Einzelfalls – unter Berücksichti-

---

333 Kritisch in diesem Sinne insbesondere: Weber, AcP 192 (1992), 516 (541 f.).

334 Zweigert/Kötz, Einführung in die Rechtsvergleichung, 3. Aufl. (1996), S. 149.

335 Ähnlich auch schon: Wieacker, Zur Rechtstheoretischen Präzisierung des § 242 BGB, 1956, S. 16, der allgemein zu § 242 BGB ausführt: „(...) diese (Präjudizien, Anm. d. Verf.) sind nicht allgemeingültig, sondern mit ihrem besonderen Rechtsfall derart verschränkt, dass sie in Strenge die Subsumtion anderer Fälle nicht gestatten. Darüber dürfen die bequemen Leitsätze der amtlichen Urteilsveröffentlichungen nicht einen Augenblick täuschen."

336 Esser/Schmidt, Schuldrecht, Band I 1, 8. Aufl. (1995), S. 175.

gung der einschlägigen gesetzlichen Wertungen - nicht ausnahmsweise doch eine abweichende Interessenbewertung und -gewichtung im Rahmen des Abwägungsprozesses und damit eine anderslautende Entscheidung gebieten. Die Zuordnung eines Sachverhalts zu einer Fallgruppe dient ihm dabei als „Argumentationshilfe“.[337]

bb) Bei fehlender Einschlägigkeit einer Fallgruppe

Scheidet hingegen im Einzelfall ein Rückgriff auf eine Missbrauchsfallgruppe aus, weil eine solche für den zu entscheidenden Fall entweder noch gar nicht entwickelt wurde oder ihre Voraussetzungen nicht vorliegen, bleibt es bei dem Grundsatz der vollumfänglichen, einzelfallbezogenen Interessenabwägung durch den Rechtsanwender. Dieser muss also im Rahmen des erforderlichen Abwägungsprozesses die für seine Entscheidung wesentlichen Wertungskriterien selbst herausarbeiten und sie bei seiner Wertungsbegründung offenlegen.[338]

337 Ähnlich: Teichmann, in: Soergel, BGB, 12. Aufl. (1990), § 242 Rn. 280.
338 Kamanabrou, AcP 202 (2002), 662 (675).

3. Teil: Die Minderheitenschutzfunktion des Rechtsmissbrauchsverbots am Beispiel des aktienrechtlichen Squeeze-out

Stehen somit die rechtsdogmatischen, rechtstheoretischen und rechtsmethodischen Grundlagen des Rechtsmissbrauchsverbots fest, soll im Folgenden auf dessen besondere Minderheitenschutzfunktion am Beispiel des aktienrechtlichen Squeeze-out eingegangen werden. Insbesondere geht es um die Suche nach Fallgestaltungen, in denen ein Rechtsmissbrauch in Betracht kommt, wann also den Minderheitsaktionären der Zielgesellschaft ausnahmsweise ein Bestandsschutz zuteil wird.

Das Material, das sich hierzu in Rechtsprechung und Literatur findet, ist jedoch ebenso umfangreich wie unstrukturiert. Neben den allgmein zu § 242 BGB entwickelten Missbrauchsfallgruppen kann auf eine Reihe weiterer Squeeze-out-spezifischer Fallgruppen zurückgegriffen werden, anhand derer in der Gesellschaftsrechtsliteratur ein Rechtsmissbrauch im Rahmen der §§ 327a ff. AktG diskutiert wird. Wie sich diese Missbrauchsfallgruppen in die Fallgruppensystematik des allgemeinen Rechtsmissbrauchsverbots einordnen lassen, bleibt dabei jedoch meist unbeantwortet. Das systematische Verhältnis dieser beiden Fallgruppenregime soll daher im Folgenden ebenso geklärt werden wie deren rechtsmethodische Einordnung in den genannten Interessenabwägungsprozess im Rahmen der Rechtsmissbrauchskontrolle.

§ 6: Einführung

I. Das Rechtsmissbrauchsverbot als Korrektiv verbandsinterner Mehrheitsmacht

Die Gefahr eines Rechtsmissbrauchs ist umso größer, je umfassender die Einwirkungsmacht des Rechtsausübenden auf die Rechte und Interessen seines Gegenüber sind. Die Anforderungen an das Rechtsmissbrauchsverbot als Rechtsschranke korrelieren daher mit dem Umfang der dem Rechtsinhaber übertragenen Disposition über die Rechte und Interessen der anderen Partei. Im Gesellschaftsrecht ist die dem einzelnen Gesellschafter zukommende Einwirkungsmacht auf die Interessen und Rechte seiner Mitgesellschafter wie gezeigt besonders hoch.[339] Dies gilt vor allem für das vom Mehrheitsprinzip getragene Kapitalgesellschaftsrecht und damit auch für die §§ 327a ff. AktG.[340]

1. Missbrauchsgefahr aufgrund Mehrheitsprinzips

Ist für eine gesellschaftsinterne Entscheidung wie diejenige hinsichtlich der Durchführung eines Squeeze-out die kollektive Willensbildung der Gesellschafter erforderlich, so erfolgt dies durch Gesellschafterbeschluss. Anders als im Personengesellschaftsrecht, das geprägt ist durch das Einstimmigkeitsprinzip,[341] bedarf es bei Kapitalgesellschaften dazu jedoch grundsätzlich nicht des Einvernehmens sämtlicher Gesellschafter. Der Gesellschafterbeschluss unterliegt vielmehr – soweit die Satzung keine abweichende Vereinbarung enthält[342] – dem Mehrheitsprinzip als gesetzlichem Leitbild für Gesellschafterbeschlüsse im Vereins-, Genossenschafts- und Kapitalgesellschaftsrecht.[343]

Während das Einstimmigkeitsprinzip dazu führt, dass der einzelne Abstimmungsteilnehmer aufgrund des Einstimmigkeitserfordernisses durch Verweigerung seiner Zustimmung ein Vorhaben der Gesellschaft blockieren kann, er somit einen seinem Willen nicht entsprechenden Beschluss nicht hinnehmen muss, ermöglicht das Mehrheitsprinzip die Majorisierung der Minderheit, also deren mehrheitliche Überstimmung.[344] Die den Beschluss fassende Mehrheit wird somit in die Lage versetzt, der Minderheit eine Änderung des status quo gegen deren Willen aufzuoktroyieren.[345] Mehrheits-

339 Zur gesteigerten Einwirkungsmacht im Gesellschaftsrecht: § 4) II) 2) b) bb).

340 Vgl. etwa: Lieder/Stange, Der Konzern 2008, 617 (619); Fleischer, in: Großkommentar zum AktG, 4. Aufl. (2007), § 327a Rn. 76; Hasselbach, in: Kölner Kommentar zum WpÜG, 2. Aufl. (2010), § 327a AktG Rn. 76.

341 §§ 709 Abs. 1 BGB, 119 Abs. 1 HGB.

342 Eine Abweichung soll nur in Fällen ausgeschlossen sein, in denen das Gesetz ausdrücklich einfache Stimmenmehrheit verlangt, so die ganz herrschende Interpretation des § 133 Abs. 1, S. 2 AktG, vgl. etwa: Hüffer, AktG, 9. Aufl. (2010), § 133 Rn. 15; Kübler/Assmann, Gesellschaftsrecht, 6. Aufl. (2006), S. 25; Spindler, in: K.Schmidt/Lutter, AktG, 2. Aufl. (2010), § 133 Rn. 33; Volhard, in: Münchener Kommentar zum AktG, 2. Aufl. (2004), § 133 Rn. 58; für die GmbH: Roth, in: Roth/Altmeppen, GmbHG, 6. Aufl. (2009), § 47 Rn. 7; Zöllner, in: Baumbach/Hueck, GmbHG, 19. Aufl. (2010), § 47 Rn. 24.

343 §§ 32 Abs. 1 S. 3 BGB, 43 Abs. 2 GenG, 133 Abs. 1 AktG, 47 Abs 1 GmbHG.

344 Zöllner, Die Schranken mitgliedschaftlicher Stimmrechtsmacht bei den privatrechtlichen Personenverbänden, 1963, S. 94.

345 Hamann, Minderheitenschutz beim Squeeze-out-Beschluss, 2003, S. 62.

beschlüssen wesensimmanent ist daher ein „Mehrheit-Minderheit-Konflikt"[346]: Den Interessen der Mehrheit stehen die Interessen der Minderheit gegenüber.

Nichtsdestotrotz ist das Mehrheitsprinzip unumgänglich, will man die Entscheidungs- und Handlungsfähigkeit der Gesellschaft aufrechterhalten und das Veränderungsinteresse ihrer Aktionäre wahren.[347] Denn anders als die meisten Personengesellschaften zeichnen sich Kapitalgesellschaften häufig durch einen großen Gesellschafterkreis aus,[348] so dass es eine Vielzahl divergierender Partikularinteressen in Einklang zu bringen gilt. Für Aktiengesellschaften entspricht dies sogar dem gesetzlichen Leitbild.[349] Mit zunehmender Mitgliederzahl verschlechtern sich jedoch zugleich auch die Chancen auf eine einvernehmliche Entscheidungsfindung.[350] Einstimmigkeit dürfte darüber hinaus – zumindest mit Blick auf große Publikumsgesellschaften – häufig bereits an der mangelnden vollzähligen Anwesenheit bzw. Abstimmungsteilnahme der Anteilseigner scheitern. Dadurch würde aber der korporationsrechtliche Zustand verfestigt, strukturelle Änderungen wären ausgeschlossen. Neben krisenunabhängigen Marktschwankungen sind es aber insbesondere krisenbedingte Absatzrückgänge, gefolgt von Gewinn- und Umsatzeinbrüchen und schließlich eine drohende Überschuldung oder Zahlungsunfähigkeit, die ein unternehmerisches Handeln, etwa im Rahmen einer Unternehmenssanierung oder -restrukturierung, und damit nicht zuletzt auch strukturelle Veränderungen der betreffenden Gesellschaft unumgänglich machen, um nachteilige Folgen für die Gesellschaft, nicht zuletzt deren Insolvenz, zu vermeiden. Das Mehrheitsprinzip privilegiert daher die Verfolgung der Verbandsinteressen.[351] Gleichzeitig birgt die Majorisierung einer Minderheit durch Mehrheitsbeschluss aber stets auch die nicht unerhebliche Gefahr eines Missbrauchs der so erlangten Mehrheitsmacht durch die beschlussfassende Mehrheit.

---

346 Henze, DStR 1993, 1823; Staake, Ungeschriebene Hauptversammlungskompetenzen in börsennotierten und nicht börsennotierten Aktiengesellschaften, 2009, S. 2 f.

347 K.Schmidt, Gesellschaftsrecht, 4. Aufl. (2002), S. 451.

348 Vgl. etwa: Kübler/Assmann, Gesellschaftsrecht, 6. Aufl. (2006), S. 24.

349 Zum aktienrechtlichen Leitbild: § 9) II) 1) a) aa).

350 Zöllner, Die Schranken mitgliedschaftlicher Stimmrechtsmacht bei den privatrechtlichen Personenverbänden, 1963, S. 94.

351 Zöllner, Die Schranken mitgliedschaftlicher Stimmrechtsmacht bei den privatrechtlichen Personenverbänden, 1963, S. 94.

2. Keine ausreichende Rechtfertigung durch präsumtiven Interessengleichlauf

Vor dem Hintergrund eines umfassenden Minderheitenschutzes lässt sich die der Mehrheit durch das Mehrheitsprinzip verliehene Berechtigung, Entscheidungen auch für die überstimmte Minderheit zu treffen und somit die ihr eingeräumte Einwirkungsmöglichkeit auf die Interessen und Belange der Minderheit aber nicht allein damit rechtfertigen, dass Mehrheitsbeschlüssen die Vermutung eines grundsätzlichen Interessengleichlaufs innerhalb von Personenverbänden zugrunde liegt.

a) Vermuteter Interessengleichlauf

Neben seiner Eigenschaft als Handlungseinheit ist typisches Merkmal eines jeden Personenverbandes in erster Linie dessen Zweckorientiertheit und Zweckgebundenheit.[352] Dabei bindet der frei gewählte gemeinsame Gesellschaftszweck nicht nur die Gesellschaft in ihrer Handlungsfreiheit, sondern in erster Linie auch deren Mitglieder.[353] Denn durch die Zugehörigkeit zum Verband akzeptiert jeder Gesellschafter den Verbandszweck und nimmt an dessen Verfolgung teil.[354] Als Konsequenz dieser Zweckgebundenheit und der verbandsrechtlichen Prämisse der gemeinsamen Zweckverfolgung durch die Verbandsmitglieder unterfallen Gesellschafterbeschlüsse daher der Vermutung eines Interessengleichlaufs der Gesellschafter.[355] Diese präsumtive Interessenidentität[356] unterscheidet den Zusammenschluss im Rahmen von Personenverbänden wesentlich von anderen Vertragstypen, etwa Austauschverträgen, die sich durch das Vorhandensein entgegenstehender Parteiinteressen auszeichnen, oder Treuhandverträgen, bei denen

---

352 Habersack, Die Mitgliedschaft – subjektives und „sonstiges" Recht, 1996, S. 18 m.w.N; Lutter, AcP 180 (1980), 84 (89 ff.); K.Schmidt, Gesellschaftsrecht, 4. Aufl. (2002), S. 57; Zöllner, Die Schranken mitgliedschaftlicher Stimmrechtsmacht bei den privatrechtlichen Personenverbänden, 1963, S. 318.

353 Lutter, AcP 180 (1980), 84 (90); siehe zur Bindung an den Gesellschaftszweck im Einzelnen: Zöllner, Die Schranken mitgliedschaftlicher Stimmrechtsmacht bei den privatrechtlichen Personenverbänden, 1963, S. 318.

354 Lutter, AcP 180 (1980), 84 (89 ff.).

355 Zum Interessengleichlauf aufgrund des Gesellschaftszwecks: Hüffer, in: Münchener Kommentar zum AktG, 3. Aufl. (2011), § 243 Rn. 48; Lutter, AcP 180 (1980), 84 (93); Roth, in: Münchener Kommentar zum BGB, 5. Aufl. (2007), § 242 Rn. 438; Zöllner, in: Bayer/Habersack, Aktienrecht im Wandel, Band II, 2007, 462 (486).

356 Zu dieser Terminologie siehe: Roth, in: Münchener Kommentar zum AktG, 5. Aufl. (2007), § 242 Rn. 438.

es um die Wahrnehmung fremder Interessen geht.[357] Ihr liegt der Gedanke zugrunde, jeder Gesellschafter verfolge bei seiner Stimmrechtsausübung regelmäßig (auch) die Interessen der Gesellschaft, da er sich anderenfalls selbst schädige.[358] Dies erscheint grundsätzlich nachvollziehbar, kann doch angenommen werden, ein Gesellschafter habe als Beteiligungsinhaber grundsätzlich ein echtes Interesse an der wirtschaftlichen Lage „seines Unternehmens“ und damit eben auch ein solches an der Verfolgung und Verwirklichung des Unternehmenszwecks. Geht man aber von einem Gleichlauf der Interessen aus, so erscheint die überstimmte Minderheit in ihren Partikularinteressen auch nicht weiter schützenswert. Insofern überwiegt der Interessengleichlauf die Privatautonomie des Einzelnen und macht – in Kombination mit den die proportionale Entscheidungsteilhabe betreffenden formalen Verfahrensgarantien – die Mehrheitsentscheidung für die Minderheit hinnehmbar.[359] Dies bestätigt indirekt auch das Gesetz, indem formale Anforderungen zwar regelmäßig an das Beschlussverfahren, nur selten aber auch an das Beschlussergebnis gestellt werden (vgl. § 58 Abs. 3 AktG).[360] Mehrheitsbeschlüssen kommt somit nach der gesetzlichen Konzeption eine gewisse „Richtigkeitsgewähr“ zu.[361]

b) Unzulänglichkeit der Vermutung

Gleichwohl kann die Vermutung einer solchen Interessenübereinstimmung nicht uneingeschränkt zur Rechtfertigung von Eingriffen in die Rechte von Minderheitsaktionären herangezogen werden. Sie findet ihre Grenze vielmehr im realen Verbandsleben.

aa) Allgemein: Gefahr der Abhängigkeit und Beherrschung

So basiert die Theorie vom Interessengleichlauf der Gesellschafter zunächst auf der Prämisse, dass es innerhalb von Personenverbänden zu sich ständig wechselnden, vom konkreten Beschlussgegenstand abhängigen und damit

---

357 Lutter, AcP 180 (1980), 84 (93) mit Hinweis auf: Würdinger, Gesellschaften, 1. Teil: Recht der Personengesellschaften, 1937, 9 ff.

358 Vgl. Zöllner, in: Bayer/Habersack, Aktienrecht im Wandel, Band II, 2007, 462 (486).

359 Roth, in: Münchener Kommentar zum BGB, 5. Aufl. (2007), § 242 Rn. 438.

360 Vgl.: Hommelhoff, ZHR 151 (1987), 493 (507).

361 Hommelhoff, ZHR 151 (1987), 493 (507); Priester/Veil, in: Scholz, GmbHG, 10. Aufl. (2010), § 53 Rn. 55; Wiedemann, Gesellschaftsrecht, Band I, 1980, S. 405; ähnlich: Bezzenberger, ZIP 2002, 1917 (1924).

zufälligen Mehrheiten kommt, die somit keine eigenen Partikularinteressen verfolgen, sondern lediglich das Gesellschaftsinteresse im jeweiligen Einzelfall adoptieren.[362] Nicht erfasst ist hingegen der Fall des Bestehens einer perpetuierten Mehrheit, die aufgrund der Dauerhaftigkeit ihrer Mehrheitsmacht in die Lage versetzt wird, nicht – wie angedacht – ihre Interessen aus denen der Gesellschaft, sondern umgekehrt die Gesellschaftsinteressen aus den eigenen Mehrheitsinteressen abzuleiten.[363] Schlimmstenfalls droht die vollständigen Unterwerfung der Gesellschaft und ihrer Organe unter die Alleinherrschaft eines Einzelnen oder einer Gruppe.[364] Dies gilt umso mehr, wenn es sich um eine auch anderweitig wirtschaftlich tätige Mehrheit – etwa im Rahmen eines Konzernverhältnisses – handelt.[365]

Verfolgt demnach eine perpetuierte Mehrheit mit der Ausübung ihrer Stimmrechtsmacht ausschließlich außerhalb des Gesellschaftsinteresses liegende Partikularinteressen, etwa weil es ihr um die Verschaffung eines außergesellschaftlichen Vorteils geht, der den durch die Mehrheitsentscheidung selbst verursachten innergesellschaftlichen Schaden übersteigt, so versagt die dargestellte Richtigkeitsgewähr.[366] *Zöllner* verweist insofern etwa auf ein vom Mehrheitsgesellschafter privat betriebenes Konkurrenzunternehmen, das von den nachteiligen Folgen des Beschlusses für die Gesellschaft profitiert.[367]

Auf die §§ 327a ff. AktG lassen sich diese Überlegungen indes nur bedingt übertragen. Zwar entspricht die Ausgangslage beim Squeeze-out der soeben beschriebenen Situation: Der den Ausschluss betreibende Hauptaktionär verfügt gerade aufgrund seines Anteilsquorums von mindestens 95 Prozent grundsätzlich[368] auch über die erforderliche Stimmrechtsmehrheit

---

362 Hüffer, in: Münchener Kommentar zum AktG, 3. Aufl. (2011), § 243 Rn. 48; so wohl auch: Wiedemann, Gesellschaftsrecht, Band I, 1980, S. 406.

363 Hüffer, in: Münchener Kommentar zum AktG, 3. Aufl. (2011), § 243 Rn. 48; ähnlich: Hofmann, Minderheitsschutz im Gesellschaftsrecht, 2011, S. 600 f.

364 Allgemein für Mehrheitsbeschlüsse: Zöllner, Die Schranken mitgliedschaftlicher Stimmrechtsmacht bei den privatrechtlichen Personenverbänden, 1963, S. 94.

365 Ähnlich: Lutter, ZGR 1981, 171 (175).

366 Denn mit seinem Gesellschaftsbeitritt erklärt sich der einzelne Gesellschafter wie erwähnt zur Einschränkung seiner Privatautonomie lediglich insoweit bereit, als die gegen seine Stimme gefassten Beschlüsse auch tatächlich im Gesellschaftsinteresse liegen, vgl. insofern auch: Bischoff, BB 1987, 1055 (1057).

367 Zöllner, in: Bayer/Habersack, Aktienrecht im Wandel, Band II, 2007, 462 (486).

368 Etwas anderes gilt lediglich dann, wenn sich die Beteiligung des Hauptaktionärs vornehmlich aus Vorzugsaktien zusammensetzt oder er aufgrund einer Höchststimmrechtsregelung außerstande ist, die erforderliche Stimmrechtsmehrheit zu

und damit über die alleinige Entscheidungsgewalt in der Hauptversammlung. Er wird daher nur selten zu Kompromissen gezwungen sein, um andere Aktionäre für sich zu gewinnen und so die für den Beschluss erforderliche Stimmenmehrheit zu erreichen. Vielmehr kann er seine Partikularinteressen regelmäßig ungehindert durchsetzen. Die Besonderheit liegt hier jedoch darin, dass die Durchführung des Squeeze-out unabhängig von den subjektiven Motiven des Hauptaktionärs objektiv stets im Gesellschaftsinteresse liegt, bedeutet doch der Ausschluss von Minderheitsaktionären für die betreffende Gesellschaft immer auch zugleich die Reduzierung kostspieligen und zeitintensiven Formalaufwands.[369] Daran ändert auch der Umstand nichts, dass es sich bei dem Ausschlussverfahren der §§ 327a ff. AktG – anders etwa als bei der „echten" Auflösung unter Veräußerung des Gesellschaftsvermögens an einen Dritten[370] – nicht um eine gesellschaftsrechtliche Maßnahme mit Wirkung gegenüber einem Dritten handelt, sondern der das Ausschlussverfahren einleitende Hauptaktionär gleichzeitig auch Begünstigter dieser Maßnahme ist.

bb) Aktienrecht: Der Minderheitsaktionär als Kapitalanleger

Mit Blick auf das Aktienrecht zeigt sich die Unzulänglichkeit der Vermutung eines Interessengleichlaufs ferner anhand folgender Überlegung: Leitbild des Aktiengesetzes ist die große Publikumsgesellschaft mit weit gestreutem Aktienbesitz.[371] Da Kleinaktionäre aber über keinen bzw. keinen nennenswerten Einfluss auf die Unternehmensleitung verfügen, stehen bei diesen regelmäßig nur Vermögensinteressen im Vordergrund. Sie verstehen ihre Beteiligung daher meist nur als Kapitalanlage mit dem Ziel einer hohen Rendite, was für Minderheitsaktionäre mit einem Anteilsquorum von unter 5 Prozent auch der gesetzgeberischen Vermutung entspricht.[372] Aber auch oberhalb dieser Beteiligungsgrenze kann davon ausgegangen werden, dass Aktionäre häufig als bloße Kapitalanleger auftreten. Dann aber kann von einem vom Gesellschaftszweck abgeleiteten Interessengleichlauf keine Rede mehr sein. Zwar besteht grundsätzlich ein Zusammenhang zwischen ei-

---

erreichen; siehe dazu auch: Holzborn/Müller, in: Bürgers/Körber, AktG, 2008, § 327a Rn. 16; Koppensteiner, in: Kölner Kommentar zum AktG, 3. Aufl. (2004), § 327a Rn. 12.

369 Vgl.: RegBegr., BT-Drucks. 14/7034, S. 31 f.

370 Siehe zu diesem Beispiel im Kontext der übertragenden Auflösung bereits: Lutter/Drygala, in: FS Kropff, 1997, 191 (203).

371 Siehe dazu: § 9) II) 1) a) aa).

372 Vgl.: RegBegr., BT-Drucks. 14/7034, S. 32.

ner erfolgreichen Verfolgung des Unternehmenszwecks und der zu erwartenden Rendite des Einzelnen, so dass im Grundsatz auch ein Anlegeraktionär ein Interesse an der Verwirklichung des Unternehmenszwecks haben sollte. Doch lässt dies unberücksichtigt, dass – nicht zuletzt aufgrund der Fungibilität der Aktie als Anlageinstrument – zumindest bei am aktienrechtlichen Leitbild orientierten Gesellschaften Kapitalinvestitionen häufig nur von kurzer Dauer und von einem nur kurzfristigen Interesse an einer möglichst hohen Rendite getragen sind, während die langfristigen Interessen der Gesellschaft außer Acht gelassen werden.[373] Darüber hinaus variieren auch die Vermögensinteressen der einzelnen Kapitalanleger aufgrund unterschiedlicher Investitions- und Risikoerwägungen, so dass es bereits schwer fällt, überhaupt von einem, wenn auch nur monetär geprägten Interessengleichlauf der Aktionäre zu sprechen.

cc) Squeeze-out: Kein Interesse am eigenen Ausschluss

Gegen einen vermuteten Interessengleichlauf beim Squeeze-out spricht darüber hinaus dessen Charakter als gesellschaftsrechtliches Ausschlussinstrument. So findet der genannte Grundsatz, die überstimmte Minderheit habe die Einschränkung ihrer Privatautonomie hinzunehmen, wenn die Beeinträchtigung auf einer im Gesellschaftsinteresse liegenden Mehrheitsentscheidung beruht, ihre Grenze jedenfalls immer dort, wo es nicht mehr um die bloße Einschränkung der Privatautonomie, sondern um den gänzlichen Verlust der Rechtsstellung geht. Zwar liegt eine Maßnahme, die von den Gesellschaftsinteressen gedeckt ist, wie dargestellt zugleich auch im (Mit-)Interesse der überstimmten Minderheit. Die Annahme, dieses aus dem gemeinsamen Gesellschaftszweck abgeleitete Interesse beinhalte zugleich aber auch die „Selbstaufopferung" zum Wohle der Gesellschaft, würde zu weit gehen. Dies gilt selbst dann, wenn ein Minderheitsaktionär tatsächlich ein Interesse an dem Erhalt der angebotenen Barabfindung und damit letztendlich an seinem Ausschluss hat, da es sich dabei um ein sachfremdes und persönliches, nicht aber ein an den Gesellschaftsinteressen ausgerichtetes Interesse handelt.

---

373 Ähnlich auch: Kort, in: Großkommentar zum AktG, 4. Aufl. (2009), Vor § 76 Rn. 69; Zöllner, in: Bayer/Habersack, Aktienrecht im Wandel, Band II, 2007, 462 (486); vgl. zudem die Ausführungen bei: Schiel, Aktionärsschutz zwischen Aktienrecht und Kapitalmarkt, 2009, S. 132 ff.

dd) Fazit: Erfordernis materieller Korrektive

Mehrheitsbeschlüsse sind daher nicht bereits und allein deshalb ausreichend gerechtfertigt, weil sie die erforderliche Mehrheit gefunden haben. Vielmehr bedarf es eines weitergehenden Minderheitenschutzes als „rechtsethisch notwendige Ergänzung des Mehrheitsprinzips".[374] Die Gewährleistung eines angemessenen Minderheitenschutzes sowie die Kontrolle seiner Einhaltung ist dabei zunächst Aufgabe der entsprechenden gesetzlichen Ermächtigungsnorm selbst. Diese knüpft daher die Ausübung von Mehrheitsmacht regelmäßig an das Vorliegen bestimmter formeller Mehrheitsquoren und Verfahrensregeln.[375] Im Falle des Squeeze-out sind dies insbesondere das Erfordernis einer 95-prozentigen Anteilsmehrheit sowie die Abfindungsregelung der §§ 327a Abs. 1., S. 1, 327b AktG.

Dabei handelt es sich jedoch lediglich um starre Korrektive, denen es an Flexibilität fehlt, um auf etwaige besondere Umstände des konkreten Einzelfalls reagieren und damit einen vollumfänglichen Minderheitenschutz gewährleisten zu können. Es bedarf daher zusätzlicher Korrektive der Mehrheitsmacht, die als flexible materielle Schranken der verbandsinternen Mehrheit gewisse (Rücksichts-)Pflichten auferlegen und die Mehrheitsherrschaft damit zu pflichtgebundener Herrschaft werden lassen.[376] *Wiedemann* führt hierzu aus: „Der Mehrheit-Minderheits-Konflikt bedarf einer Generalklausel, mit der dem herrschenden Gesellschafter Loyalitätspflichten abverlangt werden".[377] Zu den materiellen Schranken zählen dabei aber neben dem Bestimmtheitsgebot, dem Gleichbehandlungsgrundsatz des § 53a AktG und der materiellen Beschlusskontrolle insbesondere auch die Generalklauseln der mitgliedschaftlichen Treuepflicht und des dieser partiell entsprechenden Rechtsmissbrauchsverbots.[378]

---

374 Wiedemann, Gesellschaftsrecht, Band I, 1980, S. 405; siehe auch: Hofmann, Der Minderheitsschutz im Gesellschaftsrecht, 2011, S. 9.

375 Wiedemann, Gesellschaftsrecht, Band I, 1980, S. 420.

376 Vgl. etwa: RGZ 132, 149 (163); Hüffer, AktG, 9. Aufl. (2010), § 179 Rn. 29; K.Schmidt, Gesellschaftsrecht, 4. Aufl. (2002), S. 461, Timm, ZGR 1987, 403 (405 f.); die Lehre von den materiellen Schranken ist dogmatisch zurückzuführen auf: Zöllner, Die Schranken mitgliedschaftlicher Stimmrechtsmacht bei den privatrechtlichen Personenverbänden, 1963.

377 Wiedemann, Gesellschaftsrecht, Band I, 1980, § 8 I 2, S. 409.

378 Zum Generalklauselcharakter des Rechtsmissbrauchsverbots: § 3) I); zum dogmatischen Verhältnis zwischen mitgliedschaftlicher Treuepflicht und dem allgemeinen Rechtsmissbrauchsverbots: § 4) II) 3).

3. Abgrenzung zu anderen Minderheitenschutzmechanismen

Geht es wie im Fall des Squeeze-out um die materielle Beschränkung verbandsinterner Mehrheitsmacht, so begibt sich das Rechtsmissbrauchsverbot in Konkurrenz zu einer Reihe weiterer Minderheitenschutzinstrumente.

a) Materielle Beschlusskontrolle

Ein Instrument des Minderheitenschutzes im Kapitalgesellschaftsrecht ist die materielle Beschlusskontrolle.[379] Dabei handelt es sich um eine institutionalisierte Missbrauchskontrolle, die innerhalb ihres Anwendungsbereichs Mehrheitsbeschlüsse einem positiven sachlichen Rechtfertigungszwang unterwirft. Auch sie beruht auf der Erkenntnis, dass das im Kapitalgesellschaftsrecht geltende Mehrheitsprinzip angesichts der damit einhergehenden Majorisierungsmacht der Mehrheit häufig für die Gewährleistung eines angemessenen Minderheitenschutzes nicht ausreichend ist und daher einer sachlichen Rechtfertigung bedarf.[380]

aa) Die Lehre vom sachlichen Grund

Nach der Lehre vom sachlichen Grund ist ein Mehrheitsbeschluss, der zu einem schwerwiegenden Eingriff in die Rechtsstellung von Gesellschaftern führt, nur zulässig, wenn er durch sachliche Gründe im Sinne des Gesellschaftsinteresses nach den Grundsätzen der Geeignetheit, Erforderlichkeit und Verhältnismäßigkeit unter Abwägung der im Einzelnen betroffenen Gesellschafterinteressen gerechtfertigt ist.[381] Die sachliche Rechtfertigung stellt in diesem Fall eine ungeschriebene materielle Wirksamkeitsvoraus-

---

379 Eingeführt wurde der sachliche Rechtfertigungszwang für den Bezugsrechtsausschluss im Rahmen von Kapitalerhöhungen, vgl.: BGHZ 71, 40 (44 ff.) (Kali und Salz).

380 Lutter, in: Kölner Kommentar zum AktG, 2. Aufl. (1995), § 186 Rn. 60; Rühland, Der Ausschluss von Minderheitsaktionären aus der Aktiengesellschaft (Squeeze-out), 2004, S. 31.

381 Vgl. etwa: BGHZ 71, 40 (46) (Kali und Salz); 83, 319 (321) (Holzmann); 120, 141 (145 f.) (Bremer Bankverein); 125, 239 (241) (Deutsche Bank); 136, 133 (140) (Siemens/Nold); Henze, BB 1996, 489 (490); Hüffer, in: Geßler/Hefermehl/Eckhardt/Kropff, AktG, 1993, § 243 Rn. 51; Kraft/Krieger, in: Münchener Handbuch des Gesellschaftsrecht, Band 4, 3. Aufl. (2007), § 56 Rn. 76 ff.; Servatius, in: Spindler/Stilz, AktG, 2. Aufl. (2010), § 186 Rn. 43; Timm, ZGR 1987, 403 (409 f.); Wiedemann, in: Großkommentar zum AktG, 4. Aufl. (2006), § 186 Rn. 137 ff.

setzung[382] mit der Folge dar, dass in jedem Fall eine Angemessenheits- und Verhältnismäßigkeitsprüfung und damit eine Interessenabwägung erfolgen muss.[383] Sie führt also zu einer Reduzierung des unternehmerischen Ermessens der handelnden Gesellschaft.[384]

Ob dies aber für sämtliche Grundlagenbeschlüsse zu gelten hat,[385] ist umstritten. Die herrschende Meinung spricht sich gegen ein generelles Rechtfertigungsbedürfnis von Mehrheitsbeschlüssen aus und lehnt einen sachlichen Rechtfertigungszwang hinsichtlich solcher Beschlussarten ab, die aufgrund ihrer gesetzlichen Ausgestaltung ihre Rechtfertigung bereits „in sich tragen".[386] Dies soll dabei immer dann der Fall sein, wenn das Gesetz zwar einen Eingriff in die Mitgliedschaftsrechte von Minderheitsgesellschafter vorsieht, der Gesetzgeber aber bei Erlass der betreffenden Rege-

---

382 Hefermehl/Bungeroth, in: Geßler/Hefermehl/Eckardt/Kropff, AktG, 1993, § 186 Rn. 104 ff.; Marsch-Barner, in: Bürgers/Körber, Heidelberger Kommentar zum AktG, 2008, § 186 Rn. 28; Veil, in: K.Schmidt/Lutter, AktG, 2. Aufl. (2010), § 186 Rn. 30.

383 Dreier, Bezugsrechtsausschluss im Aktienrecht, 2005, S. 41; Marsch-Barner, in: Bürgers/Körber, Heidelberger Kommentar zum AktG, 2008, § 186 Rn. 28 ff.

384 Geßler, AktG, 2008/2009/2010, §§ 186, 187 Rn. 21, der von einem „gerichtlich nicht nachprüfbare(n) Kernbereich unternehmerischen Beurteilgungsermessens" spricht.

385 So im Grunde eine vor allem in früherer Zeit von Teilen der Literatur vertretene Auffassung: Bischoff, BB 1987, 1055 (1061); Martens, GmbHR 1984, 265 (269 f.) (zur GmbH); Wiedemann, Gesellschaftsrecht, Band I, 1980, S. 444 ff.; ders., ZGR 1980, 147 (157).

386 Vgl. aus der jüngeren Rechtsprechung nur: BGH, WM 2009, 896 (898 f.) (Wertpapierdarlehen); aus der Literatur u.a.: Lutter, ZHR 153 (1989), 446 ff.; Priester/Veil, in: Scholz, GmbHG, 10. Aufl. (2010), § 53 Rn. 55; Raiser, in: Hachenburg, GmbHG, 8. Aufl. (1997), Anh. § 47 Rn. 126 f.; Rühland, Der Ausschluss von Minderheitsaktionären aus der Aktiengesellschaft (Squeeze-out), 2004, S. 32; K.Schmidt, in: Scholz, GmbHG, 10. Aufl. (2010), § 47 Rn. 28; Schockenhoff, Gesellschaftsinteresse und Gleichbehandlung beim Bezugsrechtsausschluß, 1988, S. 98 f.; Ulmer, in: Hachenburg, GmbHG, 8. Aufl. (1997), § 53 Rn. 69; Winter, Mitgliedschaftliche Treuebindungen im GmbH-Recht, 1988, S. 135 ff.; a.A. hingegen: Hirte, Bezugsrechtsausschluß und Konzernbildung, 1986, S. 138 ff., der einen sachlichen Rechtfertigungszwang nur bei in die Herrschaftsverhältnisse eingreifenden Beschlüssen annimmt; gänzlich gegen einen sachlichen Rechtfertigungszwang: Kort, Bestandsschutz fehlerhafter Strukturänderungen im Kapitalgesellschaftsrecht, 1998, S. 65 ff; Mülbert, Aktiengesellschaft, Unternehmensgruppe und Kapitalmarkt, 1995, S. 356 ff.

lung bereits selbst eine Abwägung der betroffenen Interessen vorgenommen hat.[387]

Dem ist zuzustimmen. Es ist in erster Linie Aufgabe des Gesetzgebers, die Minderheit vor Eingriffen in ihre Mitgliedschaftsrechte im Wege rechtlicher Kontrolle und durch Begrenzung der Mehrheitsmacht zu schützen, also für einen ausreichenden Minderheitenschutz zu sorgen. Durch Abwägung der betroffenen Minderheits- und Mehrheitsinteressen bei Ausgestaltung der konkreten Beschlussermächtigung trifft der Gesetzgeber eine Entscheidung hinsichtlich des damit verfolgten gesetzlichen Schutzlevels. Diese gesetzgeberische Entscheidung würde aber durch das Zulassen einer materiellen Beschlusskontrolle im Einzelfall missachtet.

Für eine gesetzgeberisch vorweggenommene Interessenabwägung spricht dabei, wenn die entsprechende gesetzliche Regelung bereits selbst vermögensrechtliche Abfindungs- oder Entschädigungsansprüche zugunsten der von der Maßnahme betroffenen Gesellschafter vorsieht.[388] Damit bedarf aber auch die Durchführung eines Squeeze-out angesichts der Abfindungsregelung der §§ 327a Abs. 1, S. 1, 327b AktG keiner sachlichen Rechtfertigung.[389] Dagegen bestehen auch keine verfassungsrechtlichen

---

387 Vgl. etwa: BGHZ 71, 40 (45) (Kali und Salz); 138, 71 (76) (Sachsenmilch); Fuchs, Der aktienrechtliche Squeeze-out, 2009, S. 438; Hüffer, in: Münchener Kommentar zum AktG, 3. Aufl. (2011), § 243 Rn. 57; bejaht wurde ein sachlicher Rechtfertigungszwang für den Bezugsrechtsausschluss bei Kapitalerhöhungen (BGHZ 71, 40 (46) (Kali und Salz); 83, 319 (320) (Holzmann); 120, 141 (145 f.) (Bremer Bankverein); 125, 239 (241) (Deutsche Bank); 136, 133 (140) (Siemens/Nold); 144, 290 (290 ff.) (Adidas)) und für abhängigkeitsbegründende Maßnahmen (BGHZ 80, 69 (74) (Süssen)); abgelehnt wurde das Erfordernis der sachlichen Rechtfertigung hingegen für die Kapitalherabsetzung / Zusammenlegung von Aktien (BGHZ 138, 71 (76 f.) (Sachsenmilch)), die Einführung eines Höchststimmrechts (so wohl BGHZ 70, 117 (119 ff.) (Mannesmann)) und die übertragende Auflösung (BGHZ 76, 352 (353); 103, 184 (189 f.) (Linotype)). Ausführlich zu den einzelnen Urteilen: Hamann, Minderheitenschutz beim Squeeze-out-Beschluss, 2003, S 69 ff.; Hofmann, Minderheitsschutz im Gesellschaftsrecht, 2011, S. 157 ff.

388 Hofmann, Minderheitsschutz im Gesellschaftsrecht, 2011, S. 188; ähnlich auch: Lutter, ZGR 1981, 171 (180 f.); Priester/Veil, in: Scholz, GmbHG, Band 3, 10. Aufl. (2010), § 53 Rn. 55. kritisch hingegen: Hirte, Bezugsrechtsausschluß und Konzernbildung, 1986, S. 136; siehe dazu im Einzelnen: Mülbert, Aktiengesellschaft, Unternehmensgruppe und Kapitalmarkt, 1995, S. 309.

389 BGH, WM 2009, 896 (898f.) (Wertpapierdarlehen); OLG Köln, ZIP 2004, 760 (762); OLG Düsseldorf, ZIP 2004, 359 (361); Austmann, in: Münchener Handbuch des Gesellschaftsrechts, Band 4, 3. Aufl. (2007), § 74 Rn. 117; Dißars, BKR 2004, 389 (393); Fleischer, in: Großkommentar zum AktG, 4. Aufl. (2007), § 327a Rn. 75;

Bedenken. Das Bundesverfassungsgericht erklärte wie erwähnt den Squeeze-out mit Blick auf die Eigentumsgarantie des Art. 14 GG gerade deshalb für zulässig, weil der Gesetzgeber die widerstreitenden Interessen, namentlich das Bestandsinteresse der ausgeschlossenen Aktionäre und das Interesse des Hauptaktionärs an einer unternehmerischen Entscheidungsfreiheit innerhalb der ihm obliegenden Schranken in einen angemessenen Ausgleich gebracht habe.[390]

bb) Abgrenzung zur Rechtsmissbrauchskontrolle

Zumindest hinsichtlich solcher Beschlussarten, die einer sachlichen Rechtfertigung bedürfen, stellt sich damit die Frage nach dem Verhältnis der materiellen Beschlusskontrolle zur ebenfalls anwendbaren Rechtsmissbrauchskontrolle.

Wie das Rechtsmissbrauchsverbot im Gesellschaftsrecht findet auch das Erfordernis der sachlichen Rechtfertigung nach ganz herrschender Meinung seine dogmatische Grundlage in der mitgliedschaftlichen Treuepflicht.[391] Auch die materielle Beschlusskontrolle verkörpert somit ein Loyalitäts- und Rücksichtnahmegebot hinsichtlich der Belange und Interessen der durch den Mehrheitsbeschluss betroffenen Gesellschafter.[392] Unterschiede zwischen den Kontrollinstrumenten ergeben sich jedoch hinsichtlich ihrer Anknüpfungspunkte und Adressaten. Während sich das Rechtsmissbrauchsverbot an den einzelnen Gesellschafter richtet und auf dessen illoyale oder rücksichtslose und damit treuwidrige Stimmrechtsausübung zielt,[393] ist An-

---

Fuhrmann/Simon, WM 2002, 1211 (1214); Grunewald, in: Münchener Kommentar zum AktG, 3. Aufl. (2010), § 327a Rn. 17; Grzimek, in: Geibel/Süßmann, WpÜG, 2. Aufl. (2008), § 327a AktG Rn. 36; Hasselbach, in: Kölner Kommentar zum WpÜG, 2. Aufl. (2010), § 327a AktG Rn. 75; Heidel/Lochner, in: Heidel, Aktienrecht und Kapitalmarktrecht, 3. Aufl. (2011), § 327a Rn. 13; Posegga, Squeeze-Out, 2006, S. 86; Schnorbus, in: K.Schmidt/Lutter, AktG, 2. Aufl. (2010), § 327f Rn. 13.

390 BVerfG, ZIP 2007, 2121; siehe dazu auch: § 1) IV).

391 Henze, BB 1996, 489 (497); Hirte, Bezugsrechtsausschluß und Konzernbildung, 1986, S. 16, 139 und 194; Hüffer, in: FS Steindorff, 1990, 59 (75); Schwark/Geiser, ZHR 161 (1997), 739 (763), Timm, ZGR 1987, 403 (408 f.); Weber, Vormitgliedschaftliche Treuebindungen, 1999, S. 90; a.A.: Hofmann, Minderheitenschutz im Gesellschaftsrecht, 2011, S. 182 ff.; kritisch ebenso: Mülbert, Aktiengesellschaft, Unternehmensgruppe und Kapitalmarkt, 1995, S. 225 ff.

392 Zum Loyalitätsgebot: Wiedemann, ZGR 1999, 857 (869).

393 Zur Stimmrechtsausübung als Anknüpfungspunkt des Rechtsmissbrauchsverbots: § 6) II) 2) a).

satzpunkt der materiellen Beschlusskontrolle der Gesellschafterbeschluss *per se* als Ergebnis sämtlicher Stimmrechtsausübungen.[394]

Darüber hinaus führt die Institutionalisierung der sachlichen Rechtfertigung zur Umkehrung der Rechmäßigkeitsvermutung gegenüber der Rechtsmissbrauchskontrolle.[395] Für die materielle Beschlusskontrolle bedeutet dies nach herrschender Literaturansicht eine Beweislastumkehr dergestalt, dass es der Gesellschaft obliegt, das Vorliegen der sachlichen Rechtfertigung und damit die Rechtmäßigkeit des Mehrheitsbeschlusses darzulegen und zu beweisen.[396] Demgegenüber soll nach Ansicht des Bundesgerichtshofs die Darlegungs- und Beweislast auch weiterhin beim Kläger verbleiben, während die Gesellschaft substantiiert bestreiten muss, um eine Geständnisfiktion im Sinne des § 138 Abs. 3 ZPO zu vermeiden.[397] Ein solches Verständnis lässt jedoch den Umstand außer Acht, dass es sich bei der sachlichen Rechtfertigung um eine positive Wirksamkeitsvoraussetzung handelt.[398] Gemäß dem allgemeinen prozessualen Grundsatz, wonach jede Partei die Darlegungs- und Beweislast hinsichtlich der für sie günstigen Umstände und Voraussetzungen trägt, kann es daher nur der Gesellschaft obliegen, die sachliche Rechtfertigung darzulegen und zu beweisen.[399] Darüber hinaus dürfte es dem einzelnen Kläger regelmäßig kaum möglich sein, die mit dem Beschluss verfolgten unternehmerischen Zielsetzungen und Motive in Erfahrung zu bringen und nachzuweisen zu können.[400]

---

394 K.Schmidt, in: Großkommentar zum AktG, 4. Aufl. (1995), § 243 Rn. 47.

395 Würthwein, in: Spindler/Stilz, AktG, 2. Aufl. (2010), § 243 Rn. 165.

396 So die herrschende Meinung in der Literatur: Hüffer, in: Münchener Kommentar zum AktG, 3. Aufl. (2011), § 243 Rn. 150; Lutter, ZGR 1979, 401 (412 f.); ders., ZHR 153 (1989), 446 (470); Marsch-Barner, in: Bürgers/Körber, Heidelberger Kommentar zum AktG, 2008, § 186 Rn. 48; Servatius, in: Spindler/Stilz, AktG, 2. Aufl. (2010), § 186 Rn. 51; Timm, ZGR 1987, 403 (412 f.); Wiedemann, in: Großkommentar zum AktG, 4. Aufl. (2006), § 186 Rn. 188; ders., in: FS Heinsius, 1991, 949 (965).

397 BGHZ 71, 40 (48 f.) (Kali und Salz); dem folgend etwa: Bezzenberger, ZIP 2002, 1917 (1927).

398 Hofmann, Minderheitsschutz im Gesellschaftsrecht, 2011, S. 220 f. m.w.N.; Lutter, ZGR 1979, 401 (412 f.).

399 Hirte, Bezugsrechtsausschluß und Konzernbildung, 1986, S. 220 ff.; Hüffer, AktG, 9. Aufl. (2010), § 186 Rn. 38; ders., in: FS Fleck, 1988, 151 (167); Lutter, in: Kölner Kommentar zum AktG, 2. Aufl. (1995), § 186 Rn. 99; Kraft/Krieger, in: Münchener Handbuch des Gesellschaftsrecht, Band 4, 3. Aufl. (2007), § 56 Rn. 101; Wiedemann, in: Großkommentar zum AktG, 4, Aufl. (2006), § 186 Rn. 188.

400 Wiedemann, in: Großkommentar zum AktG, 4. Aufl. (2006), § 186 Rn. 188.

b) Gleichbehandlungsgrundsatz (§ 53a AktG)

Ein weiteres Minderheitenschutzinstrument stellt der Gleichbehandlungsgrundsatz des § 53a AktG dar.[401] Er ist verletzt, wenn es zu einer Ungleichbehandlung von Aktionären kommt, die nicht durch die tatsächlichen oder rechtlichen Verhältnisse der Beteiligten gerechtfertigt ist, es sich also um eine willkürliche Ungleichbehandlung handelt.[402]

Da das verbandsübergreifende Rechtsinstitut der mitgliedschaftlichen Treuepflicht hinsichtlich ihrer praktischen Bedeutung das Gleichbehandlungsgebot jedoch bei weitem übersteigt,[403] verbleibt letztem daneben kaum ein eigenständiger Anwendungsbereich.[404]

c) Organschaftliche Treuepflicht des Vorstands gegenüber der Minderheit

Begründen ließe sich ein Schutz etwa der vom Squeeze-out betroffenen Minderheitsaktionäre ferner durch die Annahme einer organschaftlichen Treuepflicht des Vorstands diesen gegenüber, die es ihm gebietet, die Durchführung des Ausschlussverfahrens zu unterbinden, sollte es dadurch zu einer unangemessenen Benachteiligung der Minderheitsaktionäre kommen.

Allgemein anerkannt ist eine organschaftliche Treuebindung des Vorstands bisher lediglich gegenüber der Gesellschaft dahingehend, dass die Vorstandsmitglieder bei der Ausführung der ihnen übertragenen Aufgaben ihre Tätigkeit einzig am Gesellschaftsinteresse zu orientieren haben (*duty of loyalty*[405]).[406] Ob sich darüber hinaus aber auch eine mit der horizontalen mitgliedschaftlichen Treuepflicht zwischen den Gesellschaftern vergleichbare, als Generalklausel ausgestaltete Treuebindung des Vorstands gegenüber den Aktionären begründen lässt, die ihn verpflichtet, auch auf die

---

401 Siehe nur: K.Schmidt, Gesellschaftsrecht, 4. Aufl. (2002), S. 461; Wiedemann, Gesellschaftsrecht, Band I, 1980, S. 427 ff.

402 Hüffer, in: Münchener Kommentar zum AktG, 3. Aufl. (2011), § 243 Rn. 67.

403 Hüffer, in: Münchener Kommentar zum AktG, 3. Aufl. (2011), § 243 Rn. 45.

404 Zu den Vor- und Nachteilen des Gleichbehandlungsgrundsatzes gegenüber dem Treuegebot: Wiedemann, Gesellschaftsrecht, Band I, 1980, S. 429 f.

405 Zu dieser Terminologie in Abgrenzung zur allgemeinen Sorgfaltspflicht (duty of care) etwa: Hopt, in: Großkommentar zum AktG, 4. Aufl. (2009), § 94 Rn. 145.

406 Habersack, WM 2001, 545 (548 f.); Kort, AG 2002, 369 (372); Wiedemann, in: FS Heinsius, 1991, 949 (951); für die GmbH auch: BGH, NJW 1986, 585 (586).

Vermögensinteressen der Aktionäre Rücksicht zu nehmen, ist indes umstritten.[407]

Für die Annahme einer solchen Treuebindung spricht zunächst, dass auch der Vorstand im Rahmen seiner Geschäftsführungsbefugnisse über eine nicht unerhebliche Einwirkungsmacht hinsichtlich der Aktionärsinteressen verfügt. Wie das Beispiel der mitgliedschaftlichen Treuepflicht zeigt, ist es aber gerade die Kontrolle verbandsinterner Einwirkungsmacht, die als wesentlicher Geltungsgrund der Treuepflichtkonzeption fungiert.[408] Will man darin einen verallgemeinerungsfähigen Grundsatz sehen, so dürfte aber auch für das Verhältnis zwischen Vorstand und Aktionär nichts anderes gelten.[409] Daran ändert auch der Umstand nichts, dass als vertragliche Entstehungsgrundlage einer solchen Treuebindung nicht der sämtliche Gesellschafter bindende Gesellschaftsvertrag, sondern allein der bilateral zwischen Gesellschaft und dem einzelnen Vorstandsmitglied bestehende Anstellungsvertrag in Betracht kommt, der jedoch gerade nur Organpflichten gegenüber dem Verband begründet.[410] Denn eine organschaftliche Treuepflicht gegenüber den Aktionären ließe sich – wie *Wiedemann* zutreffend ausführt – auf ein sich aus den einzelnen Organplichten des Vorstands sowie allgemeinen gesellschaftsrechtlichen und aktienrechtlichen Wertungen ergebendes Wertungssystem stützen,[411] aus dem dann wiederum gewisse Rücksichts- und ähnliche Treuepflichten abgeleitet werden könnten.[412]

Für das Vereinsrecht hat der Bundesgerichtshof einen Anspruch jedes Vereinsmitglieds gegen den Vorstand dahingehend angenommen, dass

407 Bejahend etwa: Grundmann, Der Treuhandvertrag, 1997, S. 421 ff.; Lutter, AG 2001, 349 (351); a.A. hingegen: BGHZ 83, 122 (134); 110, 323 (334); Fleischer, ZHR 165 (2001), 513 (544 f.); Habersack, WM 2001, 545 (548 f.); Kort, AG 2002, 369 (372).

408 Siehe dazu ausführlich: § 4) II) 2) b) bb).

409 Ähnlich: Hofmann, Minderheitsschutz im Gesellschaftsrecht 2011, S. 257 f.; Lutter, AG 2001, 349 (351).

410 Zum Anstellungsvertrag als Entstehungsgrundlage organschaftlichen Treuepflicht gegenüber der Gesellschaft siehe etwa: Hüffer, in: Bayer/Habersack, Aktienrecht im Wandel, Band II, 2007, 334 (373); Schiel, Aktionärsschutz zwischen Aktienrecht und Kapitalmarkt, 2009, S. 334 f.; Wiedemann, in: FS Heinsius, 1991, 949 (950 f.).

411 Hier kann etwa auch Rückgriff bei den Empfehlungen des Deutschen Corporate Governance Codex (DCGC) genommen werden, die nicht selten Ausflüsse aktienrechtlicher Wertungen darstellen.

412 So auch: Wiedemann, WM 2009, 1 (2); alternativ ließe sich mit einer Treuhandkonstruktion arbeiten (Grundmann, Der Treuhandvertrag, 1997, S. 421 ff.).

Letzterer deren Mitgliedschaftsrechte nicht verletzt.[413] Kommt es dennoch zu einer solchen Verletzung, sollen dem einzelnen Vereinsmitglied Schadensersatzansprüche gegen den Vorstand zustehen, für die der Verein nach Maßgabe des § 31 BGB haftet. Dabei hat der Bundesgerichtshof jedoch ausdrücklich klargestellt, dass Grundlage eines solchen Schadensersatzanspruchs gerade nicht eine irgendwie gelagerte besondere Treuebindung zwischen dem Vorstand und dem einzelnen Verbandsmitglied, sondern einzig das deliktsrechtliche Haftungsregime der §§ 823, 826 BGB ist, wobei die Mitgliedschaft als solche ein „sonstiges Recht" im Sinne des § 823 Abs. 1 BGB darstelle.[414]

Entscheidend gegen die Annahme einer den Aktionären gegenüber bestehenden organschaftlichen Treuepflicht sprechen aber Wertungsgesichtspunkte, die sich aus dem konzeptionellen Vergleich einer solchen Treuepflicht mit der mitgliedschaftlichen Treuepflicht der Gesellschafter ergeben. So verpflichtet Letztgenannte den einzelnen Gesellschafter - wie im Einzelnen noch auszuführen ist - nämlich nur dann zur Rücksichtnahme auf die Interessen seiner Mitgesellschafter, wenn es um die Ausübung eigennütziger Mitgliedschaftsrechte geht, da diese für die Förderung des Gesellschaftszwecks ebenso wie für die Wahrung der Gesellschaftsinteressen keine Rolle spielen.[415] Für die Wahrnehmung uneigennütziger Mitgliedschaftsrechte, insbesondere solche mit Bezug zu Geschäftsführungsangelegenheiten, gilt damit aber genau das Gegenteil. Sie dienen der Verfolgung des gemeinsamen Gesellschaftszwecks und sind daher auch nur an diesem bzw. allgemein an den Verbandsinteressen zu messen. Soweit also die Ausübung uneigennütziger Mitgliedschaftsrechte betroffen ist, rückt die horizontale Rücksichtspflicht gegenüber den Mitaktionären in den Hintergrund, die mitgliedschaftliche Treuepflicht des rechtsausübenden Aktionärs beschränkt sich dann ausschließlich auf die Förder- und Loyalitätspflichten gegenüber dem Verband als Ausprägung der vertikalen mitgliedschaftlichen Treuebindung. Gerade dieser letzten Kategorie entspricht aber das Handeln des Vorstands. Es wäre daher widersprüchlich, diesem im Rahmen seiner Geschäftsführung eine Treuepflicht gegenüber den Aktionären aufzuerlegen, eine entsprechende Treuepflicht aber immer dann abzulehnen, wenn die Aktionäre ausnahmsweise selbst über eine Geschäftsführungsangelegenheit beschließen. Ein Schutzbedürfnis bestünde hier wie dort, wenn

413 BGHZ 90, 92 (95); vgl. auch: Winter, Mitgliedschaftliche Treuebindung im GmbHG-Recht, 1988, S. 89.
414 BGHZ 110, 323 (334 f.);
415 Siehe dazu: § 6) II) 1) a).

auch im letzten Fall lediglich mit Blick auf die überstimmte Aktionärsminderheit.

Wollte man dies anders sehen und von einer organschaftlichen Treuepflicht des Vorstands gegenüber den Aktionären ausgehen, käme ein entsprechender Treuepflichtverstoß im Rahmen des Squeeze-out jedoch angesichts der Tatsache, dass es sich dabei um ein nicht im Ermessen des Vorstands liegendes Verfahren handelt,[416] nur bei einem kollusiven Zusammenwirken von Vorstand und Hauptaktionär im Vorfeld des Squeeze-out in Betracht, etwa durch Initiierung einer vorausgehenden Kapitalerhöhung unter Bezugsrechtsausschluss zur Verschaffung der 95-prozentigen Anteilsmehrheit. Allerdings dürften sich derartige Fallkonstellationen auf wenige Einzelfälle beschränken, da es faktisch auch im Vorfeld des Squeeze-out häufig an einer Ermessensentscheidung des Vorstands fehlen dürfte, kann doch davon ausgegangen werden, dass zwischen Hauptaktionär und der Zielgesellschaft nicht selten ein Vertragskonzernverhältnis im Sinne des § 291 AktG mit der Folge besteht, dass der Vorstand den Weisungen des Hauptaktionärs unterworfen ist (vgl. § 308 Abs. 1, S. 1 AktG). In einem solchen Fall wäre ein treuwidriges Verhalten des Vorstands nur dann anzunehmen, wenn dieser – trotz eines *evidenten* Rechtsmissbrauchs – dem Übertragungsverlangen des Hauptaktionärs nachkommt und von seinen ihm gemäß §§ 327a ff. AktG obliegenden Verfahrenshandlungen keinen Abstand nimmt.[417]

II. Rechtliche und funktionale Einbettung in das Squeeze-out-Verfahren

Steht damit fest, dass dem Rechtsmissbrauchsverbot insbesondere im Kapitalgesellschaftsrecht eine wesentliche Minderheitenschutzfunktion zukommt, so stellt sich nunmehr die Frage nach dessen rechtlicher und funktionaler Einbettung in das aktienrechtliche Squeeze-out-Verfahren.

---

416 Vgl.: Hüffer, AktG, 9. Aufl. (2010), § 327a Rn. 8. Die Handlungen des Vorstands beschränken sich vielmehr – abgesehen von der Auskunftspflicht gegenüber dem Hauptaktionär (§ 327b Abs. 1, S. 2 AktG) – auf die Einberufung und Leitung der Hauptversammlung (§§ 327c, 327d AktG) sowie die Anmeldung des Übertragungsbeschlusses zur Eintragung in das Handelsregister (§ 327e Abs. 1 AktG).

417 So auch: Austmann, in: Münchener Handbuch des Gesellschaftsrechts, Band 4, 3. Aufl. (2007), § 74 Rn. 129, der von einer Pflicht des Vorstands zur Nichtbefolgung des Übertragungsverlangens im Falle eines Rechtsmissbrauchs ausgeht.

1. Verbotsmaßstab

Hinsichtlich des konkreten Maßstabs des Rechtsmissbrauchsverbots reicht zunächst der bloße Hinweis auf die mitgliedschaftliche Treuepflicht als dessen dogmatische Grundlage im Gesellschaftsrecht nicht aus.

a) Die horizontale Rücksichtspflicht

Dies wäre angesichts der Tatsache, dass die mitgliedschaftliche Treuepflicht eine Treuebindung der Gesellschafter sowohl in vertikaler als auch in horizontaler Hinsicht begründet, ungenau.[418] Konzeptionell bestehen also zwei eigenständige und voneinander zu trennende Arten geschuldeter Rücksichtnahme[419], von denen jedoch – abhängig von Art und Zweck der konkreten Rechtsausübung – jeweils nur eine als Maßstab der Rechtsmissbrauchskontrolle im Rahmen eines Squeeze-Out in Betracht kommt.

Entscheidend ist dabei die Nähe der jeweiligen Rechtsausübung zur Gesellschaftszweckverfolgung.[420] So ist ein Gesellschafter zur Rücksichtnahme auf die Interessen und Belange der Gesellschaft als Ausprägung der vertikalen Treuebindung nur dann verpflichtet, wenn es um die Ausübung sogenannter uneigennütziger Rechte, also solcher Mitgliedschaftsrechte geht, deren Wahrnehmung überhaupt geeignet ist, das Gesellschaftsinteresse zu tangieren.[421] Es folgt in diesem Fall eine Ermessenreduzierung auf Null, so dass der einzelne Gesellschafter bei der Beschlussfassung zur uneingeschränkten Bevorzugung des Verbandsinteresses gehalten ist.[422] Dabei geht es insbesondere um Maßnahmen der Geschäftsführung, deren Wahrnehmung ausnahmsweise einzelnen oder der Gesamtheit der Gesellschafter

418 Zur Unterscheidung zwischen der vertikalen und der horizontalen Treuepflicht: § 4) II) 1) b).

419 Wie erwähnt beschränkt sich der Rückgriff auf die mitgliedschaftliche Treuepflicht im Rahmen des Rechtsmissbrauchsverbots allein auf die rechtsbegrenzende Funktion der Treuepflicht (Rücksichtnahme), während die pflichtbegründende Wirkungsweise der mitgliedschaftlichen Treuebindung für die Frage der Missbräuchlichkeit einer Rechtsausübung keine Rolle spielt, vgl. dazu: § 4) II) 3) b).

420 Ähnlich auch: Zöllner, Die Schranken mitgliedschaftlicher Stimmrechtsmacht bei den privatrechtlichen Personenverbänden, 1963, S. 345.

421 Zur vornehmlichen Anwendung der mitgliedschaftlichen Treuepflicht des Gesellschafters gegenüber seinem Verband bei der Wahrnehmung uneigennütziger Mitgliedschaftsrechte: Immenga, in: FS 100 Jahre GmbH-Gesetz, 1992, 189 (199 f.); Winter, Mitgliedschaftliche Treuebindungen im GmbH-Recht, 1988, S. 85.

422 Zöllner, Die Schranken mitgliedschaftlicher Stimmrechtsmacht bei den privatrechtlichen Personenverbänden, 1963, S. 344 ff.

obliegt.[423] Rechtfertigen lässt sich dies mit dem Wesen der Geschäftsführung, deren Aufgabe es gerade ist, den Verbandszweck, aus dem sich die Verbandsinteressen ableiten, zu verwirklichen.[424] Demgegenüber scheidet bei der Ausübung sogenannter eigennütziger Mitgliedschaftsrechte, also solcher Rechte, die ausschließlich der Durchsetzung eigener Interessen dienen ohne zugleich auch Verbandsinteressen zu berühren, eine solche vertikale Rücksichtspflicht des Gesellschafters aus, da es ihm in diesem Fall nicht obliegt, seine Interessen denen des Verbands unterzuordnen.[425] Im Vordergrund steht dann vielmehr die Pflicht zur Rücksichtnahme auf die Interessen der Mitgesellschafter (horizontale Treuepflicht), wobei jedoch auch insofern das Gesellschaftsinteresse nicht völlig aus dem Auge verloren werden darf.[426]

Mit Blick auf das Squeeze-out-Verfahren ergibt sich damit folgendes Bild: Die Stimmrechtsausübung als Anknüpfungspunkt[427] des Rechtsmissbrauchsverbots beim aktienrechtlichen Squeeze-out stellt sich entsprechend obiger Darstellung grundsätzlich als uneigennützige Rechtsausübung mit der Folge dar, dass nach dem Gesagten eigentlich allein die Interessen des Verbands Richtschnur des Handelns sein müssten. Doch würde dies immer dann zu unsachgemäßen Ergebnissen führen, wenn der durch die Stimmrechtsausübung herbeigeführte Beschluss selbst wiederum eigennütziger Natur ist, er also weder für die Verfolgung des Verbandszwecks noch für die Gesellschaftsinteressen von Bedeutung ist. Eine Ausrichtung

423 Dreher, DStR 1993, 1632 (1633 f.); siehe auch die Ausführungen bei: Weber, Vormitgliedschaftliche Treuebindungen, 1999, S. 72.

424 Zöllner, Die Schranken mitgliedschaftlicher Stimmrechtsmacht bei den privatrechtlichen Personenverbänden, 1963, S. 344 ff.

425 Häuser, Unbestimmte „Maßstäbe" als Begründungselement richterlicher Entscheidungen, 1981, S. 179; Marsch-Barner, ZHR 157 (1993), 172 (175).

426 Aufschlussreich sind in diesem Zusammenhang die Ausführungen bei: Weber, Vormitgliedschaftliche Treuebindungen, 1999, S. 76 f.: „Als gesicherte Richtschnur kann dabei gelten, dass die Bindung des Abstimmungsverhaltens an das Gesellschaftsinteresse in Geschäftsführungsangelegenheiten und damit zusammenhängenden Angelegenheiten (...) eine uneingeschränkte ist, während die Rechtsausübung mit zunehmender Ferne gegenüber direkten oder indirekten Angelegenheiten der Geschäftsführung eine immer schwächere Berücksichtigung des Gesellschafsinteresses fordert. Gewichtet nach jeweiliger Nähe bzw. Ferne, findet das Gesellschaftsinteresse außerhalb des Bereichs der Geschäftsführungsangelegenheiten grundsätzlich nur noch im Rahmen einer Interessenabwägung neben den Interessen der Mitgesellschafter Berücksichtigung."

427 Zur Stimmrechtsausübung als Anknüpfungspunkt des Rechtsmissbrauchsverbots beim Squeeze-out: § 6) II) 2) a).

der Stimmrechtsausübung einzig an den Gesellschaftsinteressen wäre in diesem Fall nicht nur überflüssig, sondern würde stets auch die etwaig betroffenen Interessen der überstimmten Minderheit in nicht hinnehmbarer Weise beeinträchtigen, da nun kein übergeordneter Verbandszweck die Hinnahme der Beeinträchtigung rechtfertigt. Überzeugender ist es daher, für die Frage der Eigen- bzw. Uneigennützigkeit bei Stimmrechtsausübungen ausnahmsweise nicht auf die Rechtsausübung als solche, sondern allein auf den konkreten Beschlussinhalt und dessen Wirkungen mit Blick auf die Gesellschaftsinteressen abzustellen.

Für den Hauptaktionär bedeutet dies, dass er im Fall eines Squeeze-out ausschließlich zur Rücksichtnahme auf die Interessen der Minderheitsaktionäre verpflichtet ist. Die Verbandsinteressen und damit die vertikale Treuepflicht spielen mit Blick auf das Ausschlussverfahren der §§ 327a ff. AktG keine Rolle. Die bloße Änderung der Aktionärsstruktur lässt das Gesellschaftsinteresse und die Verfolgung des Verbandszwecks grundsätzlich unberührt. Dies gilt umso mehr, als es im Falle des Squeeze-out um den Ausschluss von Minderheitsaktionären geht, denen aufgrund ihrer nur geringen Beteiligung grundsätzlich kein Einfluss auf die Unternehmensleitung und Geschäftsführung zuteil wird und deren Zwangsausschluss folglich sowohl aus Sicht der Gesellschaft als auch für die Zweckverfolgung nicht nur als neutral, sondern aufgrund der Reduzierung des mit Minderheitsbeteiligungen verbundenen Formalaufwands sogar stets als vorteilhaft einzustufen ist. Keinesfalls aber wird der Ausschluss nachteilige Auswirkungen auf das Verbandsinteresse und den gemeinsamen Zweck haben. Eine vertikale Rücksichtspflicht scheidet daher aus. Zum Tragen kommt das Rechtsmissbrauchsverbot beim aktienrechtlichen Squeeze-out vielmehr einzig in Gestalt der horizontalen Rücksichtspflicht.

b) Die mehrheitsbezogene Rücksichtspflicht

Adressat der horizontalen Rücksichtspflicht ist dabei die den Übertragungsbeschluss fassende Mehrheit, in der Regel also der Hauptaktionär. Das Rechtsmissbrauchsverbot begründet insofern eine mehrheitsbezogene Pflicht zur Rücksichtnahme auf die Minderheitsinteressen bei der Ausübung des Stimmrechts.[428] Sie ist verletzt, wenn sich die Mehrheit der Beschlussfassung in funktionsfremder Weise, also zu Zwecken bedient, die mit

428 Zur mehrheitsbezogenen Treuepflicht als Kategorie siehe etwa: Weber, Vormitgliedschaftliche Treuebindungen, 1999, S. 67 f.; Wiedemann, in: FS Heinsius, 1991, 949 (960 ff.).

dessen institutionell zulässigen Zwecken nicht in Einklang stehen (institutioneller Rechtsmissbrauch)[429] oder die überstimmte Minderheit durch den Beschluss, und damit zugleich durch die dem Zwangsausschluss zustimmenden Stimmrechtsausübungen, im Einzelfall über das gesetzliche Maß hinaus benachteiligt wird (individueller Rechtsmissbrauch).[430]

2. Anknüpfungspunkt und Rechtsfolgen

a) Anknüpfungspunkt: Stimmrechtsausübung

Anknüpfungspunkt des Rechtsmissbrauchsverbots kann grundsätzlich jede Rechtsausübung im Rahmen des Squeeze-out-Verfahrens sein.[431] Geht es aber wie hier um eine auf Mehrheitsbeschluss beruhende Maßnahme, ist Anknüpfungspunkt der mitgliedschaftlichen Treuepflicht und damit auch des Rechtsmissbrauchsverbots die mitgliedschaftliche Stimmrechtsausübung im Rahmen der Gesellschafterversammlung.[432]

---

429 Teilweise beschränkt sich die Definition des Rechtsmissbrauchs nur auf diesen Teilaspekt, ohne dabei auch eine entsprechende terminologische Eingrenzung auf die Kategorie des institutionellen Rechtsmissbrauchs vorzunehmen, vgl. etwa: Hamann, Minderheitenschutz beim Squeeze-out-Beschluss, 2003, S. 121; Lutter, ZGR 1981, 171 (178); Timm, ZGR 1987, 403 (413 f.).

430 Zu dieser Gesamtdefinition, allerdings ohne dogmatische Unterscheidung zwischen institutionellem und individuellem Rechtsmissbrauch: Amberger, Die Missbrauchskontrolle im Rahmen des aktienrechtlichen Squeeze-out, 2007, S. 49; Grunewald, in Münchener Kommentar zum AktG, 3. Aufl. (2010), § 327a Rn. 18; dies., ZIP 2002, 18 (21); demgegenüber verwendet Posegga (Squeeze-out, 2006, S. 88) diese Definition ausschließlich zur Beschreibung der Kategorie des individuellen Rechtsmissbrauchs.

431 Dies sind: das Übertragungsverlangen (§ 327a Abs. 1, S. 1 AktG), die Festlegung der Barabfindung (§ 327b Abs. 1, S. 1 AktG), die Beantragung einer sachverständigen Prüfung der Angemessenheit der Barabfindung (§ 327c Abs. 2, S. 3 AktG), die Übermittlung der Garantieerklärung eines Kreditinstituts (§ 327b Abs. 3 AktG), die Berichterstattung gegenüber der Hauptversammlung hinsichtlich der Übertragungsvoraussetzungen (§ 327c Abs. 2, S. 1 AktG), ggf. die Erläuterung eines Entwurfs des Übertragungsbeschlusses und der Abfindungsbemessung zu Beginn der Hauptversammlung (§ 327d S. 2 AktG) sowie die Teilnahme und Stimmabgabe in der Hauptversammlung (§ 327a Abs. 1, S. 1 AktG).

432 Siehe aus der Rechtsprechung etwa: BGHZ 76, 352 (353); 103, 184, 193 ff. (Linotype); aus der Literatur: Markwardt, BB 2004, 277 (282); Rieder, ZGR 2009, 981 (987); Roth, in: Roth/Altmeppen, GmbHG, 6. Aufl. (2009), § 47 Rn. 43; ders., in: Münchener Kommentar zum BGB, 5. Aufl. (2007), § 242 Rn. 213; zum Übertragungsbeschluss als Gegenstand des Treuwidrigkeitsvorwurfs siehe ferner auch:

Dem gegensätzlichen Ansatz von *Schäfer/Dette*, wonach in diesem Zusammenhang allein auf das Übertragungsverlangen des Hauptaktionärs abzustellen sein soll,[433] ist nicht zu folgen. Zwar ist dieser Ansicht zugute zu halten, dass es das Übertragungsverlangen ist, das *de facto* zum Ausschluss der Minderheitsaktionäre führt, während der anschließende Übertragungsbeschluss aufgrund der regelmäßigen Stimmenmehrheit des Hauptaktionärs grundsätzlich nicht mehr als eine reine Formalie darstellt.[434]

Gegen die Auffassung *Schäfer/Dettes* spricht jedoch insbesondere, dass die für den Verlust der Mitgliedschaft einzig rechtserhebliche Maßnahme der Übertragungsbeschluss zusammen mit dessen Eintragung in das Handelsregister ist.[435] Von sämtlichen für das Squeeze-out-Verfahren erforderlichen Mitwirkungshandlungen ist es also die Stimmabgabe in der Hauptversammlung, die die letzte Ermessensentscheidung für den Aktienübergang darstellt. Eines weiteren, irgendwie gearteten Verfügungsgeschäfts bedarf es dafür eben gerade nicht mehr.[436] Dies gilt auch für die anschließende Anmeldung des Beschlusses zur Eintragung in das Handelsregister, da diese durch den Vorstand aufgrund gesetzlicher Verpflichtung erfolgt (vgl. § 327e Abs. 1, S. 1 AktG). Das Übertragungsverlangen stellt somit lediglich eine bloße im Vorfeld des tatsächlichen Aktienübergangs liegende Vorbereitungshandlung dar.[437]

Ein ausschließliches Abstellen auf das Übertragungsverlangen des Hauptaktionärs als Anknüpfungspunkt der Rechtsmissbrauchskontrolle würde darüber hinaus der Situation nicht gerecht, dass ein Hauptaktionär – etwa weil die von ihm gehaltenen Anteile größtenteils aus stimmrechtsfrei-

---

OLG Stuttgart, NZG 2004, 146 (149); Habersack, in: Emmerich/Habersack, Aktien- und GmbH-Konzernrecht, 6. Aufl. (2010), § 327a Rn. 27; Singhof, in: Spindler/Stilz, AktG, 2. Aufl. (2010), § 327a Rn. 25; Kumpan/Mittermeier, ZIP 2009, 404 (408).

433 Schäfer/Dette, NZG 2009, 1 (7); relevant wird die Anknüpfung an das Übertragungsverlangen dabei insbesondere mit Blick auf die Rechtsfolgen eines Rechtsmissbrauchs beim Squeeze-out; insofern ziehen *Schäfer/Dette* aus ihrer Sicht konsequent und dogmatisch stringent eine Parallele zur rechtsmissbräuchlichen Kündigung. Folge wäre dann aber weder die Nichtigkeit noch die Anfechtbarkeit des Übertragungsbeschlusses (so die herrschende Meinung (vgl.: § 6) II) 2) b)), sondern ein Schadensersatzanspruch der betroffenen Minderheitsaktionäre, gerichtet auf die Rückübertragung der gemäß § 327e Abs. 3 AktG "entzogenen" Aktien zuzüglich einer Entschädigung für etwaige entgangene Gewinne (§ 249 Abs. 1 BGB).

434 So auch die Begründung von Schäfer/Dette, NZG 2009, 1 (5).

435 Zur konstitutiven Wirkung der Eintragung: § 327e Abs. 3, S. 1 AktG.

436 Reg.Begr., BT-Drucks. 14/7034, S.73.

437 So auch: Rieder, ZGR 2009, 981 (1005).

en Vorzugsaktien bestehen oder im Fall einer nichtbörsennotierten Gesellschaft aufgrund eines Höchststimmrechts (§ 134 Abs. 1, S. 2 AktG) – trotz Vorliegens der erforderlichen Kapitalmehrheit ausnahmsweise nicht über die erforderliche Stimmenmehrheit verfügt.[438] Er wäre dann für die Durchführung des Zwangsausschlusses auf die Mitwirkung einzelner Minderheitsaktionäre im Rahmen der Beschlussfassung angewiesen. Ausschlaggebend für eine solche Zustimmung von Minderheitsaktionären dürften dabei wirtschaftliche Gesichtspunkte sein, die den einzelnen Minderheitsaktionär dazu verleiten, die ihm angebotene Abfindung einem Verbleib in der Gesellschaft vorzuziehen. Auch wäre, insbesondere in stark personalistisch geprägten Gesellschaften denkbar, dass Minderheitsaktionäre ihrem Ausschluss einzig und allein deshalb zustimmen, weil sie mit dem Hauptaktionär zuvor ihre spätere Wiederaufnahme in die Gesellschaft vereinbart haben, etwa um den Ausschluss nur bestimmter Minderheitsaktionäre zu ermöglichen, deren Mitgliedschaft nicht mehr geduldet wird.

In diesen Fällen würde ein Abstellen ausschließlich auf das Übertragungsverlangen dem Umstand, dass neben dem Hauptaktionär auch einzelne Minderheitsaktionäre in der Hauptversammlung für eine Aktienübertragung gestimmt haben, nicht ausreichend Rechnung tragen. So führt die alleinige Anknüpfung an das Übertragungsverlangen stets dazu, dass ausschließlich der Hauptaktionär dem Vorwurf treuwidrigen und damit rechtsmissbräuchlichen Verhaltens ausgesetzt ist, obwohl auch andere Gesellschafter durch ihre Stimmabgabe letztendlich zur Durchführung des missbilligenswerten Squeeze-out beigetragen haben. Dies hat selbst dann zu gelten, wenn der Beschluss auch ohne die Zustimmung dieser Minderheitsaktionäre zustande gekommen wäre, deren Beitrag somit tatsächlich überhaupt keinen Einfluss auf das Beschlussergebnis gehabt hat. Anderenfalls würde der Vorwurf der missbräuchlichen Rechtsausübung von dem Zufall abhängen, ob die eigene Stimme im Einzelfall für die Beschlussfassung erforderlich war oder nicht. Es erscheint aber zweifelhaft, dem Hauptaktionär Rechtsmissbrauch zum Vorwurf zu machen, weil er ein Ausschlussverfahren durch sein Übertragungsverlangen initiiert hat, während das Verhalten derjenigen, die in der rechtlich entscheidenden und gesetzlich maßgeblichen Phase dieses Verfahrens rechtswirksam für den Ausschluss von Aktionären gestimmt haben, rechtlich nicht beanstandet wird.

---

438 Singhof, in: Spindler/Stilz, AktG, 2. Aufl. (2010), § 327a Rn. 23; Habersack, in: Emmerich/Habersack, Aktien- und GmbH-Konzernrecht, 6. Aufl. (2010), § 327a Rn. 24.

Um einen einheitlichen und von der Höhe der Gesellschaftsbeteiligung unabhängigen Missbrauchsmaßstab zu gewährleisten, kann Anknüpfungspunkt demnach grundsätzlich nur die Stimmabgabe in der Hauptversammlung sein. Möglich erscheint aber auch eine umfassende Betrachtung des Verhaltens, in der neben der letztendlichen Stimmabgabe in der Hauptversammlung auch jedes sonstige Verhalten vor der Beschlussfassung, einschließlich des Übertragungsverlangens, für die Frage der Treuwidrigkeit kumulative Berücksichtigung findet.[439]

b) *Rechtsfolge: Anfechtbarkeit anstatt Nichtigkeit*

Die treuwidrig abgegebene Stimme ist wegen Rechtsmissbrauchs nichtig.[440] Sie ist daher vom Versammlungsleiter bei seiner Festellung nicht zu berücksichtigen. Tut er dies doch, kommt der Übertragungsbeschluss also zu stande, kann sich der einzelne Minderheitsaktionär hiergegen nur noch klageweise zur Wehr setzen. Obgleich es sich um einen Fall des Rechtsmissbrauchs handelt, ist statthafte Klageart dabei nach zutreffender Ansicht nicht die Nichtigkeitsklage des § 249 AktG[441], sondern allein die Anfechtungsklage gemäß § 246 AktG.[442] Denn rechtsmissbräuchlich und damit

---

439 So wohl der BGH in seiner "Wertpapierdarlehen"-Entscheidung (WM 2009, 896 (899)), der von einem „(...) Rechtsmissbrauch vor und bei der Fassung des Übertragungsbeschlusses (...)" spricht.

440 So die herrschende Meinung: BGHZ 102, 172 (176); BGH, NJW 1991, 846; Hüffer, AktG, 9. Aufl. (2010), § 53a Rn. 22; K.Schmidt, Gesellschaftsrecht, 4. Aufl. (2002), S. 465; Zöllner, Die Schranken mitgliedschaftlicher Stimmrechtsmacht bei den privaten Personenverbänden, 1963, S. 366; a.A.: Koppensteiner, ZIP 1994, 1325 (1326 ff.), der offensichtlich von der Wirksamkeit auch treuwidrig abgegebener Stimmen ausgeht.

441 So aber: Ph.Baums, WM 2001, 1843 (1846); Heidel/Lochner, in: Heidel, Aktienrecht und Kapitalmarktrecht, 3. Aufl. (2011), § 327a Rn. 18; Lieder/Stange, Der Konzern 2008, 617 (622).

442 BGH, WM 2009, 896 (898) (Wertpapierdarlehen); Gesmann-Nuissl, WM 2002, 1205 (1209); Fleischer, in: Großkommentar zum AktG, 4. Aufl. (2007), § 327a Rn. 36; Grunewald, in: Münchener Kommentar zum AktG, 3. Aufl. (2010), § 327a Rn. 18; Habersack, in: Emmerich/Habersack, Aktien- und GmbH-Konzernrecht, 6. Aufl. (2010), § 327a Rn. 27; Koppensteiner, in: Kölner Kommentar zum AktG, 3. Aufl. (2004), § 327f Rn. 11; Kumpan/Mittermeier, ZIP 2009, 404 (408); Rieder, ZGR 2009, 981 (1003 f.); Schüppen/Tretter, in: Haarmann/Schüppen, Frankfurter Kommentar zum WpÜG, 3. Aufl. (2008), § 327a AktG Rn. 41; Singhof, in: Spindler/Stilz, AktG, 2. Aufl. (2010), § 327a Rn. 25; für die Anfechtbarkeit eines Mehrheitsbeschlusses über die Auflösung einer Kapitalgesellschaft aufgrund aktien-

nichtig ist nicht der Beschluss als solcher, sondern einzig die ihn herbeiführenden Stimmrechtsausübungen. Es bedarf somit noch eines gestaltenden Akts des Gerichts, der letztendlich die Nichtigkeit des Beschlusses herbeiführt (vgl. § 241 Nr. 5 AktG).

Für die Anfechtbarkeit und gegen die Nichtigkeit des Übertragungsbeschlusses sprechen zudem Rechtssicherheitserwägungen, die sich aus der Anfechtungsfrist des § 246 Abs. 1 AktG ergeben und die in Anbetracht des gravierenden und nur schwer rückgängig zu machenden Eingriffs des Squeeze-out in die Rechtsstellung der Minderheitsaktionäre von enormer Bedeutung sind.[443] So kann ein Squeeze-out nach Ablauf der einmonatigen Anfechtungsfrist bedenkenlos durchgeführt werden, ohne dass mit einer nachträglichen Nichtigerklärung zu rechnen ist. Dies erscheint sachgerechter, will man dem Ausschlussverfahren der §§ 327a ff. AktG nicht seine Effektivität nehmen.

---

rechtlicher Treuepflichtverletzung: BGHZ 76, 352 (355 ff.); 103, 184 (193 ff.) (Linotype).

443 Austmann, in: Münchener Handbuch des Gesellschaftsrechts, Band 4, 3. Aufl. (2007), § 74 Rn. 129.

§ 7: Gesetzesimmanente Begrenzung des Rechtsmissbrauchsverbots

Wie gezeigt, ist Maßstab der Rechtsmissbrauchskontrolle beim aktienrechtlichen Squeeze-out die aus der mitgliedschaftlichen Treuepflicht abgeleitete mehrheitsbezogene horizontale Rücksichtspflicht der den Ausschluss beschließenden Mehrheit gegenüber den von der Maßnahme betroffenen Minderheitsaktionären.[444] Damit stellt sich aber zugleich auch die Frage nach der sachlichen Reichweite dieser Pflicht, inwieweit also überhaupt ein Bedürfnis für ein korrigierendes Eingreifen in den privatautonomen Ermessensspielraum des Hauptaktionärs durch das Rechtsmissbrauchsverbot besteht.

Dass das Ausschlussverfahren der §§ 327a ff. AktG nicht stets und unreflektiert Gegenstand einer Rechtsmissbrauchskontrolle sein kann, wird deutlich, wenn man sich die normativen Wertungsentscheidungen vor Augen führt, die der Gesetzgeber dem Squeeze-out beigemessen hat und die für die Umschreibung des sachlichen Anwendungsbereichs des Rechtsmissbrauchsverbots entscheidend sind. Denn dadurch hat der Gesetzgeber die Möglichkeit der Annahme eines Rechtsmissbrauchs im Kontext der §§ 327a ff. AktG nicht unerheblich eingeschränkt.[445]

I. Gesetzgeberische Wertungsentscheidung

Der Übertragungsbeschluss bedarf keiner über die formalen Tatbestandsvoraussetzungen der §§ 327a ff. AktG hinausgehenden sachlichen Rechtfertigung. Der Gesetzgeber nahm bei Erlass der Squeeze-out-Regelungen wie erwähnt bereits selbst eine Abwägung der gegenläufigen Interessen des Hauptaktionärs und der Minderheitsaktionäre vor.[446]

---

444 Siehe: § 6) II) 1).

445 Zur eingeschränkten Möglichkeit der Annahme eines Rechtsmissbrauchs beim aktienrechtlichen Squeeze-out siehe etwa: Austmann, in: Münchener Handbuch des Gesellschaftsrechts, Band 4, 3. Aufl. (2007), § 74 Rn. 118; Fröde, NZG 2007, 729 (734); Gesmann-Nuissl, WM 2002, 1205 (1210); Habersack, in: Emmerich/Habersack, Aktien- und GmbH-Konzernrecht, 6. Aufl. (2010), § 327a Rn. 27; Kort, ZIP 2006, 1519 (1520); Krieger, BB 2002, 53 (61); Singhof, in: Spindler/Stilz, AktG, 2. Aufl. (2010), § 327a Rn. 25.

446 Dazu bereits unter: § 1) IV).

1. Der Ausschluss von Minderheitsaktionären als Selbstzweck

Dabei löste er diesen Interessenkonflikt zugunsten des Hauptaktionärs, indem er das aktienrechtliche Squeeze-out-Verfahren als Selbstzweck[447] ausgestaltete und Minderheitsaktionären einen Schutz ihrer Mitgliedschaft gänzlich für den Fall versagte, dass die formale Beteiligungsschwelle des § 327a Abs. 1, S. 1 AktG erreicht ist. Auf eine weitergehende besondere gesetzlich angeordnete Berücksichtigung mitgliedschaftlicher Interessen der Minderheitsaktionäre verzichtete er.[448] Allein der systematische Aufbau und die innere Struktur des Squeeze-out-Verfahrens sollen somit für den "Normalfall" sicherstellen, dass dem allgemein gültigen Prinzip des aktienrechtlichen Minderheitenschutzes genüge getan ist. Folge ist ein weitreichendes und gesetzgeberisch geschütztes Ermessen des Hauptaktionärs hinsichtlich der Initiierung und Durchführung eines Squeeze-out.[449] Die ökonomischen Interessen sowie das Ausschlussinteresse der Gesellschaftermehrheit überwiegen das Bestandsinteresse der vom Ausschluss betroffenen Minderheit.

2. Kapitalmarktrechtlicher Vermögensschutz statt mitgliedschaftlichem Bestandsschutz

In den Genuss echten Bestandsschutzes sollen die Minderheitsaktionäre nach dem Willen des Gesetzgebers demnach nur noch insofern und solange kommen, wie ihre Beteiligung kumulativ die Grenze von fünf Prozent überschreitet. Liegt sie darunter, verliert die Mitgliedschaftskomponente der Beteiligung hingegen an Bedeutung, neuer Anknüpfungspunkt des Minderheitenschutzes ist dann allein deren vermögensrechtlicher Bestandteil, zu dem neben dem Dividendenanspruch und dem Bezugsrecht auch der Kompensationsanspruch im Fall eines Ausschlusses zählt.[450]

Für die Minderheitsaktionäre bedeutet dies, dass ihre Beteiligung vom Gesetz als reiner Vermögenswert verstanden wird. Grund dafür ist ihr we-

447 Heidel/Lochner, in: Heidel, Aktienrecht und Kapitalmarktrecht, 3. Aufl. (2011), § 327a Rn. 13.

448 Rößler, Squeeze Out, 2007, S. 75.

449 Siehe etwa: Fleischer, in: Großkommentar zum AktG, 4. Aufl. (2007), Vor §§ 327 a-f Rn. 21; der § 327a Abs. 1, S. 1 AktG deshalb als einseitiges Gestaltungs- bzw. unbefristetes Optionsrecht des Hauptaktionärs einordnet.

450 So auch: Henssler/Wiedemann, in: Bayer/Habersack, Aktienrecht im Wandel, Band II, 2007, 1 (20 f.).

gen des geringen Beteiligungsquorums regelmäßig fehlender oder stark begrenzter Einfluss auf die Unternehmenspolitik sowie die Schlussfolgerung, Minderheitsaktionäre verstünden ihre Beteiligung an der Gesellschaft deshalb lediglich als vermögensbezogene Kapitalanlage.[451] Mit Erreichen des 95-prozentigen Anteilsquorums durch den Hauptaktionär reduziert sich somit der gesetzlich normierte Minderheitenschutz in nicht unerheblichem Umfang. Aus mitgliedschaftsbezogenem Bestandsschutz wird kapitalmarktrechtlicher Vermögensschutz in Gestalt der Barabfindung gemäß §§ 327a Abs. 1, S. 1, 327b AktG.[452]

Diese gesetzgeberische Wertungsentscheidung darf nun aber nicht dadurch unterlaufen werden, dass es zur Wiedereinführung eines Bestandsschutzes durch die Hintertür in Gestalt einer regelmäßigen Rechtsmissbrauchskontrolle kommt. Die gesetzgeberische Intention, einen grundsätzlich inhaltlich voraussetzungslosen Aktionärsausschluss zu ermöglichen, der seine sachliche Rechtfertigung in sich trägt und im Ermessen des Hauptaktionärs liegt, gilt es zu respektieren und zu gewährleisten.

II. Bestandsschutz nur in Ausnahmefällen

Damit drängt sich aber zugleich die Frage auf, ob und inwiefern im Rahmen der §§ 327a ff. AktG dann überhaupt noch Raum für eine an der horizontalen und mehrheitsbezogenen Rücksichtspflicht gemessenen Rechtsmissbrauchskontrolle verbleibt.

1. Notwendigkeit der Rechtsmissbrauchskontrolle beim Squeeze-out

Nach Ansicht *Wimmer-Leonhardts* hat eine besondere gesellschaftsrechtliche Rücksichtspflicht der Mehrheit auf die Interessen der Minderheit grundsätzlich immer dann auszuscheiden, wenn das Gesetz – wie beim Squeeze-out – bereits selbst Abfindungs- oder Ausgleichsansprüche vorsieht, da in diesem Fall der Gesetzgeber den Schutz der Minderheitsgesellschafter ausreichend vorgenommen habe.[453]

---

451 RegBegr., BT-Drucks. 14/7034, S. 32; BVerfG, NJW 2001, 279 (280) (Moto Meter); für den Fall der Verschmelzung: BVerfG, NZG 2003, 1016; OLG Stuttgart, NZG 2004, 146 (149); siehe auch: Lutter/Drygala, in: FS Kropff, 1997, 191 (210 f.).

452 Mülbert, in: FS Ulmer, 2003, 433 (450).

453 Wimmer-Leonhardt, Konzernhaftungsrecht, 2004, S. 290 f.

Dem ist im Ergebnis zuzustimmen. Gleichwohl kann es sich dabei nur um einen Grundsatz handeln, der der Annahme eines Rechtsmissbrauchs zwar regelmäßig, keinesfalls aber uneingeschränkt entgegensteht. Denn ein vollständiger Entzug des Squeeze-out-Verfahrens aus dem Anwendungsbereich der Rechtsmissbrauchskontrolle erscheint schon aus verfassungsrechtlichen Gesichtspunkten bedenklich. So machte das Bundesverfassungsgericht die Verfassungsmäßigkeit der §§ 327a ff. AktG gerade von der Gewährleistung wirksamen Rechtsschutzes gegen den Missbrauch der Mehrheitsmacht abhängig.[454] Ein solcher wäre den vom Squeeze-out betroffenen Minderheitsaktionären jedoch verwehrt, würde man ihnen ein gerichtliches Vorgehen gegen ihren Ausschluss im Wege der Anfechtungsklage, gestützt auf den Rechtsmissbrauchsvorwurf, versagen. Es bliebe ausschließlich das Spruchverfahren, mit dem jedoch lediglich eine pekuniäre Justierung der angebotenen Barabfindung, nicht aber die Feststellung der Unzulässigkeit des Zwangsausschlusses *per se* erreicht werden kann.[455]

Auch das Absehen von einem sachlichen Rechtfertigungszwang für das Squeeze-out-Verfahren bedeutet keinesfalls einen gänzlichen Verzicht auf die Zulässigkeit einer Missbrauchskontrolle im Rahmen der §§ 327a ff. AktG. Ist eine sachliche Rechtfertigung nicht erforderlich, so richtet sich die gerichtliche Kontrolle zwar nicht auf den Nachweis eines solchen Rechtfertigungsgrunds. Davon unberührt bleibt jedoch die Untersuchung der Missbräuchlichkeit einer bestimmten Rechtsausübung durch das angerufene Gericht.[456] Auch die Durchführung eines Squeeze-out muss demnach der Rechtsmissbrauchskontrolle zugänglich sein.[457] Ein unbegrenztes Ermessen der Mehrheit ohne Treuebindung gegenüber den betroffenen Minderheitsaktionären hat folglich auszuscheiden. Die Annahme eines Rechtsmissbrauchs muss dabei jedoch angesichts der gesetzgeberischen Wertent-

---

454 BVerfGE 14, 263 (283) (Feldmühle); 100, 289 (303) (DAT/Altana); BVerfG, NJW 2001, 279 (280) (Moto Meter).

455 Zur gesellschaftsrechtlichen Ungleichwertigkeit von Anfechtungsklage und Spruchverfahren: Mülbert, in: FS Ulmer, 2003, 433 (441 f.).

456 Vgl. etwa: BGHZ 103, 184 (191) (Linotype); K.Schmidt, in: Großkommentar zum AktG, 4. Aufl. (1995), § 243 Rn. 46; ders., in: Scholz, GmbHG, 10. Aufl. (2010), § 47 Rn. 28.

457 Schüppen/Tretter, in: Haarmann/Schüppen, Frankfurter Kommentar zum WpÜG, 3. Aufl. (2008), § 327a AktG Rn. 40; die Anfechtbarkeit von Übertragungsbeschlüssen wegen Treuwidrigkeit wohl gänzlich verneinend: Koppensteiner, in: Kölner Kommentar zum AktG, 3. Aufl. (2004), § 327f Rn. 11; zur Rechtslage bei der übertragenden Auflösung: Lutter/Drygala, in: FS Kropff, 1997, 191 (212).

scheidung auf Ausnahmefälle bei Hinzutreten besonderer Umstände im Einzelfall beschränkt bleiben.[458]

2. Abwertung des Ausschlussinteresses bzw. Aufwertung des Bestandsinteresses

Die gesetzgeberische Wertungsentscheidung sollte daher als Ausgangs- und Orientierungspunkt für den Rechtsanwender dienen. Es gilt demnach der Grundsatz, dass die Durchführung eines Squeeze-out auch ohne besondere Begründung stets zulässig ist, die beschlussfassende Mehrheit somit nicht gegen ihre Rücksichtspflicht verstößt und ihr Stimmrecht damit auch nicht missbräuchlich ausübt. Der Rechtsanwender hat somit nicht selbstständig eine umfassende Interessensammlung, Interessengewichtung und Interessenabwägung vorzunehmen. Sein Beitrag beschränkt sich vielmehr darauf, zu prüfen, ob im Einzelfall aufgrund der besonderen Umstände und Gegebenheiten nicht ausnahmsweise eine von der gesetzgeberischen Wertungsentscheidung abweichende Interessengewichtung vorgenommen werden muss.

Eine derartige Abweichung ist dabei in zweifacher Hinsicht denkbar. Ins Ungleichgewicht gerät die gesetzgeberische Interessengewichtung und Interessenabwägung als Grundlage und zugleich Rechtfertigung für die Reduzierung des Minderheitenschutzes auf einen reinen Vermögensschutz zunächst immer dann, wenn das Interesse des Hauptaktionärs an einem Ausschluss der Minderheitsaktionäre aus der Gesellschaft aufgrund der besonderen Umstände des Einzelfalls einmal nicht oder weniger schutzwürdig erscheint (Abwertung des Ausschlussinteresses) (vgl. § 8). Scheidet eine solche wertende Abstufung des Ausschlussinteresses aus, kommt ein Rechtsmissbrauch spiegelbildlich immer dann in Betracht, wenn die einzelfallbezogene Interessengewichtung und -bewertung als Kehrseite der Medaille ergibt, dass das gegenläufige Bestandsinteresse der Minderheitsaktionär einmal ausnahmsweise und entgegen der gesetzgeberischen Wertung als schutzwürdiger anzusehen ist (Aufwertung des Bestandsinteresses) (vgl. § 9).

458 Rieder, ZGR 2009, 981 (987) m.w.N.

§ 8: Bestandsschutz durch Abwertung des Ausschlussinteresses

I. Verhaltensbegründete Abwertung

1. Unredliche Rechtsausübung

Eine zur Abwertung des Ausschlussinteresses führende Treuwidrigkeit kann sich zunächst aus dem gegenwärtigen Verhalten des Rechtsinhabers, also der eigentlichen Rechtsausübung (Stimmrechtsausübung) ergeben, etwa weil diese nach ihrer Art oder den Begleitumständen unredlich ist, sie etwaige Pflichten verletzt oder der Rechtsausübende mit ihr keine oder nur wenig schutzwürdige Interessen verfolgt (individueller Rechtsmissbrauch),[459] oder sie mit Sinn und Zweck des zugrunde liegenden Rechtsinstituts (Squeeze-out) nicht vereinbar ist (institutioneller Rechtsmissbrauch)[460].

2. Unredlicher Rechtserwerb

Als Grund für eine Abwertung kommt aber auch ein früheres Verhalten des Hauptaktionärs in Betracht. So kann nach allgemeiner Zivilsrechtsdogmatik auch eine Rechtshandlung, die selbst rechtsneutral ist, ausnahmsweise rechtsmissbräuchlich sein, wenn die Rechtsposition, die zur Rechtsausübung befähigt, auf unredliche Weise erlangt worden ist.[461] Hier findet sich die Grundsatzentscheidung wieder, dass niemand sich auf eine Rechtsposition berufen darf, die er selbst in unredlicher und kausaler[462] Weise herbeigeführt hat (vgl. §§ 162 Abs. 2, 813 BGB).[463]

---

459 Grüneberg/Sutschet, in: Bamberger/Roth, BGB, 2. Aufl. (2007), § 242 Rn. 57; Schäfer/Dette, NZG 2009, 1 (2); Teichmann, in: Soergel, BGB, 12. Aufl. (1990), § 242 Rn. 289 ff.; allgemein zum individuellen Rechtsmissbrauch: § 4) I) 3) b).

460 Allgemein zum institutionellen Rechtsmissbrauch: § 4) I) 3) a).

461 BGHZ 57, 108 (111); Schäfer/Dette, NZG 2009, 1 (2); Fleischer, in: Großkommentar zum AktG, 4. Aufl. (2007), § 327a Rn. 77; G.Hohloch, in: Erman, BGB, 13. Aufl. (2011), § 242 Rn. 108 ff.; Larenz/Wolf, BGB AT, 9. Aufl. (2004), S. 285; Looschelders/Olzen, in: Staudinger, BGB, 2009, § 242 Rn. 243 und. 257 ff.; Roth, in: Münchener Kommentar zum BGB, 5. Aufl. (2007), § 242 Rn. 217; Schellhammer, Schuldrecht, 7. Aufl. (2008), Rn. 1191.

462 Zum Kausalitätserfordernis: Teichmann, in: Soergel, BGB, 12. Aufl. (1990), § 242 Rn. 281.

463 Siehe dazu etwa: G.Hohloch, in: Erman, BGB, 13. Aufl. (2011), § 242 Rn. 108.

Mit Blick auf die §§ 327a ff. AktG geht es dabei insbesondere um Fälle der missbräuchlichen Herbeiführung und Schaffung der Tatbestandsvoraussetzungen des § 327a Abs. 1, S. 1 AktG, also um das Erreichen der erforderlichen Hauptaktionärsstellung.[464] Diskutiert wird ein Rechtsmissbrauch dementsprechend in folgenden Fällen: Umwandlung der Zielgesellschaft als Vorbereitung eines anschließenden Squeeze-out (vgl. dazu unter II.)1.)) Kapitalerhöhung unter Bezugsrechtsausschluss, wenn erst dadurch die Hauptaktionärsstellung erreicht wird (vgl. dazu unter II.)3.)) und die nur vorübergehende Kumulierung von Aktien in einer Hand etwa durch Wertpapierdarlehen, Treuhandkonstruktionen oder den Einsatz von Zweckgesellschaften, sog. spezial purpose vehicles, wenn erst dadurch die Hauptaktionärsstellung erreicht wird (vgl. dazu unter II.)4.)).

Darüber hinaus kommt die Annahme eines Rechtsmissbrauchs auch bei einer Zusammenschau von gegenwärtigem und früherem Verhalten in Betracht.[465]

3. Grundsätzliche Unbeachtlichkeit subjektiver Motive

Bei der Bewertung des Ausschlussinteresses des Hauptaktionärs und der Frage, ob dieses gegenüber der gesetzgeberisch vorweggenommenen Interessenbewertung im Einzelfall einer Abwertung bedarf, ist jedoch Zurückhaltung geboten. Anders als im Falle der Aufwertung des Bestandsinteresses der Minderheitsaktionäre, wo es im Wesentlichen auf deren konkrete Beteiligungsinteressen ankommt, spielen die hinter dem Squeeze-out stehenden subjektiven Motive des Hauptaktionärs für die Bewertung des Ausschlussinteresses grundsätzlich keine Rolle.[466] Dies folgt schon aus Sinn und Zweck der §§ 327a ff. AktG. Wie erwähnt bedarf das Ausschlussverfahren gerade keiner sachlichen Rechtfertigung.[467] Es erfährt somit nach seiner gesetzlichen Konzeption keiner subjektiven Begrenzung dergestalt, dass es

464 Teichmann (in: Soergel, BGB, 12. Aufl. (1990), § 242 Rn. 281) unterscheidet dabei jedoch zwischen dem unredlichen Erwerb eines Rechts und dem missbräuchlichen Schaffen von Tatbestandsvoraussetzungen, die ein Ausüben von Rechten innerhalb einer ordnungsgemäßen Rechtsbeziehung erlauben; so auch: Looschelders/Olzen, in: Staudinger, BGB, 2009, § 242 Rn. 238 ff.; der Einfachheit halber wird hier jedoch auf diese rein typologische Differenzierung verzichtet, da sich für die rechtliche Beurteilung daraus keine Unterschiede ergeben.

465 Looschelders/Olzen, in: Staudinger, BGB, 2009, § 242 Rn. 234.

466 So auch: Koppensteiner, in: Kölner Kommentar zum AktG, 3. Aufl. (2004), § 327f Rn. 11.

467 Siehe dazu bereits: § 6) I) 3) a) aa).

dem Hauptaktionär nur zur Verfolgung bestimmter Zwecke und Ziele zur Verfügung steht. Die Rechtfertigung des Ausschlusses erfolgt vielmehr in der Regel losgelöst von den dahinter stehenden subjektiven Motiven aufgrund der objektiven Erkenntnis, dass Minderheitsaktionäre für die Gesellschaft einen nicht unerheblichen zeitlichen und kostenintensiven Formalaufwand – insbesondere durch das Einberufen und Abhalten von Hauptversammlungen – bedeuten, während sie andererseits auf die Unternehmensführung keinen Einfluss haben.[468] Beachtung im Rahmen der Interessenneubewertung findet damit grundsätzlich nur das objektive Verhalten des Hauptaktionärs bei und im Vorfeld des Squeeze-out.

Etwas anderes gilt für den Fall eines institutionellen Rechtsmissbrauchs, wenn es also durch die Stimmrechtsausübung zu einer funktionsfremden Instrumentalisierung des Squeeze-out kommt. Hierzu zählen insbesondere die sogenannten Schikanefälle (§ 226 BGB).

II. Unredlicher Erwerb der Hauptaktionärsstellung

Wie erwähnt stellt das Erfordernis einer 95-prozentigen Anteilsmehrheit im Rahmen des Squeeze-out die einzige gesetzliche Ausprägung eines Bestandsschutzes der Minderheitsaktionäre dar. Ist diese Beteiligungsschwelle erreicht, so liegt nach der gesetzgeberischen Wertungsentscheidung ein angemessener Ausgleich zwischen Ausschlussinteresse und Bestandsinteresse vor und ein Rechtsmissbrauch soll grundsätzlich ausscheiden.[469] Im Umkehrschluss bedeutet dies aber, dass ein Rechtsmissbrauch immer dann in Betracht kommt, wenn die Hauptaktionärsstellung auf unredliche und nicht den Vorstellungen des Gesetzgebers entsprechende Weise zustande gekommen ist. In diesem Fall ist das Ausschlussinteresse nicht schützenswert.

1. Formwechsel einer GmbH in eine AG zum Zwecke des Squeeze-out

Umstritten ist, ob ein unredlicher Erwerb der Hauptaktionärsstellung bereits in der formwechselnden Umwandlung einer GmbH in eine AG

468 Vgl.: Reg.Begr., BT-Drucks. 14/7034, S. 31 f.
469 Siehe dazu auch: § 7) I) 2).

(§§ 190 ff., 226 f., 238 ff. UmwG) gesehen werden kann, wenn diese ausschließlich der Vorbereitung eines späteren Squeeze-out dient.[470]

Unredlichkeitsbegründende Wirkung hätte ein solches Vorgehen aber nur dann, wenn (i) der Formwechsel aufgrund der geplanten Kombination mit dem Squeeze-out selbst missbräuchlich[471] und der Umwandlungsbeschluss damit wegen Treuwidrigkeit anfechtbar wäre (vgl. dazu unter a)) und (ii) einer Ausstrahlung dieser Treuwidrigkeit auf den Squeeze-out („Infizierung") keine gesetzlichen Wertungen entgegenstünden (vgl. dazu unter b)).

a) Keine Unredlichkeit mangels Treuwidrigkeit des Formwechselbeschlusses

Treuwidrig ist ein Formwechselbeschluss, wenn die den Beschluss fassende Mehrheit damit Ziele verfolgt, die mit Sinn und Zweck des Formwechsels nicht vereinbar sind, es insofern also zu einer Zweckentfremdung im Sinne eines institutionellen Rechtsmissbrauchs kommt.[472]

---

470 Für einen Rechtsmissbräuchlichkeit des Squeeze-out bei vorherigem Formwechsel: Fleischer, in: Großkommentar zum AktG, 4. Aufl. (2007), § 327a Rn. 78; ders., ZGR 2002, 757 (787); Gesmann-Nuissl, WM 2002, 1205 (1210); Greulich, Der Schutz des Minderheitsaktionärs, 2004, S. 258 f.; Grunewald, in: Münchener Kommentar zum AktG, 3. Aufl. (2010), § 327a Rn. 24; Grzimek, in: Geibel/Süßmann, WpÜG, 2. Aufl. (2008), § 327a AktG Rn. 55; Heidel/Lochner, in: Heidel, Aktienrecht und Kapitalmarktrecht, 3. Aufl. (2011), § 327a Rn. 18; Hofmann, Minderheitsschutz im Gesellschaftsrecht, 2011, S. 425; Krieger, BB 2002, 53 (62); a.A.: Amberger, Die Missbrauchskontrolle im Rahmen des aktienrechtlichen Squeeze-out, 2007, S. 134; Angerer, BKR 2002, 260 (267); Austmann, in: Münchener Handbuch des Gesellschaftsrechts, Band 4, 3. Aufl. (2007), § 74 Rn. 120 ff.; Hamann, Minderheitenschutz beim Squeeze-Out-Beschluss, 2003, S. 170 ff.; Markwardt, BB 2004, 277 (283); Pluskat, NZG 2007, 725 (727); Rieder, ZGR 2009, 981 (995); Schnorbus, in: K.Schmidt/Lutter, AktG, 2. Aufl. (2010), § 327f Rn. 18.

471 Missbräuchlich wäre in diesem Fall natürlich nicht der Formwechsel oder der Umwandlungsbeschluss, sondern allein die entsprechende Stimmrechtsausübung (vgl.: § 6) II) 2) a)); der Einfachheit halber soll im Folgenden aber – wenn auch dogmatisch nicht ganz sauber – nur von Missbräuchlichkeit des Formwechsels gesprochen werden.

472 Zum institutionellen Rechtsmissbrauch: § 4) I) 3) a).

aa) Keine Zweckentfremdung wegen faktischer Einführung des Squeeze-out in das GmbH-Recht

(1) Problemdarstellung

Zulässigkeitsbedenken erweckt die Kombination von Formwechsel und Squeeze-out in erster Linie deshalb, weil dem GmbH-Recht *de lege lata* ein dem aktienrechtlichen Squeeze-out vergleichbares Ausschlussverfahren fremd ist. Zwangsausschlüsse von Gesellschaftern sind nur bei Vorliegen eines wichtigen Grundes in der Person des jeweiligen Gesellschafters möglich.[473] Ein im Ermessen der Gesellschaftermehrheit stehender und von dem Erfordernis des wichtigen Grundes abgekoppelter Ausschluss ist nicht vorgesehen und entsprechende Satzungsbestimmungen (sog. Hinauskündigungsklauseln) sind unzulässig.[474]

Über den Umweg des Formwechsels ist es nun aber auch dem Gesellschafter einer GmbH, der mit mindestens 95 Prozent an deren Stammkapital beteiligt ist, möglich, den Ausschluss unliebsamer Mitgesellschafter mittelbar voranzutreiben, obgleich ihm das GmbH-Recht einen solchen Ausschluss nicht gestattet.[475] Erschwerend kommt hinzu, dass die vorherige Durchführung der Umwandlung regelmäßig keine besondere Hürde darstellen dürfte, da für einen Formwechsel bereits eine Stimmenmehrheit von 75 Prozent ausreicht.[476] Der Formwechsel würde somit zum Einfallstor für den Squeeze-out in das GmbH-Recht.[477] Dies gilt umso mehr in Fällen, in denen es nach erfolgreich betriebenem Squeeze-out zu einer Rückumwandlung der AG in ihre Ausgangsrechtsform der GmbH kommt.[478]

Dabei kann auch nicht davon ausgegangen werden, der Gesetzgeber habe die GmbH nicht bewusst aus dem Anwendungsbereich des Squeeze-out ausnehmen wollen, er habe deren Einbeziehung in die Squeeze-out-

---

473 Vgl. dazu u.a.: Gehrlein, Ausschluß und Abfindung von GmbH-Gesellschaftern, 1997, S. 7 ff.; Goette, Die GmbH, 2. Aufl. (2002), § 6 II Rn. 5 ff.; Kolb, Der Ausschluss eines Gesellschafters aus der GmbH, 2008, S. 40 ff.

474 Siehe: Goette, Die GmbH, 2. Aufl. (2002), § 6 II Rn. 14.

475 Statt vieler: Moritz, „Squeeze out": Der Ausschluss von Minderheitsaktionären nach §§ 327a ff AktG, 2004, S. 265 f.

476 § 190 Abs. 1, S. 1, 240 Abs. 1, S. 1 und 2 UmwG.

477 Vgl. dazu auch: v.Morgen, WM 2003, 1553 (1559), der darauf hinweist, dass der Gesetzgeber durch Einbeziehung der nichtbörsennotierten Gesellschaft in den Anwendungsbereich der §§ 327a ff. AktG die Umgehung der gesetzlichen Regelungen der GmbH ermöglicht hat.

478 Zur Problematik der Rückumwandlung siehe insbesondere: Hamann, Minderheitenschutz beim Squeeze-out-Beschluss, 2003, S. 174 f.; dazu auch: § 8) II) 1) b) cc).

Regelungen vielmehr schlicht vergessen.[479] Soweit als Begründung eines solchen Verständnisses auf den Umstand hingewiesen wird, dass in der Regierungsbegründung zu den §§ 327a ff. AktG allgemein von der Einführung des Squeeze-out-Verfahrens in das *Gesellschaftsrecht* die Rede ist und der historische Gesetzgeber das Ausschlussverfahren auch auf nichtbörsennotierte Aktiengesellschaften erstreckt hat[480], die in Gesellschafterstruktur, Eigenkapitalausstattung, Geschäftsumfang und Größe durchaus einer GmbH entsprechen können[481], überzeugt dies nicht. Zwar mag insbesondere die Ausweitung des Anwendungsbereichs der §§ 327a ff. AktG *de lege lata* auch auf nichtbörsennotierte Gesellschaften aufgrund der unter Umständen bestehenden organisationsrechtlichen Vergleichbarkeit mit der GmbH zu Recht kritisiert werden[482] und eine gesetzgeberische[483] oder höchstrichterliche[484] Korrektur wünschenswert sein. Die Annahme, der Gesetzgeber ha-

---

479 So aber: v.Morgen, WM 2003, 1553 (1558).

480 BegrRegE, BT-Drucks. 14/7034, S. 31 f.

481 Zur organisatorischen Vergleichbarkeit der AG mit der GmbH im Einzelfall etwa: BGHZ 103, 184 (195) (Linotype); v.Morgen, WM 2003, 1553 (1559).

482 Zur Kritik an der Einbeziehung der nichtbörsennotierten Aktiengesellschaften in den Anwendungsbereich der §§ 327a ff. AktG siehe u.a.: Drygala, AG 2001, 291 (297 f.); Fleischer, ZGR 2002, 757 (770 ff.); Gampenrieder, Squeeze-out, 2004, S. 125 f.; Habersack, ZIP 2001, 1230 (1234 f.); ders., in: Emmerich/Habersack, Aktien- und GmbH-Konzernrecht, 6. Aufl. (2010), § 327a Rn. 5; Henssler/Wiedemann, in: Bayer/Habersack, Aktienrecht im Wandel, Band II, 2007, 1 (22); Merkt, AG 2003, 126 (133); a.A. hingegen: DAV-Handelsrechtsausschuss, NZG 1999, 850 (852); Gesmann/Nuissl, WM 2002, 1205; Hasselbach, in: Kölner Kommentar zum WpÜG, 2. Aufl. (2010), § 327a AktG Rn. 31; Krieger, BB 2002, 53 (55); Schiessl, AG 1999, 442 (451).

483 Nicht ausreichend dürfte es dabei sein, lediglich die Satzungsstrenge (§ 23 Abs. 5 AktG) für nichtbörsennotierte Aktiengesellschaften dergestalt aufzuweichen, dass insbesondere Familiengesellschaften ein satzungsmäßiger Ausschluss der §§ 327a ff. AktG gestattet würde. Zwar besteht für nichtbörsennotierte Gesellschaften anders als für börsennotierte Unternehmen grundsätzlich kein Bedürfnis für die bestehende Satzungsstrenge (vgl.: Bayer, Empfehlen sich besondere Regeln für börsennotierte und für geschlossene Gesellschaften?, 2008, E 38); ohne die Mitwirkung anderer Aktionäre dürfte es Minderheitsaktionären jedoch nicht möglich sein, eine solche Satzungsänderung herbeizuführen, so dass sich dadurch die Minderheitenschutzproblematik lediglich auf eine vorgelagerte Ebene verlagern würde.

484 Als Lösungsansatz könnte insofern an die Einführung eines sachlichen Rechtfertigungserfordernisses gedacht werden. Den Hauptaktionär träfe dann für die Durchführung eines Squeeze-out bei einer nichtbörsennotierten Aktiengesellschaft ein gesteigerter Rechtfertigungszwang; ein Ausschluss von Minderheitsaktionären

be es deshalb ungewollt versäumt, auch die GmbH dem Squeeze-out-Regime zu unterwerfen, lässt sich darauf aber nicht stützen. Insbesondere verbietet sich eine entsprechende Anwendung der §§ 327a ff. AktG auf die GmbH.[485]

Zunächst ist bereits zweifelhaft, ob der Gesetzgeber angesichts der Schwere des Eingriffs, den der Squeeze-out für die Rechtsposition von Minderheitsaktionären bedeutet, bei der Regelung und Ausgestaltung des Squeeze-out die GmbH als eine der wichtigsten Gesellschaftsformen in Deutschland tatsächlich übersehen hat. Gegen eine vermeintlich gesetzgeberisch intendierte Einführung des Squeeze-out in das GmbH-Recht spricht letztendlich jedoch, dass dies zu einem Wertungswiderspruch führen würde, dessen willentliche Herbeiführung dem Gesetzgeber nicht ohne Weiteres unterstellt werden kann. Denn während das Aktienrecht von dem Leitbild der offenen Publikumsgesellschaft geprägt ist, zeichnet sich der gesetzliche Idealtypus der GmbH durch seine vergleichsweise personalistisch geprägte Struktur und Organisation aus.[486] Dadurch ist aber auch die Stellung des GmbH-Gesellschafters innerhalb seines Verbands eine grundlegend andere als die des Aktionärs.[487] Im Gegensatz zum Aktienrecht, wo Anknüpfungspunkt des Minderheitenschutzes allein die Vermögenskomponente des Aktieneigentums ist, lässt sich die Beteiligung an einer GmbH grundsätzlich nicht auf deren Einordnung als reine Kapitalanlage reduzieren.[488]

---

wäre dann nur noch unter besonderen Verhältnismäßigkeitsgesichtspunkten zulässig und stets einer gerichtlichen Kontrolle zugänglich. Dies würde jedoch wiederum die durch den Squeeze-out geschützte unternehmerische Initiative weit über das von §§ 327a ff. AktG vorgesehene Maß hinaus beeinträchtigen.

485 So die ganz herrschende Meinung: Fleischer, in: Großkommentar zum AktG, 4. Aufl. (2007), § 327a Rn. 8; Habersack, in: Emmerich/Habersack, Aktien- und GmbH-Konzernrecht, 6. Aufl. (2010), § 327a Rn. 5; Hamann, Minderheitenschutz beim Squeeze-out-Beschluss, 2003, S. 170; Heidel/Lochner, in: Heidel, Aktienrecht und Kapitalmarktrecht, 3. Aufl. (2011), § 327a ff Rn. 1; Henssler/Wiedemann, in: Bayer/Habersack, Aktienrecht im Wandel, Band II, 2007, 1 (20); a.A.: Amberger, Die Missbrauchskontrolle im Rahmen des aktienrechtlichen Squeeze-out, 2007, S. 134; Angerer, BKR 2002, 260 (267); v.Morgen, WM 2003, 1553 (1559).

486 Grunewald, Gesellschaftsrecht, 8. Aufl. (2011), S. 332.; dem entspricht es, wenn Windbichler (Gesellschaftsrecht, 22. Aufl. (2009), S. 204) als gesetzgeberisches Leitbild der GmbH kleine oder mittlere Unternehmen nennt.

487 Gleichwohl zeichnet sich das GmbH-Recht durch einen vergleichsweise schwachen Minderheitenschutz aus, vgl.: Martens, GmbHR 1984, 265 ff.

488 Vgl.: Fleischer, in: Großkommentar AktG, 4. Aufl. (2007), § 327a Rn. 8; Henssler/Wiedemann, in: Bayer/Habersack, Aktienrecht im Wandel, Band II, 2007, 1 (22).

Im Vordergrund steht vielmehr deren mitgliedschaftliche Komponente. Die §§ 327a ff. AktG leiten ihre normative Daseinsberechtigung jedoch gerade aus der gesetzgeberischen Prämisse des Minderheitsaktionärs als bloßem Kapitalanleger ab.[489] Da für die GmbH regelmäßig auch kein Bedürfnis für das Einsammeln unbekannter Splitteraktien besteht,[490] liegen die gesetzgeberischen Parameter für eine Anwendbarkeit des Squeeze-out auf die GmbH nicht vor. Der Squeeze-out steht vielmehr in einem konzeptionellen Wertungswiderspruch zum GmbH-Recht.[491] Die Annahme, der Gesetzgeber habe den Squeeze-out eigentlich auch für die GmbH vorgesehen, liegt daher fern. Ein Ausschluss von Gesellschaftern einer GmbH bleibt somit nur dann möglich, wenn entsprechend der Dogmatik hinsichtlich Dauerschuldverhältnissen ein wichtiger Grund in der Person des Gesellschafters vorliegt.[492]

Eine verbreitete Ansicht in der Literatur sieht deshalb in dem Formwechsel einer GmbH in eine AG einzig zu dem Zweck des anschließenden Ausschlusses von Minderheitsaktionären die rechtsmissbräuchliche "Erschleichung" einer Ausschlussmöglichkeit gerade gegen den gesetzgeberischen Willen.[493]

Dem kann jedoch nicht gefolgt werden.[494] Relevant würde die Problematik der faktischen Einführung des Squeeze-out in das GmbH-Recht unter dem Blickwinkel des institutionellen Rechtsmissbrauchs nämlich nur dann,

489 Dazu im Einzelnen: § 9) II) 1) a) aa).

490 Fleischer, in: Großkommentar AktG, 4. Aufl. (2007), § 327a Rn. 8.

491 Ähnlich auch: Amberger, Die Missbrauchskontrolle im Rahmen des aktienrechtlichen Squeeze-out, 2007, S. 131.

492 Becker, Die Zulässigkeit von Hinauskündigungsklauseln nach freiem Ermessen im Gesellschaftsvertrag, 2010, S. 22; Gehrlein, Ausschluß und Abfindung von GmbH-Gesellschaftern, 1997, S. 7 ff.; Goette, Die GmbH, 2. Aufl. (2002), § 6 II Rn. 5 ff.; Grunewald, Der Ausschluß aus Gesellschaft und Verein, 1987, S. 45 ff.; Kolb, Der Ausschluss eines Gesellschafters aus der GmbH, 2008, S. 40 ff.

493 Fleischer, in: Großkommentar zum AktG, 4. Aufl. (2007), § 327a Rn. 78; Gesmann-Nuissl, WM 2002, 1205 (1210); Grzimek, in: Geibel/Süßmann, WpÜG, 2. Aufl. (2008), § 327a AktG Rn. 55; Habersack, in: Emmerich/Habersack, Aktien- und GmbH-Konzernrecht, 6. Aufl. (2010), § 327a Rn. 29; Moritz, „Squeeze out": Der Ausschluss von Minderheitsaktionären nach §§ 327a ff AktG, 2004, S. 267.

494 So auch: Amberger, Die Missbrauchskontrolle im Rahmen des aktienrechtlichen Squeeze-out, 2007, S. 131 ff.; Austmann, in: Münchener Handbuch des Gesellschaftsrechts, Band 4, 3. Aufl. (2007), § 74 Rn. 120; Hamann, Minderheitenschutz beim Squeeze-out-Beschluss, 2003, S. 170 ff.; Markwardt, BB 2004, 277 (283); Koppensteiner, in: Kölner Kommentar zum AktG, 3. Aufl. (2004), § 327f. Rn. 11; Rieder, ZGR 2009, 981 (995 f.).

wenn darin ein Verstoß gegen Sinn und Zweck des Formwechsels gesehen werden könnte.[495] Dies ist hier jedoch nicht der Fall.

(2) Der Formwechsel als freie Ermessensentscheidung

Der Formwechsel dient ebenso wenig der Gewährleistung und Durchsetzung von Bestandsschutz im GmbH-Recht wie der Auflösung etwaiger Wertungswidersprüche in den Schutzkonzeptionen der verschiedenen rechtsformspezifischen Normensystemen. Ziel ist vielmehr, einer Gesellschaft die schnelle und weitgehend formlose Anpassung ihrer rechtlichen Organisation und Struktur an veränderte persönliche, rechtliche, wirtschaftliche oder steuerliche Umstände durch Wahl der für sie wirtschaftlich zweckmäßigsten Rechtsform zu ermöglichen.[496] Dies zeigt sich nicht zuletzt daran, dass sowohl der Gesetzgeber als auch Rechtsprechung und Lehre, unabhängig von dem Erfordernis eines Umwandlungsberichts (§ 192 Abs. 1, S. 1 UmwG), den Formwechsel bislang nicht unter den Vorbehalt der sachlichen Rechtfertigung gestellt haben.[497]

Nach der gesetzgeberischen Intention liegt die Durchführung einer formwechselnden Umwandlung somit allein im Ermessen der Gesellschafter. Dabei entspricht es dem Wesen und der Teleologie des Formwechselrechts, dass ein Rechtsträger ohne Verlust seiner Identität in den Genuss von Rechten kommt, die ihm in seiner ursprünglichen Rechtsform nicht zustanden.[498] Es soll der Gesellschaft gestattet sein, durch Wahl der passenden Rechtsform stets die für die Erreichung ihrer Unternehmensziele und des Unternehmenskonzepts optimale Ausgangslage und rechtlichen Rah-

---

495 Hamann, Minderheitenschutz beim Squeeze-out-Beschluss, 2003, S. 173; siehe dazu auch: § 4) I) 3) a).

496 Hamann, Minderheitenschutz beim Squeeze-out-Beschluss, 2003, S. 173; Moritz, „Squeeze out“: Der Ausschluss von Minderheitsaktionären nach §§ 327a ff AktG, 2004, S. 266 f. m.w.N.; Sagasser/Luke, in: Sagasser/Bula/Brünger, Umwandlungen, 4. Aufl. (2011), § 3 Rn. 2 und § 25 Rn. 1.

497 So auch die herrschende Meinung: Decher, in: Lutter, UmwG, 4. Auf. (2009), § 193 Rn. 9; Grunewald, in: FS Röhricht, 2005, 129; Krieger, BB 2002, 53 (61); Kort, Bestandsschutz fehlerhafter Strukturänderungen im Kapitalgesellschaftsrecht, 1998, S. 259 f.; Markwardt, BB 2004, 277 (282); K.Schmidt, in: Großkommentar zum AktG, 4. Aufl. (1995), § 243 Rn. 46 Zimmermann, in: Kallmeyer, UmwG, 4. Aufl. (2010), § 193 Rn. 10; a.A.: Fuchs, Der aktienrechtliche Squeeze-out, 2009, S. 444; Wiedemann, ZGR 1980, 147 (156 f.).

498 Goslar/v.d.Linden, BB 2009, 1986 (1993).

menbedingungen schaffen zu können.[499] Dazu zählt aber auch die Wahl der Rechtsform der AG, wenn wirtschaftliches Ziel der Gesellschaft der Ausschluss von Minderheitsgesellschaftern ist.[500]

Hinzu kommt, dass dieses Ermessen nicht unbegrenzt ist und die betroffenen Minderheitsgesellschafter daher keineswegs schutzlos gestellt werden. Vielmehr gestattet das UmwG einen Formwechsel ausschließlich im Wege eines formalisierten Verfahrens und gewährt ein eigenes Minderheitenschutzkonzept,[501] zu dem etwa auch das Angebot einer Barabfindung gehört (vgl. § 207 Abs. 1, S. 1 UmwG).

(3) Keine wertungswidrige Ausstrahlungswirkung wegen umwandlungsbedingter Schlechterstellung

Unschädlich ist auch die monierte negative Ausstrahlungswirkung des Squeeze-out auf das GmbH-Recht.[502] Die Tatsache, dass es infolge des Formwechsels – angesichts der nunmehr drohenden Gefahr eines Zwangsausschlusses auch ohne wichtigen Grund – zu einer Verschlechterung in der Rechtsposition der GmbH-Gesellschafter kommt, ist vielmehr gerade eine dem Formwechsel inhärente Folge der Umwandlung. Denn dass zwischen den einzelnen Rechtsformen unterschiedliche Anforderungen an den Minderheitenschutz bestehen und es deshalb durch den Formwechsel durchaus zu einer Schlechterstellung von Gesellschaftern kommen kann, ist keine zufällige und überraschende Erkenntnis. Dieser Umstand liegt vielmehr gerade in der Rechtsnatur der jeweiligen Gesellschaftsform begründet und findet meist auch eine ausdrückliche Stütze in den entsprechend anwendbaren Rechtsnormen. Man denke etwa nur an die rechtlichen Auswirkungen, die die Umwandlung einer Personengesellschaft in eine Kapitalgesellschaft für die Anteilsinhaber der Zielgesellschaft mit sich bringt.[503]

---

499 Siehe die Nachweise in Fn. 497.

500 So auch: Hamann, Minderheitenschutz beim Squeeze-out-Beschluss, 2003, S. 173.

501 Schäfer/Dette, NZG 2009, 1 (6).

502 Vgl. auch: Austmann, in: Münchener Handbuch des Gesellschaftsrechts, Band 4, 3. Aufl. (2007), § 74 Rn. 120, wo es heißt: „(D)ie Verschlechterung gewisser Rechtspositionen der Minderheitsgesellschafter in der AG (ist) deshalb kein überzeugendes Argument gegen die Zulässigkeit eines Formwechsels zum Zweck des anschließenden Minderheitenausschlusses."

503 Als Beispiel sei etwa auf die Umstellung vom personengesellschaftsrechtlichen Einstimmigkeits- auf das kapitalgesellschaftsrechtliche Mehrheitsprinzip hinge-

Entsprechend kommt es aber auch bei der formwechselnden Umwandlung einer GmbH in eine AG stets zur Verkürzung einer Reihe von Mitgliedschaftsrechten der GmbH-Gesellschafter, deren Zulässigkeit in der Literatur jedoch nicht in Frage gestellt wird. So reicht etwa das Informationsrecht des GmbH-Gesellschafters nach der gesetzlichen Konzeption des GmbH-Rechts (§ 51a GmbHG) deutlich weiter als das des Aktionärs in § 131 AktG.[504] Ein weiteres Beispiel betrifft den Wegfall der Weisungsgebundenheit der Geschäftsleitung.[505] Eine Verschlechterung der Rechtsstellung des GmbH-Gesellschafters infolge Formwechsels zeigt sich aber nicht nur an einzelnen Rechtspositionen. Zum Tragen kommt sie vielmehr auch insofern, als mit dem Wechsel des Rechtsregimes zugleich auch zwingend ein grundsätzlicher und dem jeweiligen Gesellschafterleitbild entsprechender Wandel in der gesetzlichen Wertungsentscheidung – insbesondere im Hinblick auf den anwendbaren Minderheitenschutz – einhergeht. Unterfielen Minderheitsgesellschafter vor der formwechselnden Umwandlung noch dem vergleichsweise personalistisch geprägten Leitbild eines GmbH-Gesellschafters, so richtet sich ihr Rechts- und Pflichtenkreis nunmehr ausschließlich nach dem stärker kapitalmarktorientierten aktienrechtlichen Leitbild des Minderheitsaktionärs.[506] Aus Bestandschutz wird bloßer Vermögensschutz.[507] Es ist aber nicht ersichtlich, weshalb die Beschneidung etwa des Informationsrechts der Gesellschafter unproblematisch zulässig, die Ermöglichung eines Squeeze-out hingegen unzulässig sein soll. Dogmatisch korrekt wäre es dann vielmehr, auch alle anderen umwandlungsbedingten Verschlechterungen in der Rechtsposition der GmbH-Gesellschafter mithilfe des Rechtsmissbrauchsverbots oder aus der mitgliedschaftlichen Treuepflicht abgeleiteter positiver Handlungspflichten zu korrigieren.[508] Dadurch aber würde der Formwechsel letztendlich *ad absurdum* geführt.

Indem der Gesetzgeber den Formwechsel normiert und damit ausdrücklich für zulässig erklärt hat, hat er eine Grundsatzentscheidung dahingehend getroffen, dass ein Anteilsinhaber in seiner Rechtsstellung nicht auf

---

wiesen, wodurch der Einfluss der Gesellschafter auf die Unternehmensführung erheblich begrenzt wird.

504 Vgl. dazu auch: Austmann, in: Münchener Handbuch des Gesellschaftsrechts, Band 4, 3. Aufl. (2007), § 74 Rn. 120.

505 Sagasser/Luke, in: Sagasser/Bula/Brünger, Umwandlungen, 4. Aufl. (2011), § 3 Rn. 7.

506 Zum aktienrechtlichen Leitbild des Minderheitsaktionärs: § 9) II) 1) a) aa).

507 Dazu im Einzelnen: § 7) I) 2).

508 Ähnlich auch: Hamann, Minderheitenschutz beim Squeeze-out-Beschluss, 2003, S. 175.

Dauer im gleichen Maße schutzwürdig ist, sondern bereits durch einen – wenn auch qualifizierten – Mehrheitsbeschluss in eine neue Rechtsform, einschließlich *sämtlicher* Vor- und Nachteile, die diese Gesellschaftsform von Rechts wegen für seine Rechtsstellung mit sich bringt, „gedrängt" werden kann.[509] Dass für Minderheitsgesellschafter ein Formwechsel häufig auch mit unerwünschten Nachteilen verbunden sein wird, ist daher nichts anderes als die logische Konsequenz der in § 240 Abs. 1, S. 1 UmwG zum Ausdruck kommenden gesetzgeberischen Entscheidung, die formwechselnde Umwandlung einer GmbH in eine AG in das Ermessen der Gesellschaftermehrheit zu stellen.[510]

Die bloße Verschlechterung der Rechtsstellung der Gesellschafter infolge eines Rechtsformwechsels von einer GmbH in eine AG ist daher nicht geeignet, einen Verstoß gegen Sinn und Zweck des Formwechsels zu begründen. Sie ist dem Formwechsel vielmehr gerade wesensimmanent. Dies hat dabei für jede Art der Schlechterstellung zu gelten.

bb) Keine Umgehung des Kontinuitätsprinzips

Der Formwechsel ist aber entgegen einer Ansicht im Schrifttum[511] auch nicht etwa deshalb rechmissbräuchlich zustande gekommen, weil der Mehrheitsgesellschafter damit tatsächlich gar nicht die Umstrukturierung der Gesellschaft, sondern einzig den Ausschluss von Minderheitsgesellschaftern bezweckt.[512]

Ein institutioneller Rechtsmissbrauch wäre darin nur dann zu sehen, wenn der in den Vorschriften zum Formwechsel getroffenen Regelung – insbesondere den §§ 190 Abs. 1, 207 Abs. 1, S. 1 UmwG – die grundsätzliche Wertung entnommen werden könnte, dass ein zwangsweiser Ausschluss von Minderheitsgesellschaftern im Anschluss an einen Formwechsel ausgeschlossen sein soll. Nur dann nämlich läge ein zweckwidriger Fehlgebrauch des Formwechsels vor, der die Stimmabgabe rechtsmissbräuchlich und den Umwandlungsbeschluss treuwidrig werden ließe.

Dafür könnte zunächst sprechen, dass § 207 Abs. 1, S. 1 UmwG einen „Gesellschafterausschluss" ausdrücklich nur in Form eines freiwilligen Aus-

---

509 Hamann, Minderheitenschutz beim Squeeze-out-Beschluss, 2003, S. 175.

510 Goslar/v.d.Linden, BB 2009, 1986 (1993).

511 Grunewald, in: FS Röhricht, 2005, 129 (132 und 135); Kallmeyer, in: Kallmeyer, UmwG, 4. Aufl. (2010), § 1 Rn. 24 f.; Krieger, BB 2002, 53 (61 f.); so wohl auch: Müller-Michaels, in: Hölters, AktG, 2011, § 327a Rn. 23.

512 Meister/Klöcker, in: Kallmeyer, UmwG, 4. Aufl. (2010), § 194 Rn. 24; Petersen, in: Kölner Kommentar zum UmwG, 2009, § 190 Rn. 22; Pluskat, NZG 2007, 725 (726).

scheidens umwandlungsunwilliger Anteilsinhaber gestattet.[513] Ein Ausschluss von Minderheitsgesellschaftern gegen deren Willen im Zuge des Formwechsels soll nach der gesetzgeberischen Konzeption also gerade nicht möglich sein.[514] Denn im Gegensatz zu den übrigen Umwandlungsformen des UmwG kommt es beim Formwechsel nicht zur Gesamtrechtsnachfolge eines neuen Rechtsträgers in das Vermögen des alten, formwechselnden Rechtsträgers. Gewechselt wird lediglich das „Rechtskleid“ (vgl. § 190 Abs. 1 UmwG),[515] während die Identität des betreffenden Rechtsträgers fortbesteht (Identitätsprinzip).[516] Gleiches gilt für die Anteilsinhaber des formwechselnden Rechtsträgers, deren Mitgliedschaft gemäß § 194 Abs. 1, Nr. 3 UmwG ebenfalls vom Formwechsel unberührt bleibt (Kontinuitätsprinzip).[517] Kommt es nun aber im Anschluss an den Formwechsel doch zu einem Ausschluss von Minderheitsgesellschaftern im Wege des Squeeze-out, so liegt der Schluss nahe, dies führe zu einer Umgehung des Kontinuitätsprinzips und damit zu einem zweckwidrigen Fehlgebrauch des Formwechsels.[518]

Ein Rechtsmissbrauch begründender Verstoß gegen Sinn und Zweck des Formwechsels kann darin jedoch nicht gesehen werden.[519] Das Kontinuitätsprinzip soll lediglich einen unmittelbar durch den Formwechsel bedingten „Squeeze-out“ von Anteilsinhabern, nicht aber zugleich auch die Möglichkeit eines anschließenden Zwangsausschlusses nach den aktienrechtlichen Bestimmungen verhindern.[520] Der Umwandlungsbeschluss allein darf also nicht zu einem Ausschluss von Aktionären führen.[521] Daran ändert aber der spätere Squeeze-out nichts.

---

513 Vgl. etwa: Krieger, BB 2002, 53 (61), der darin einen Verstoß gegen die Konzeption des UmwG sieht.

514 Petersen, in: Kölner Kommentar zum UmwG, 2009, § 190 Rn. 22.

515 Stratz, in: Schmitt/Hörtnagl/Stratz, UmwG/UmwStG, 5. Aufl. 2009, § 190 UmwG Rn. 1.

516 Etwa: Decher, in: Lutter, UmwG, 4. Aufl. (2009), § 190 Rn. 1.

517 Zur erforderlichen Identität der Anteilsinhaber u.a.: Meister/Klöcker, in: Kallmeyer, UmwG, 4. Aufl. (2010), § 194 Rn. 24; Sagasser/Luke, in: Sagasser/Bula/Brünger, Umwandlungen, 4. Aufl. (2011), § 26 Rn. 4.

518 Vgl. Jakobs, Die Rechte des Minderheitsaktionärs beim aktienrechtlichen Squeeze-out, 2007, S. 150; Krieger, BB 2002, 53 (61).

519 Gegen die Annahme eines Rechtsmissbrauchs wegen der Tatsache, dass § 207 UmwG lediglich einen freiwilligen Austritt gestattet auch: Greulich, Der Schutz des Minderheitsaktionärs, 2004, S. 257f.; Schäfer/Dette, NZG 2009, 1 (6).

520 Siehe etwa Meister/Klöcker, in: Kallmeyer, UmwG4. Aufl. (2010), § 194 Rn. 24; Petersen, in: Kölner Kommentar zum UmwG, 2009, § 190 Rn. 22.

521 So auch: K.Schmidt, GmbHR 1995, 693 (695).

Gegen einen institutionellen Missbrauch des Formwechsels spricht ferner der Umstand, dass es der Gesetzgeber bei Einführung der §§ 327a ff. AktG unterlassen hat, eine entsprechende Regelungen zur Vermeidung einer Umgehung des Kontinuitätsgrundsatzes zu treffen.[522] Es kann auch nicht angenommen werden, der Gesetzgeber habe die Möglichkeit einer Umwandlung anderer Rechtsformen in die einer Aktiengesellschaft bei Erlass der §§ 327a ff. AktG übersehen.

cc) Keine Übertragbarkeit der Rechtssache Linotype

Eine missbräuchliche Instrumentalisierung des Formwechsels lässt sich auch nicht auf die Rechtsprechung des Bundesgerichtshofs zur übertragenden Auflösung stützen.[523] In der Rechtssache *Linotype* sah es der II. Zivilsenat als treuwidrig an, dass der Mehrheitsaktionär im Vorfeld des Auflösungsbeschlusses mit dem Vorstand nicht nur die Auflösung, sondern gleichzeitig auch den Erwerb des wesentlichen Gesellschaftsvermögens in der Liquidation vereinbart hatte.[524] Der Mehrheitsgesellschafter habe dadurch gegen seine mitgliedschaftliche Treuepflicht dem klagenden Minderheitsaktionär gegenüber verstoßen, weshalb der Auflösungsbeschluss anfechtbar sei.[525] Dabei stellte der Senat jedoch ausdrücklich fest, dass Anknüpfungspunkt für die Annahme einer solchen Treuepflichtsverletzung einzig die getroffene Abrede zwischen dem Mehrheitsgesellschafter und dem Vorstand der aufgelösten Gesellschaft gewesen sei, die es dem Minderheitsgesellschafter rechtlich unmöglich gemacht habe, selbst oder mithilfe Dritter die Gesellschaft aus der Liquidation zu erwerben und fortzuführen.[526] Demgegenüber war die – für die Annahme eines institutionellen Rechtsmissbrauchs maßgebliche – Tatsache, dass der Mehrheitsgesellschafter mit der Auflösung in Wirklichkeit nur den Ausschluss des Minderheitsgesellschafters beabsichtigt hatte, nach Ansicht des Senats aber gerade un-

522 Siehe zu dieser Argumentation auch: Rößler, Squeeze Out, 2007, S. 70.

523 Ein solcher Verweis findet sich jedoch bei: Gesmann/Nuissl, WM 2002, 1205 (1210); Habersack, in: Emmerich/Habersack, Aktien- und GmbH-Konzernrecht, 6. Aufl. (2010), § 327a 29; Krieger, BB 2002, 53 (61f.); wie hier: Goslar/v.d.Linden, BB 2009, 1986 (1992); Pluskat, NZG 2007, 725 (726); Schäfer/Dette, NZG 2009, 1 (6).

524 BGHZ 103, 184 (Linotype).

525 BGHZ 103, 184 (193) (Linotype).

526 BGHZ 103, 184 (193 f.) (Linotype).

schädlich.[527] Auch das OLG Stuttgart sprach sich in einem vergleichbaren Fall gegen die institutionelle Rechtsmissbräuchlichkeit der Auflösung aus, soweit diese lediglich darin begründet sein soll, dass der Mehrheitsgesellschaft tatsächlich nicht die Auflösung der Gesellschaft, sondern einzig einen Gesellschafterausschluss beabsichtigt.[528] Eine Umgehung der umwandlungsrechtlichen Vorschriften könne darin nicht gesehen werden.[529]

Für die hier interessierende Frage der institutionellen Missbräuchlichkeit eines den Squeeze-out vorbereitenden Formwechsels kann die *Linotype*-Rechtsprechung demnach weder direkt noch entsprechend fruchtbar gemacht werden. Zwar ist zutreffend, dass es auch im Fall eines Formwechsels den betroffenen Minderheitsgesellschaftern an der *rechtlichen* Möglichkeit fehlt, die Gesellschaft selbst zu erwerben.[530] Unabhängig von der Tatsache, dass Minderheitsaktionäre regelmäßig schon gar nicht über die dafür erforderlichen finanziellen Mittel verfügen dürften,[531] entspricht das

---

527 So heißt es auf S. 191: „Die gegen die Stimmen der Minderheitsgesellschafter nur mit den Stimmen der Mehrheitsgesellschafterin in der erklärten – und später auch verwirklichten – Absicht, wesentliche Teile des Unternehmens der Beklagten zu erwerben, beschlossene Auflösung der Beklagten führt jedoch auch unter dem Gesichtspunkt der rechtsmissbräuchlichen Stimmrechtsausübung nicht zur Anfechtbarkeit des Hauptversammlungsbeschlusses. Ein rechtsmißbräuchliches Verhalten des Mehrheitsgesellschafters wird für derartige Fälle im Schrifttum allerdings mit der Begründung bejaht, Sinn der Vorschriften über die Auflösung und Liquidation der Kapitalgesellschaft sei es, den Mehrheitsgesellschafter in die Lage zu versetzen, das investierte Kapital liquide zu machen und für andere Verwendungen freizustellen (sogenannte Desinvestition). Verfolge der Mehrheitsgesellschafter gar nicht dieses Ziel, sondern benutze er die Möglichkeit der Liquidation der Gesellschaft dazu, deren Vermögen zu übernehmen und auf diese Weise den Minderheitsgesellschafter aus der Gesellschaft zu entfernen, stelle dieses Vorgehen eine missbräuchliche Umgehung der Vorschriften über den Ausschluß eines Gesellschafters aus der Gesellschaft dar, wenn dieser Ausschluß auf dem gesetzlichen oder nach der Satzung vorgesehenen Wege nicht erreichbar ist. (...) Auch dieser Ansicht vermag der Senat jedoch nicht zu folgen."

528 ZIP 1995, 1515 (1517 f.) (MotoMeter).

529 ZIP 1995, 1515 (1517 f.) (MotoMeter); die gegen das Urteil des OLG eingelegte Revision hat der BGH nicht angenommen.

530 Zu dieser Argumentation vgl.: Krieger, BB 2002, 53 (62).

531 Aus diesem Grund ließ etwa das OLG Stuttgart in seiner *MotoMeter*-Entscheidung die Grundsätze der Linotype-Rechtsprechung in dem konkreten Fall ausnahmsweise unangewandt (ZIP 1995, 1515 (1519 f.)); als Begründung gab es an: „Reichen jedoch die finanziellen Mittel eines Minderheitsaktionärs oder dessen Geschäftsverbindungen für den Erwerb nicht aus, so leuchtet nicht ein, weshalb die Nichtigkeit des Auflösungsbeschlusses die Sanktion für die Treuepflichtverletzung

Fehlen der rechtlichen Erwerbsmöglichkeit hier aber gerade der gesetzlichen Konzeption der §§ 327a ff. AktG und widerspricht darüber hinaus auch nicht dem Sinn und Zweck des Formwechsels. Anders als bei der übertragenden Auflösung bedarf es deshalb keiner „verschwörerischen" Vereinbarung zwischen Hauptgesellschafter und Geschäftsführer im Vorfeld des Formwechsels, es genügt vielmehr ein rechtlich zulässiger Rückgriff auf ein gesetzlich vorgesehenes Rechtsinstitut (Umwandlung). Damit entfällt aber zugleich auch der Treuwidrigkeitsvorwurf aus der *Linotype*-Entscheidung und es bleibt bei den dargestellten Ausführungen zur Unschädlichkeit der Ausschlussabsicht des Mehrheitsgesellschafters.[532]

dd) Beweisschwierigkeiten

In tatsächlicher Hinsicht ergeben sich für die Annahme eines institutionellen Rechtsmissbrauchs darüber hinaus erhebliche Beweisschwierigkeiten. So wird es Minderheitsgesellschaftern in der Praxis nur selten möglich sein, die ausschließliche oder überwiegende Ausschlussabsicht des Mehrheitsgesellschafters bzw. der Gesellschaftermehrheit zu beweisen.[533] Nach § 192 Abs. 1, S. 1 UmwG ist der Geschäftsführer der formwechselnden GmbH lediglich verpflichtet, in einem ausführlichen schriftlichen Umwandlungsbericht, der in der Gesellschafterversammlung auszulegen ist (§ 239 Abs. 1, S. 1 UmwG), den Formwechsel und insbesondere die künftige Beteiligung an dem formgewechselten Rechtsträger rechtlich und wirtschaftlich zu erläutern und zu begründen. Die Erläuterung umfasst dabei unter anderem den Hinweis auf die rechtlichen Folgen des Formwechsels für die Beteiligung der Gesellschafter,[534] wozu aber auch die rechtliche Möglichkeit eines Squeeze-out zählt.[535] Das Begründungserfordernis ver-

---

sein soll, denn die Erhaltung der rechtlichen Erwerbsmöglichkeit ist ohne konkrete Auswirkung auf die tatsächlichen Verhältnisse nicht gleichsam um ihrer selbst willen geboten." (S. 1519 re. Sp.). Auch der BGH ging in seiner Linotype-Entscheidung (BGHZ 103, 184 (192)) davon aus, dass der Erwerb von Gesellschaftsvermögen in der Liquidation Minderheitsgesellschaftern regelmäßig faktisch nicht möglich sein wird.

532 Vgl.: Fn. 528.

533 Zur Darlegungs- und Beweislast der Minderheitsaktionäre hinsichtlich der besonderen Absicht des Hauptaktionärs etwa: Hofmann, Minderheitsschutz im Gesellschaftsrecht, 2011, S. 427.

534 § 192 Abs. 1, S. 2 i.V.m. § 8 Abs. 1, S. 2, 1. Alt. UmwG.

535 Siehe: Moritz, „Squeeze out": Der Ausschluss von Minderheitsaktionären nach §§ 327a ff AktG, 2004, S. 268.

langt von der Geschäftsführung die schlüssige und plausible Darlegung der subjektiv verstandenen Vor- und Nachteile sowie der Gründe, die aus ihrer Sicht die Umstrukturierung im Wegen des Formwechsels zur Verfolgung und Erreichung der Unternehmensziele geeignet machen.[536] Es werden sich in der Praxis jedoch stets Vorteile eines Formwechsels in eine Aktiengesellschaft finden lassen, die als Gründe für dessen Durchführung vorgeschoben werden können.[537] Der Nachweis, dass der im Einzelfall dargelegte Grund nicht dem tatsächlichen Motiv für die Umwandlung entspricht, dürfte den Minderheitsgesellschaftern aber regelmäßig nicht gelingen.

Eine Beweislastumkehr dergestalt, dass es dem Mehrheitsaktionär obliegen soll, darzulegen, dass der Formwechsel nicht allein dem anschließenden Ausschluss dient, verbietet sich, würde dies doch faktisch zur Einführung eines mit der Umwandlungsrechtsdogmatik nicht in Einklang stehenden sachlichen Rechtfertigungszwang führen.[538]

b) Keine Unredlichkeit mangels „Infizierung" des Übertragungsbeschlusses

Ein unredlicher Erwerb der Hauptaktionärsstellung hätte jedoch auch dann auszuscheiden, wenn man der hier vertretenen Ansicht nicht folgen und den Formwechsel bereits deshalb als missbräuchlich zustande gekommen einstufen wollte, weil die den Formwechsel faktisch betreibende Gesellschaftermehrheit im Anschluss die Durchführung eines Squeeze-out beabsichtigt. Gegen eine solche „Infizierung" des Übertragungsbeschlusses mit

---

536 Stratz, in: Schmitt/Hörtnagl/Stratz, UmwG, 5. Aufl. (2009), § 192 Rn. 9.

537 Siehe etwa: Moritz, „Squeeze out": Der Ausschluss von Minderheitsaktionären nach §§ 327a ff AktG, 2004, S. 269, der insofern als Beispiele die erhöhte Kreditwürdigkeit einer AG aufgrund der besseren Kapitalausstattung (vgl. §§ 7, 57, 62 AktG) und den erleichterten Kapitalmarktzugang im Falle eines später geplanten Börsengangs nennt.

538 Soweit insofern die Einführung einer widerlegbaren und/oder unwiderlegbaren Vermutung bei zeitnaher Durchführung des Squeeze-out oder einer darauf folgenden Rückumwandlung der Gesellschaft bzw. dem Bekanntwerden einer solchen Rückumwandlungsabsicht (vgl. zu diesen Ansichten unten Fn. 569-571)) vorgeschlagen wird, kann dies nicht für die Beweisfrage im Rahmen des Formwechsels gelten, da es sich bei den genannten Umständen lediglich um solche handelt, die sich – mit Ausnahme der Rückumwandlungsabsicht – erst nach Eintragung der neuen Rechtsform und auch erst nach Durchführung des Squeeze-out realisieren. Sie können daher – wenn überhaupt – nur für die Frage nach der Anfechtbarkeit des Übertragungsbeschlusses eine Rolle spielen. Auf sie wird daher auch erst in diesem Zusammenhang eingegangen (siehe: § 8) II) 1) b) cc)).

der Treuwidrigkeit des Umwandlungsbeschlusses sprechen dabei insbesondere Rechtssicherheitsgesichtspunkte, die jedoch – abhängig von dem Zeitpunkt, in dem die Minderheitsgesellschafter Kenntnis von der Ausschlussabsicht erlangen – über unterschiedliche gesetzliche Anknüpfungspunkte und Ausprägungen verfügen.

aa) Offene Treuwidrigkeit des Umwandlungsbeschlusses

Eine „Infizierung" des Übertragungsbeschlusses hat in jedem Fall immer dann auszuscheiden, wenn die Minderheitsgesellschafter Kenntnis von der rechtsmissbrauchsbegründenden Ausschlussabsicht der Gesellschaftermehrheit zu einem Zeitpunkt erlangen, in dem ihnen ein gerichtliches Vorgehen gegen den Umwandlungsbeschluss noch möglich ist (offene Missbräuchlichkeit). Diese Möglichkeit endet mit Eintragung der neuen Rechtsform in das Handelsregister,[539] spätestens aber mit Ablauf der einmonatigen Klagefrist des § 195 Abs. 1 UmwG.

(1) Unterlassene Klageerhebung

Unproblematisch ist zunächst der Fall, dass ein Minderheitsgesellschafter es in Kenntnis der geplanten Durchführung eines Squeeze-out versäumt hat, innerhalb der einmonatigen Ausschlussfrist gemäß § 195 Abs. 1 UmwG Anfechtungsklage gegen den Umwandlungsbeschluss entsprechend § 243 Abs. 1 AktG[540] zu erheben.

Zweck der Klagefrist ist die Schaffung von Rechtssicherheit durch zeitliche Begrenzung der Rechtsschutzmöglichkeit. Betroffenen Gesellschafern ist damit aber nach Ablauf der Frist der Einwand, der Formwechselbeschluss sei rechtsmissbräuchlich zustande gekommen, abgeschnitten. Dem entspricht auch die in § 124 Abs. 2 BGB zum Ausdruck kommende gesetzgeberische Wertung, wonach eine selbst durch arglistige Täuschung oder Drohung erlangte Rechtsstellung vom Gesetz als wirksam erlangt angesehen wird, wenn sie nicht innerhalb eines Jahres nach Bekanntwerden der Täuschung bzw. dem Ende der Drohung angefochten wird. Es wäre daher

539 Siehe zur Unzulässigkeit von Klagen gegen den Umwandlungsbeschluss nach Handelsregistereintragung etwa: Meister/Klöcker, in: Kallmeyer, 4. Aufl. (2010), § 202 Rn. 57.

540 Die Beschlussanfechtung im GmbH-Recht ist mangels ausdrücklicher Regelung im GmbHG nach herrschender Meinung an das aktienrechtliche Beschlussmängelrecht angelehnt, vgl.: Roth, in: Roth/Altmeppen, 6. Aufl. (2009), § 47 Rn. 91; Zöllner, in: Baumbach/Hueck, GmbHG, 19. Aufl. (2010), Anh § 47 Rn. 3.

wertungswidersprüchlich, wollte man eben diesem Einwand nun doch wieder „durch die Hintertür" rechtliche Bedeutung beimessen, indem man einen anschließenden Squeeze-out mit der Begründung für unzulässig erklärt, der Formwechsel sei missbräuchlich erfolgt. Wer es unterlässt, fristgerecht gegen das *originär* missbräuchliche Verhalten in Gestalt der entsprechend motivierten mehrheitlichen Stimmrechtsausübung im Rahmen des Formwechselbeschlusses vorzugehen, kann die gesetzlichen Rechtsfolgen und gesetzgeberischen Wertungen, die der Ablauf der Klagefrist mit sich bringt, nicht einfach dadurch konterkarieren, dass er sich später auf die *derivative* Rechtsmissbräuchlichkeit eines späteren Verhaltens - hier der mehrheitlichen Stimmrechtsausübung im Rahmen des Übertragungsbeschlusses - beruft. Er erscheint dann schon nicht schützenswert, hatte er doch Gelegenheit, sich bereits mittelbar gegen seinen Ausschluss zu wehren. Macht er von dem rechtlichen Verteidigungsmittel gegen den Umwandlungsbeschluss nicht innerhalb der Frist des § 195 Abs. 1 UmwG Gebrauch, kann dies aber weder zu Lasten des Hauptaktionärs noch der gebotenen Rechtssicherheit gehen.[541]

Der Grundsatz, dass ein Rechtsmissbrauch auch dann möglich ist, wenn die rechtlichen Voraussetzungen der jeweiligen Rechtsausübung durch ein früheres Verhalten in unredlicher Weise erworben worden sind,[542] findet somit seine Grenze jedenfalls dort, wo dem Betroffenen wie hier bereits von Gesetzes wegen ein unmittelbares Vorgehen gegen das frühere Verhalten möglich ist, er dieses aber unterlässt.

(2) Klageabweisung und Freigabeverfahren

Doch selbst dann, wenn der Minderheitsgesellschafter fristgerecht Anfechtungsklage gegen den Formwechselbeschluss erhoben hat, verbietet sich eine „Infizierung" des im Anschluss daran durchgeführten Squeeze-out, wenn es trotz Klageerhebung entweder infolge rechtskräftiger Abweisung der Klage[543] oder im Wege eines Freigabeverfahrens[544] zur Eintragung des Formwechsels in das Handelsregister kommt.

541 Im Ergebnis so wohl auch: Moritz, „Squeeze out": Der Ausschluss von Minderheitsaktionären nach §§ 327a ff AktG, 2004, S. 269, für den Fall, dass die Minderheitsgesellschafter Kenntnis vom geplanten Ausschluss aus dem Umwandlungsbeschluss erlangen, weil in diesem ausnahmsweise die wahren Gründe des Formwechsels angegeben sind.

542 Siehe: § 8) I) 2).

543 § 198 Abs. 3 i.V.m. § 16 Abs. 2, Satz 1, 1. HS, 2. Alt. UmwG.

544 § 198 Abs. 3 i.V.m. § 16 Abs. 3, Satz 1 UmwG.

Wird die Anfechtungsklage rechtskräftig abgewiesen, folgt dies bereits aus der materiellen Rechtskraftwirkung des klageabweisenden Urteils (vgl. § 322 Abs. 1 ZPO). Denn die Frage der Missbräuchlichkeit des Formwechsels als prozessualer Gegenstand[545] des „ersten" Prozesses stellt eine präjudizielle, also eine für den „zweiten" Prozess bezüglich der Treuwidrigkeit des Übertragungsbeschlusses maßgebliche und bindende, Vorentscheidung dar.[546] Das Gericht des Folgeprozesses muss diese ohne eigenständige Erkenntnismöglichkeit zugrunde legen.[547] Hat also das Gericht im früheren Rechtsstreit den Umwandlungsbeschluss nicht wegen Rechtsmissbräuchlichkeit für nichtig erklärt, so kann in einem späteren Verfahren die Missbräuchlichkeit des Übertragungsbeschlusses nun nicht darauf gestützt werden, dass der vorweg ergangene Formwechselbeschluss treuwidrig zustande gekommen ist.

Nichts anderes gilt im Ergebnis für die Registereintragung im Wege des Freigabeverfahrens. Die Unbeachtlichkeit der Missbräuchlichkeit des Formwechsels für das spätere Squeeze-out-Verfahren ergibt sich dabei aus § 16 Abs. 3, S. 10 UmwG, der für den Fall, dass sich die auf den Rechtsmissbrauch gestützte Anfechtungsklage im Nachhinein als begründet herausstellt,[548] dem klagenden Gesellschafter lediglich einen Schadensersatzan-

---

545 Es ist davon auszugehen, dass die gerichtliche Feststellung, dass ein Missbrauch des Formwechsels nicht vorliegt, zum prozessualen Streitgegenstand zählt, es sich dabei also nicht um eine bloße Vorfrage des ersten Prozesses handelt. Dann nämlich entfiele die materielle Rechtskraft. Für die vorliegende Einordnung als Prozessgegenstand spricht, dass sich bei klageabweisenden Entscheidungen die materielle Rechtskraft nicht nur auf die Rechtsfolge des Urteils, sondern zugleich auch auf den aus den Entscheidungsgründen zu ermittelnden, die Rechtsfolge bestimmenden Abweisungsgrund erstreckt (vgl.: Völzmann-Stickelbrock, in: Prütting/Gehrlein, ZPO, 3. Aufl. (2011), § 322 Rn. 18 m.w.N.). Der die Rechtsfolge des Urteils (Nichtigkeit des Umwandlungsbeschlusses) tragende Abweisungsgrund ist hier jedoch gerade das Nichtvorliegen eines Rechtsmissbrauchs.

546 Allgemein zur materiellen Rechtskraft in Fällen der Präjudizialität siehe etwa: BGHZ 34, 337 (339); 36, 365 (367); 93, 287 (289); 157, 47 (50); BGH, NJW 2003, 3058 (3059); Musielak, in: Musielak, ZPO, 8. Aufl. (2011), § 322 Rn. 10 ff.; Schilken, Zivilprozessrecht, 6. Aufl. (2010), § 30 Rn. 1030; Schwab, Zivilprozessrecht, 3. Aufl. 2010, § 7 I Rn. 352; Vollkommer, in: Zöller, ZPO, 28. Aufl. 2010, Vor § 322, Rn. 22 ff.; Völzmann-Stickelbrock, in: Prütting/Gehrlein, ZPO, 3. Aufl. (2011), § 322 Rn. 17 ff.

547 Vgl. statt vieler: Schellhammer, Zivilprozess, 13. Aufl. (2010), S. 431; Schilken, Zivilprozessrecht, 6. Aufl. (2010), § 30 Rn. 1030.

548 Die Eintragung der neuen Rechtsform in das Handelsregister lässt den Rechtsstreit gegen den Umwandlungsbeschluss unberührt, vgl.: Kort, Bestandsschutz fehlerhaf-

spruch gegen den nun formgewechselten Rechtsträger zuspricht, wobei mit diesem die Rückumwandlung der Gesellschaft gerade nicht verlangt werden kann. Das Gesetz geht somit selbst davon aus, dass sogar der nachträglich gerichtlich festgestellte Missbrauch des Formwechsels dessen Wirksamkeit auch für die Zukunft sowie sämtliche damit verbundenen Folgen – einschließlich der Anwendung des für die neue Rechtsform geltenden Rechts (auch §§ 327a ff. AktG) – unberührt lässt.

bb) Verdeckte Treuwidrigkeit des Umwandlungsbeschlusses

Problematischer als der Fall des Bekanntwerdens der Ausschlussabsicht vor Registereintragung bzw. Ablauf der Anfechtungsfrist ist die in der Praxis wohl häufiger anzutreffende Situation, dass die Minderheitsgesellschafter Kenntnis von den wahren Gründen für den Formwechsel erst dann erlangen, wenn es tatsächlich zu einer Initiierung des Squeeze-out durch den Hauptaktionär kommt, also nach erfolgter Eintragung der neuen Rechtsform in das Handelsregister.[549] Liegt ein solcher Fall der *verdeckten* Missbräuchlichkeit des Formwechsels vor, besteht die Möglichkeit eines gerichtlichen Vorgehens gegen den Umwandlungsbeschluss als „Quelle" des Rechtsmissbrauchsvorwurfs aber nicht mehr (vgl. § 195 Abs. 1 UmwG). Die wohl noch überwiegende Ansicht im Schrifttum sieht deshalb ein Bedürfnis für die Annahme einer derivativen Missbräuchlichkeit des Squeeze-out und erachtet daher eine Anfechtung des Übertragungsbeschlusses für zulässig.[550]

Zutreffend dürfte es jedoch sein, auch in diesem Fall den Minderheitsaktionären einen Rückgriff auf den Übertragungsbeschluss zu verweigern.[551]

---

ter Strukturänderungen im Kapitalgesellschaftsrecht, 1998, S. 94 f.; Marsch-Barner, in: Kallmeyer, UmwG, 4. Aufl. (2010), § 16 Rn. 51.

549 Vgl. dazu etwa: Fleischer, in: Großkommentar zum AktG, 4. Aufl. (2007), § 327a Rn. 78.

550 Für eine „Infizierung" des Übertragungsbeschlusses u.a.: Fleischer, in: Großkommentar AktG, 4. Aufl. (2007), § 327a Rn. 78; Gesmann-Nuissl, WM 2002, 1205 (1211); Grunewald, in: Münchener Kommentar zum AktG, 3. Aufl. (2010), § 327a Rn. 24; Grzimek, in: Geibel/Süßmann, WpÜG, 2. Aufl. (2008), § 327a AktG Rn. 55; Habersack, in: Emmerich/Habersack, Aktien- und GmbH-Konzernrecht, 6. Aufl. (2010), § 327a Rn. 29; Heidel/Lochner, in: Heidel, Aktienrecht und Kapitalmarktrecht, 3. Aufl. (2011), § 327a Rn. 18; Krieger, BB 2002, 53 (62); Singhof, in: Spindler/Stilz, AktG, 2. Aufl. (2010), § 327a Rn. 27.

551 So auch: Goslar/v.d.Linden, BB 2009, 1986 (1993 f.); Hasselbach, Corporate Finance law 2010, 24 (26); Rieder, ZGR 2009, 981 (996); Schnorbus, in:

(1) Wertung des § 124 Abs. 3 BGB

Insofern kann zunächst auf den Rechtsgedanken des § 124 Abs. 3 BGB verwiesen werden. Danach ist eine durch arglistige Täuschung erlangte Rechtsposition nach Ablauf von zehn Jahren selbst dann nicht mehr zu beanstanden, wenn die andere Vertragspartei von der arglistigen Täuschung überhaupt keine Kenntnis hatte. Dem Gesetz ist also der Gedanke, dass eine auf unredliche Weise erlangte Rechtsposition aus Rechtssicherheitsgesichtspunkten auch dann als wirksam behandelt werden kann bzw. muss, wenn dem davon Betroffenen ein Vorgehen gegen diesen unredlichen Erwerb innerhalb einer bestimmten Zeitspanne mangels Kenntnis von den zur Anfechtung berechtigenden Umständen nicht möglich war, nicht völlig fremd.

(2) Bestandswirkung der Registereintragung

Maßgeblich gegen eine „Infizierung“ des Übertragungsbeschlusses spricht jedoch die im Zeitpunkt des Squeeze-out bereits eingetretene Bestandskraft des Formwechsels. Neben dem Ablauf der Klagefrist nach § 195 Abs. 1 UmwG folgt diese aus dessen Eintragung in das Handelsregister. Erst mit Eintragung der neuen Rechtsform wird der Formwechsel wirksam (vgl. § 202 Abs. 1 UmwG). Dabei entfaltet die Handelsregistereintragung ihre konstitutive Wirkung[552] ausweislich § 240 Abs. 3 UmwG unabhängig davon, ob der Formwechsel im Einzelfall mängelbehaftet ist oder nicht. Der formgewechselte Rechtsträger besteht somit auch dann in der gewählten Rechtsform fort und unterfällt folglich nach der gesetzgeberischen Konzeption zwingend den auf die neue Rechtsform anwendbaren Rechtssätzen, wenn der Umwandlungsbeschluss auf rechtsmissbräuchliche Weise zustande gekommen ist.[553]

Die Bestandskraft des Formwechsels erstreckt sich damit auch und gerade auf die Wirkungen der Registereintragung. Diese können nicht mehr

---

K.Schmidt/Lutter, AktG, 2. Aufl. (2010), § 327f Rn. 18; ebenfalls kritisch: Zimmermann, in: Rowedder/Schmidt-Leithoff, GmbHG, 4. Aufl. (2002), Anh. nach § 77 Rn. 79 (dort Fn. 213).

552 Kort, Bestandsschutz fehlerhafter Strukturänderungen im Kapitalgesellschaftsrecht, 1998, S. 94.

553 Allgemein zur Mangelhaftigkeit: Meister/Klöcker, in: Kallmeyer, UmwG, 4. Aufl. (2010), § 202 Rn. 57.

im Wege der Klage rückgängig gemacht werden,[554] den betroffenen Gesellschaftern bleibt insofern lediglich die Geltendmachung eines auf Geld[555] gerichteten Schadensersatzanspruchs gegen die für den Formwechsel verantwortlichen Personen nach §§ 205, 206 UmwG.[556] Für den Sonderfall des § 16 Abs. 3 S. 1 UmwG ergibt sich dies wie erwähnt bereits aus § 16 Abs. 3 S. 10 UmwG. Auch eine Löschung der Eintragung und damit eine nachträgliche Rückgängigmachung der Umwandlung von Amts wegen durch das Registergericht nach § 398 FamFG scheidet aus.[557]

Der Gesetzgeber hat also auch insofern eine Wertungsentscheidung getroffen. Sinn und Zweck der Eintragung ist wie bei § 195 Abs. 1 UmwG die Schaffung und Gewährleistung von Bestandsschutz und Rechtssicherheit, und zwar unabhängig von dem Vorliegen und der Schwere eines etwaigen Mangels des Umwandlungsbeschlusses.[558] Diese gesetzgeberische Wertung darf nun aber erneut nicht dadurch *ad absurdum* geführt werden, dass ein solcher Mangel an anderer Stelle wieder an Bedeutung gewinnt und die umwandlungsrechtliche Anordnung der uneingeschränkten Anwendung eines neuen Rechtsregimes auf den formgewechselten Rechtsträger einschränkt, indem die Ausübung und Wahrnehmung einzelner Rechtsnormen oder Rechtsinstitute für unzulässig erklärt wird.

Eine Abwägung des Interesses der Gesellschafter an einem Fortbestand ihrer Mitgliedschaft in der formgewechselten Gesellschaft einerseits und dem Gebot der Rechtssicherheit sowie der Funktionsfähigkeit des Rechtsverkehrs andererseits ergibt somit, dass Letzteres das Bestandsinteresse der Minderheitsgesellschafter auch dann überwiegt, wenn diese erst nach erfolgter Registereintragung Kenntnis von den Ausschlussplänen erlangen, sie also nicht mehr in der Lage sind, einen möglichen Bestandsschutz ge-

554 Siehe nur: Kort, Bestandsschutz fehlerhafter Strukturänderungen im Kapitalgesellschaftsrecht, 1998, S. 97; Zimmermann, in: Rowedder/Schmidt-Leithoff, GmbHG, 4. Aufl. (2002), Anh nach § 77 Rn. 79 (dort Fn. 213).

555 Kort, Bestandsschutz fehlerhafter Strukturänderungen im Kapitalgesellschaftsrecht, 1998, S. 284.

556 Vgl. Decher:, in: Lutter, UmwG, 4. Auf. (2009), § 193 Rn. 9; Meister/Klöcker, in: Kallmeyer, UmwG, 4. Aufl. (2010), § 202 Rn. 56; angesichts dieser Schadensersatzforderung bleibt das Rechtsschutzbedürfnis für eine Unwirksamkeitsklage bestehen.

557 Meister/Klöcker, in: Kallmeyer, UmwG, 4. Aufl. (2010), § 202 Rn. 57.

558 Decher, in: Lutter, UmwG, 4. Auf. (2009), § 202 Rn. 52; Meister/Klöcker, in: Kallmeyer, UmwG, 4. Aufl. (2010), § 202 Rn. 56; a.A.: Schmid, ZGR 1997, 493 (515 ff.), der die Bestandskraft eines Verschmelzungsbeschlusses von der Art des Mangels abhängig macht; K.Schmidt, ZIP 1998, 181 (187)

richtlich zu erreichen. Dabei sind die betroffenen Gesellschafter aber auch nicht schutzlos gestellt. Da der Registereintragung keine Heilungswirkungs zukommt, bleibt ihnen die genannte Möglichkeit eines Schadensanspruchs erhalten.[559] Es gilt also der Grundsatz: „Dulde und liquidiere!".

(3) Schutz des Rechtsverkehrs

Aber nicht nur Rechtssicherheitserwägungen sprechen gegen eine „Infizierung" des Übertragungsbeschlusses. Auch der Schutz des Rechtsverkehrs steht dem entgegen. Wirkungen entfaltet der Formwechsel nämlich nicht nur mit Blick auf das Innenverhältnis der Gesellschaft, also die rechtliche Stellung der einzelnen Gesellschafter. Ihm kommt darüber hinaus vielmehr auch eine nicht zu unterschätzende Außenwirkung zu, geht es doch letztendlich auch um die Außendarstellung und das Auftreten der Gesellschaft im Rechtsverkehr. Betroffen von einer formwechselnden Umwandlung sind somit nicht nur der Mehrheits- und die Minderheitsgesellschafter, sondern auch Dritte, die im Rechtsverkehr mit der Gesellschaft in Kontakt stehen und die in ihrem Vertrauen darauf, dass die jeweilige Gesellschaft über die ihrer Rechtsform typische Organisation, Kapitalaustattung, aber auch Rechte und Pflichten verfügt, schutzwürdig sind. Sie können und dürfen davon ausgehen, dass eine irgendwie geartete inhaltliche Beschränkung von Rechts wegen nicht besteht. In anderen Worten: „Wo AG drauf steht, muss auch AG drin sein".

Wer sich etwa als Mehrheitsgesellschafter an einer Aktiengesellschaft beteiligen will, muss auf deren umfassende rechtliche Handlungsfähigkeit vertrauen dürfen, die Durchführung eines Squeeze-out inbegriffen. Unproblematisch gilt dies für den bisher unbeteiligten Dritten, der als „neuer", mit dem den Formwechsel veranlassenden Mehrheitsgesellschafter nicht (mehr) identischer Hauptaktionär den Squeeze-out betreiben will.[560] Aber auch dann, wenn dem Dritten das missbräuchliche Verhalten seines Vorgängers zugerechnet werden kann oder er beispielsweise in Absprache mit diesem bzw. auf dessen Verlangen hin Aktien an der formgewechselten AG mit dem Ziel erwirbt, durch eine anschließende temporäre Zusammenle-

559 Kort, Bestandsschutz fehlerhafter Strukturänderungen im Kapitalgesellschaftsrecht, 1998, S. 94; Petersen, in: Kölner Kommentar zum UmwG, 2009, § 190 Rn. 26.

560 So verneint auch Grunewald (in: Münchener Kommentar zum AktG, 3. Aufl. (2010), § 327a Rn. 24) in diesem Fall – wenn auch bezogen auf die Fallgruppe der vorgeschalteten Kapitalerhöhung mit Bezugsrechtsausschluss – ausnahmsweise eine Infizierung des Übertragungsbeschlusses.

gung[561] dieser Aktien mit denen des Mehrheitsgesellschafters Letzterem zu dessen Hauptaktionärsstellung im Sinne des § 327a Abs. 1, S. 1 AktG zu verhelfen und so einen Squeeze-out der restlichen Minderheitsgesellschafter zu ermöglichen, ist eine anderslautende rechtliche Beurteilung nicht geboten.

Zu einer Beeinträchtigung der Funktionsfähigkeit des Rechtsverkehrs würde es darüber hinaus auch deshalb kommen, weil die Aberkennung des Squeeze-out-Rechts stets zu einer nicht hinnehmbaren Schlechterstellung der so umgewandelten Gesellschaft gegenüber allen übrigen Gesellschaften gleicher Gesellschaftsform führen würde. Dies kann jedoch kaum Sinn und Zweck des Umwandlungsrechts sein. Durch die Möglichkeit der Umwandlung wollte der Gesetzgeber wie erwähnt Gesellschaften vielmehr gerade ermöglichen, in den Genuss *sämtlicher* Vor- und Nachteile einer anderen Gesellschaftsform zu gelangen.[562]

(4) Keine besondere Schutzwürdigkeit von Minderheitsgesellschaftern

Gleichzeitig können auf der anderen Seite die Minderheitsgesellschafter in Anbetracht der Existenz des Umwandlungsrechts wohl kaum auf die Dauerhaftigkeit der ursprünglichen Rechtsform und damit auf ihren endgültigen Verbleib in der Gesellschaft vertrauen.[563] Schon gar nicht lässt sich eine Anwartschaft der Minderheitsgesellschafter zum Fortbestand ihrer Mitgliedschaft aufgrund „natürlich gewachsener Umstände" annehmen.[564] Dies gilt umso mehr, als den betroffenen Gesellschaftern wie erwähnt die Möglichkeit der Durchsetzung eines etwaigen Vermögensschadens gegen die verantwortlichen Personen zusteht.

cc) Beweisschwierigkeiten

Letztendlich würde aber auch die „Infizierung" des Übertragungsbeschlusses angesichts des erforderlichen Nachweises der subjektiven Ausschluss-

561 Etwa im Wege eines Wertpapierdarlehens oder der Auslagerung der gemeinsamen Aktien auf eine Zweckgesellschaft; zur Frage der Rechtsmissbräuchlichkeit eines solchen Vorgehens siehe im Einzelnen § 8) II) 4).

562 Dazu auch: § 8) II) 1) a) aa) (3).

563 Hasselbach, Corporate Finance law 2010, 24 (26); Pluskat, NZG 2007, 725 (726); Schäfer/Dette, NZG 2009, 1 (6).

564 Pluskat, NZG 2007, 725 (726).

absicht des Mehrheitsgesellschafters an den bereits dargestellten Beweisschwierigkeiten leiden.[565]

Allerdings könnten sich hier aus der Tatsache, dass es zwischenzeitlich zu einem Ausschluss der Minderheitsaktionäre gekommen ist, gewisse Beweiserleichterungen in Form beweiskräftiger Indizien ergeben. So soll etwa bei Vorliegen eines engen zeitlichen Zusammenhangs[566] zwischen Formwechsel und Squeeze-out oder einer bereits geplanten Rückumwandlung[567] eine Vermutung für das Vorliegen einer Ausschlussabsicht des Mehrheitsgesellschafters greifen.[568] Als Sperrfrist wird dabei ein Zeitraum von ein bis zwei Jahren vorgeschlagen.[569] Damit obläge es dem Hauptaktionär, den Beweis dafür zu führen, dass treibender Grund für den bereits eingetragenen Formwechsel nicht ausschließlich der ebenfalls bereits erfolgte Squeeze-out war. Eine solche Beweislastumkehr ist jedoch abzulehnen, da dies wie erwähnt auf eine faktische Einführung des sachlichen Rechtsfertigungszwangs für das Ausschlussverfahren hinaus liefe, was aber gerade nicht der Systematik der §§ 327a ff. AktG entspricht.[570] Darüber hinaus erscheint die genannte Unzulässigkeitsfrist willkürlich, der Einsatz einer zeitlichen Be-

---

565 Dazu im Einzelnen: § 8) II) 1) a) dd).

566 Fleischer, ZGR 2002, 757 (787); Habersack, in: Emmerich/Habersack, Aktien- und GmbH-Konzernrecht6. Aufl. (2010), § 327a Rn. 29; Krieger, BB 2002, 53 (62); so wohl auch: Heidel/Lochner, in: Heidel, Aktienrecht und Kapitalmarktrecht, 3. Aufl. (2011), § 327a Rn. 16.

567 Grunewald, in: Münchener Kommentar zum AktG, 3. Aufl. (2010), § 327a Rn. 25; Müller-Michaels, in: Hölters, AktG, 2011, § 327a Rn. 23; Schüppen/Tretter, in: Haarmann/Schüppen, Frankfurter Kommentar zum WpÜG, 3. Aufl. (2008), § 327a AktG Rn. 44; siehe insofern auch die kritischen Ausführungen bei: Hamann, Minderheitenschutz beim Squeeze-out-Beschluss, 2003, S. 174 ff.

568 Zusammenfassend: Fleischer, in: Großkommentar zum AktG, 4. Aufl. (2007), § 327a Rn. 78; hinsichtlich der Widerlegbarkeit der Vermutung differenziert Moritz („Squeeze out“: Der Ausschluss von Minderheitsaktionären nach §§ 327 a ff AktG, 2004, S. 270 f.) dabei zwischen den genannten Fällen: Handelt es sich um einen Fall der zeitnahen Durchführung des Squeeze-out (1. Fall), so soll eine widerlegbare Vermutung gelten; steht hingegen fest, dass eine Rückumwandlung bereits im Zeitpunkt des Squeeze-out geplant war oder kam es unmittelbar nach Durchführung des Ausschlusses zu einer solchen Rückumwandlung (2. Fall), soll die Vermutung hingegen unwiderlegbar sein.

569 Vgl.: Krieger, BB 2002, 53 (62); Moritz, „Squeeze out“: Der Ausschluss von Minderheitsaktionären nach §§ 327 a ff AktG, 2004, S. 270.

570 Kritisch auch: Koppensteiner, in: Kölner Kommentar zum AktG, 3.Aufl. (2004), § 327f Rn. 11.

grenzung schafft vielmehr Rechtsunsicherheit als dass er einer solchen vorbeugt.[571]

c) Keine Unredlichkeit aufgrund bloßer Beschlusskombination

Eine Treuwidrigkeit sowohl des Umwandlungsbeschlusses als auch des Übertragungsbeschlusses lässt sich auch nicht aus dem bloßen Zusammenspiel von Formwechsel und Squeeze-out herleiten.[572] Denn die Annahme eines Rechtsmissbrauchs einzig und allein aufgrund der Kombination zweier *per se* nicht rechtfertigungsbedürftiger Beschlussarten käme faktisch der Einführung eben eines solchen sachlichen Rechtfertigungszwangs für den Formwechsel gleich.

2. Exkurs: Verschmelzung auf eine AG

Aus den selben Gründen ist auch die Verschmelzung auf eine AG einzig mit dem Ziel, das Anteilsquorum der außenstehenden Aktionäre unter die Marke von fünf Prozent zu drücken, nicht rechtsmissbräuchlich.[573]

3. Kapitalerhöhung unter Bezugsrechtsauschluss zum Zwecke des Squeeze-out

Die formwechselnde Umwandlung einer GmbH in eine AG ist jedoch nicht die einzige vorbereitende Strukturmaßnahme, die unter dem Blickwinkel der unredlichen Erlangung der Hauptaktionärsstellung als kritisch angesehen wird. So bejaht ein Teil der Literatur – vergleichbar der Diskussion zum Formwechsel – einen Rechtsmissbrauch für den Fall, dass ein Mehrheitsaktionär die erforderliche Hauptaktionärsstellung erst im Wege einer mit sei-

---

571 Vgl.: Markwardt, BB 2004, 277 (283); Pluskat, NZG 2007, 725 (726); kritisch auch Greulich, Der Schutz des Minderheitsaktionärs, 2004, S. 256.

572 So aber: Fuchs, Der aktienrechtliche Squeeze-out, 2009, S. 443; Habersack, in: Emmerich/Habersack, Aktien- und GmbH-Konzernrecht, 6. Aufl. (2010), § 327a Rn. 28; Singhof, in: Spindler/Stilz, AktG, 2. Aufl. (2010), § 327a Rn. 27; so wohl auch: Müller-Michaels, in: Hölters, AktG, 2011, § 327a Rn. 23; wie hier aber z.B.: Fröde, NZG 2007, 729 (734 f.); Rieder, ZGR 2009, 981 (996); Schüppen/Tretter, in: Haarmann/Schüppen, Frankfurter Kommentar zum WpÜG, 3. Aufl. (2008), § 327a AktG Rn. 44.

573 A.A. jedoch: Grunewald, in: FS Röhricht, 2005, 129 (135); kritisch ebenfalls: Austmann, in: Münchener Handbuch des Gesellschaftsrechts, Band 4, 3. Aufl. (2007), § 74 Rn. 122.

nen Stimmen beschlossenen Kapitalerhöhung und gleichzeitigem Bezugsrechtsausschluss für die übrigen Aktionäre erreicht (vgl. §§ 182 Abs. 1, S. 1, 186 Abs. 3, S. 1, 2 AktG), wenn alleiniges Ziel dabei die anschließende Durchführung eines Squeeze-out war und ein Vorgehen gegen den Kapitalerhöhungsbeschluss nicht mehr möglich ist.[574] Dem folgt die herrschende Meinung jedoch zu Recht nicht.[575]

a) Rechtswidrigkeit des Bezugsrechtsausschlusses

Wie beim Formwechsel gilt auch hier, dass originärer Anknüpfungspunkt des Rechtsmissbrauchsvorwurfs nicht die Stimmrechtsausübung im Rahmen des Übertragungsbeschlusses, sondern allein die Stimmabgabe in der die Kapitalerhöhung unter Bezugsrechtsausschluss beschließenden Hauptversammlung ist.[576]

Der wesentliche Unterschied zur Rechtslage beim Formwechsel besteht jedoch darin, dass der Bezugsrechtsausschluss anders als der Formwechselbeschluss der materiellen Inhaltskontrolle unterliegt, er somit stets einer sachlichen Rechtfertigung bedarf.[577] Grund dafür ist die Schwere des Eingriffs in die mitgliedschaftiche Stellung der Aktionäre.[578] Denn der Ausschluss des Bezugsrechts führt zu einer Verwässerung der Beteiligung am

---

574 Vgl. etwa: Grunewald, in: Münchener Kommentar zum AktG, 3. Aufl. (2010), § 327 a Rn. 22; Rößler, Squeeze Out, 2007, S. 59.

575 Austmann, in: Münchener Handbuch des Gesellschaftsrechts, Band 4, 3. Aufl. (2007), § 74 Rn. 123; Fleischer, in: Großkommentar AktG, 4.Aufl. (2007), § 327 a Rn. 81; Goslar/v.d.Linden, BB 2009, 1986 (1991 f.); Grzimek, in: Geibel/Süßmann, WpÜG, 2. Aufl. (2008), § 327a AktG Rn. 57; Habersack, in: Emmerich/Habersack, Aktien- und GmbH-Konzernrecht, 6. Aufl. (2010), § 327a Rn. 27; Hasselbach, in: Kölner Kommentar zum WpÜG, 2. Aufl. (2010), § 327a AktG, Rn. 92; Markwardt, BB 2004, 2004, 277 (284); Rieder, ZGR 2009, 981 (997 ff.); Schäfer/Dette, NZG 2009, 1 (3); Schnorbus, in: K.Schmidt/Lutter, AktG, 2. Aufl. (2010), § 327f Rn. 20.

576 Wie hier: Austmann, in: Münchener Handbuch des Gesellschaftsrechts, Band 4, 3. Aufl. (2007), § 74 Rn. 123; Grunewald, in: Münchener Kommentar zum AktG, 3. Aufl. (2010), § 327a Rn. 22; Grzimek, in: Geibel/Süßmann, WpÜG, 2. Aufl. (2008), § 327a AktG Rn. 57; Hofmann, Minderheitsschutz im Gesellschaftsrecht, 2011, S. 426; Markwardt, BB 2004, 277 (284); Posegga, Squeeze-out, 2006, S. 111.

577 BGHZ 71, 40 (46) (Kali und Salz); Kraft/Krieger, in: Münchener Handbuch des Gesellschaftsrechts, Band 4, 3. Aufl. (2007), § 56 Rn. 76 f.; Dreier, Bezugsrechtsausschluss im Aktienrecht, 2005, S. 40; Grzimek, in: Geibel/Süßmann, WpÜG, 2. Aufl. (2008), § 327a AktG Rn. 57; Schnorbus, in: K.Schmidt/Lutter, AktG, 2. Aufl. (2010), § 327f Rn. 20.

578 Hüffer, AktG, 9. Aufl. (2010), § 186 Rn. 25.

Grundkapital mit schwerwiegenden Folgen für den einzelnen Aktionär. Nicht nur reduzieren sich seine vermögensrechtlichen Bezüge, die prozentual geringere Stimmkraft des gehaltenen Anteils führt vielmehr auch zu einem Verlust des bisherigen verbandsinterenen Einflusses, bestimmter Minderheitsrechte oder Sperrminoritäten.[579] Der Bezugsrechtsausschluss muss daher einem legitimen, im Gesellschaftsinteresse liegenden Zweck dienen und darüber hinaus zur Zweckerreichung geeignet, erforderlich und verhältnismäßig sein.[580] Dabei ist jedoch weitestgehend anerkannt, dass die beabsichtigte Durchführung eines Squeeze-out keinen solchen legitimen Zweck darstellt und der entsprechende Bezugsrechtsausschluss treuwidrig ist.[581]

Eine Ausnahme von dem Erfordernis sachlicher Rechtfertigung sieht lediglich § 7 Abs. 3, S. 4 FMStBG für die Übernahme von Aktien eines Finanzmarktunternehmens im Zusammenhang mit dessen Rekapitalisierung durch den Finanzmarktstabilisierungsfonds (SoFFin) vor.[582] Eine Treuwidrigkeit des Bezugsrechtsausschlusses kommt in diesem Fall somit selbst dann nicht in Betracht, wenn feststeht, dass die entsprechende Kapitalerhöhung unter Bezugsrechtsausschluss lediglich Mittel zum Zweck eines anschließenden Aktionärsausschlusses ist.[583]

Außerhalb des Anwendungsbereichs des § 7 Abs. 3, S. 4 FMStBG erwirbt der Hauptaktionär seine Stellung indes auf unredliche Weise, wenn der Anteilserwerb im Wege der Kapitalerhöhung unter Bezugsrechtsausschluss einzig mit dem Ziel erfolgte, den Boden für einen anschließenden Squeeze-out zu bereiten.

---

579 Veil, in: K.Schmidt/Lutter, AktG, 2. Aufl. (2010), § 186 Rn. 24 m.w.N.

580 Statt vieler: Markwardt, BB 2004, 277 (284); Wiedemann, in: Großkommentar AktG, 4. Aufl. (2006), § 186 Rn. 137 ff.

581 Austmann, in: Münchener Handbuch des Gesellschaftsrechts, Band 4, 3. Aufl. (2007), § 74 Rn. 123; Grzimek, in: Geibel/Süßmann, WpÜG, 2. Aufl. (2008), § 327a AktG Rn. 57; Rühland, WM 2002, 1957 (1960 f.).

582 Siehe dazu im Einzelnen auch: Böckenförde, NJW 2009, 2484.

583 Prominentes Anwendungsbeispiel des § 7 Abs. 3 S. 4 FMStBG war der Fall der *HypoReal Estate Holding AG*; siehe dazu den betreffenden Kapitalerhöhungsbeschluss vom 2. Juni 2009 sowie den Bericht des Vorstands gemäß § 186 Abs. 4 S. 2 AktG unter: http://www.hyporealestate.com.

b) Keine Unredlichkeit mangels „Infizierung" des Übertragungsbeschlusses

Damit stellt sich aber (erneut) die Frage, ob und inwiefern die Treuwirdrigkeit des Bezugsrechtsausschlusses auf den Übertragungsbeschluss durchschlägt, diesen also „infiziert".

aa) Offene Treuwidrigkeit des Kapitalerhöhungsbeschlusses

Dabei gilt erneut, dass Aktionäre, die vor Eintragung des Bezugsrechtsausschlusses in das Handelsregister und vor Ablauf der Anfechtungsfrist des § 246 Abs. 1 AktG von der wahren Absicht des Mehrheitsgesellschafters erfahren, zunächst Rechtsschutz gegen den Kapitalerhöhungsbeschluss suchen müssen.[584] Unterlassen sie dies, kann später nicht mehr gegen den Übertragungbeschluss vorgegangen werden.[585]

bb) Verdeckte Treuwidrigkeit des Kapitalerhöhungsbeschlusses

Es kann jedoch – wie beim Formwechsel – davon ausgegangen werden, dass der Mehrheitsaktionär seine tatsächliche Intention regelmäßig und ungeachtet des Erfordernisses der sachlichen Rechtfertigung gar nicht oder nur bedingt offenlegen wird. Kenntnis von den wahren Motiven der Kapitalerhöhung und des Bezugsrechtsausschlusses dürften die betroffenen Aktionäre daher regelmäßig erst dann erlangen, wenn sie sich tatsächlich dem Squeeze-out ausgesetzt sehen. Zu diesem Zeitpunkt wird aber eine Anfechtung des Kapitalerhöhungsbeschlusses nicht mehr möglich sein.[586]

Soweit in der Literatur deshalb zur Vermeidung einer dadurch bedingten Schutzlosstellung der Minderheitsaktionäre ein Rückgriff auf den Übertragungsbeschluss vorgeschlagen wird,[587] kann dem nicht gefolgt werden.[588] Denn ebensowenig wie im Fall des vorbereitenden Formwechsels rechtfertigt dieser Umstand auch mit Blick auf die Kapitalerhöhung unter Bezugsrechtsausschluss eine „Infizierung" des Übertragungsbeschlusses

---

584 Fleischer, in: Großkommentar zum AktG, 4. Aufl. (2007), § 327a Rn. 81.

585 Zu der Situation eines vorherigen Formwechsels: § 8) II) 1) b) aa).

586 Ähnlich auch: Grunewald, in: Münchener Kommentar zum AktG, 3. Aufl. (2010), § 327a Rn. 22.

587 Vgl. die Nachweise in Fn. 575.

588 Vgl. die Nachweise in Fn. 576.

nicht. Hierzu kann weitestgehend auf die dort dargestellten Rechtssicherheitserwägungen verwiesen werden.[589]

In § 246 Abs. 1 AktG kommt zunächst die gesetzgeberische Wertung zum Ausdruck, dass Beschlussmängel - soweit sie nicht automatisch zur Nichtigkeit des Beschlusses führen - nur innerhalb eines Monats nach Beschlussfassung Berücksichtigung finden.[590] Nach Ablauf der einmonatigen Anfechtungsfrist erwächst der Kapitalerhöhungsbeschluss in Bestandskraft. Die Beteiligten, aber auch Dritte, können und dürfen damit auf den Beschlussinhalt und dessen Folgen vertrauen. Die erworbene Beteiligungsquote des Mehrheitsaktionärs kann nicht mehr wirksam im Wege der Anfechtungsklage angegriffen werden. Dies gilt umso mehr, als der Kapitalerhöhungsbeschluss in das Handelsregister einzutragen ist (vgl. § 184 AktG). Zu den Folgen der Kapitalerhöhung unter Bezugsrechtsausschluss zählt angesichts des dadurch erworbenen Anteilsquorums des Mehrheitsaktionärs nunmehr auch die rechtliche Möglichkeit der Durchführung eines Ausschlussverfahrens gemäß §§ 327a ff. AktG. Wie bereits im Rahmen des Formwechsels ausgeführt, verbietet sich aber eine Umgehung dieser Wertungsentscheidung dergestalt, dass nun ein solcher Beschlussmangel (fehlende sachliche Rechtfertigung) nun doch wieder Berücksichtigung auf einer späteren Ebene, hier der Durchführung des Squeeze-out, findet.

Eine Steigerung erfährt dieser Rechtssicherheitsgedanke erneut durch die Bestandswirkung der Eintragung der Kapitalerhöhung in das Handelsregister (§ 188 AktG).[591] Wie sich aus § 189 AktG ergibt, kommt der Eintragung konstitutive Wirkung zu, die Kapitalerhöhung wird somit erst in diesem Zeitpunkt wirksam. Gleichzeitig lassen aber nun auch solche Beschlussmängel, die nach der gesetzlichen Konzeption grundsätzlich die Nichtigkeit des Kapitalerhöhungsbeschlusses nach sich ziehen, die also nicht der Anfechtungsfrist des § 246 Abs. 1 AktG unterfallen, die Wirksamkeit des Hauptversammlungsbeschlusses und damit das Erreichen der

---

589 Dazu: § 8) II) 1) b) bb).

590 Vgl. auch: Goslar/v.d.Linden, BB 2009, 1986 (1991); Schnorbus, in: K.Schmidt/Lutter, AktG, 2. Aufl. (2010), § 327f Rn. 20, die in diesem Zusammenhang ebenfalls - allerdings ohne nähere Begründung - Rechtssicherheitsgesichtspunkte und die rechtliche Einordnung des § 246 Abs. 1 AktG als Ausschlussfrist anführen.

591 Nach § 189 Abs. 4 AktG kann die Anmeldung und Eintragung der Durchführung der Kapitalerhöhung mit der Anmeldung und Eintragung des Kapitalerhöhungsbeschlusses zusammenfallen.

Hauptaktionärsstellung unberührt. Auch eine Aufhebung des Kapitalerhöhungsbeschlusses ist nicht mehr möglich.[592]

4. Zeitlich begrenzte Aktienbündelung zum Zwecke des Squeeze-out

Nach einer im Schrifttum vertretenen Ansicht soll auch eine solche Hauptaktionärsstellung unredlich erworben sein, die durch ein zeitlich befristetes Zusammenwirken mehrerer Aktionäre zustande kommt, das nach dem Willen der Beteiligten allein dem Squeeze-out dienen soll, bei dem es im Anschluss an den Zwangsausschluss also erneut zu einer Vergrößerung des Aktionärskreises kommt.[593]

Die herrschende Lehre lehnt dies mittlerweile jedoch ab.[594] Auch der Bundesgerichtshof hat sich in seiner „Wertpapierdarlehen"-Entscheidung gegen die Rechtsmissbräuchlichkeit eines solchen Vorgehens ausgesprochen.[595]

a) Der Missbrauchsvorwurf am Beispiel des Wertpapierdarlehens

Diskutiert wird diese Problematik insbesondere für die darlehensweise Überlassung von Aktien im Rahmen eines Wertpapierdarlehens.[596] Auch die folgenden Darstellungen und Untersuchungen orientieren sich deshalb an

592 Hüffer, AktG, 9. Aufl. (2010), § 182 Rn. 16.

593 Ph.Baums, WM 2001, 1843 (1845f.); Grunewald, in: Münchener Kommentar zum AktG, 3. Aufl. (2010), § 327 Rn. 21 f.; Fleischer, in: Großkommentar zum AktG, 4. Aufl. (2007), § 327a Rn. 80; Hofmann, Minderheitsschutz im Gesellschaftsrecht, 2011, S. 425 f.; Moritz, „Squeeze out": Der Ausschluss von Minderheitsaktionären nach §§ 327 a ff AktG, 2004, S. 271 ff.; Rößler, Squeeze Out, 2007, S. 62; dem folgend auch: OLG München; ZIP 2006, 2370 (2374).

594 Vgl. Grzimek, in: Geibel/Süßmann, WpÜG, 2. Aufl. (2008), § 327a AktG Rn. 58; Habersack, in: Emmerich/Habersack, Aktien- und GmbH-Konzernrecht, 6. Aufl. (2010), § 327a R. 28; Koppensteiner, in: Kölner Kommentar zum AktG, 3. Aufl. (2004), § 327f. Rn. 11; Kort, AG 2006, 557 (559f.); Krieger, BB 2002, 53 (62); Kumpan/Mittermeier, ZIP 2009, 404 (408); Markwardt, BB 2004, 277 (285); Petersen/Wille, NZG 2009, 856 (857); Pluskat, NZG 2007, 725 (728 f.); Rieder, ZGR 2009, 981 (992); Schäfer/Dette, NZG 2009, 1 (5); Schnorbus, in: K.Schmidt/Lutter, AktG, 2. Aufl. (2010), § 327f Rn. 17; Singhof, in: Spindler/Stilz, AktG, 2. Aufl. (2010), § 327a Rn. 26.

595 BGH, WM 2009, 896 (Wertpapierdarlehen). Anders noch die Vorinstanzen: OLG München, ZIP 2006, 2370; LG Landshut, AG 2006, 513.

596 Siehe etwa die Nachweise in Fn. 594 und 595.

dieser Fallgestaltung; dies nicht zuletzt deshalb, weil es gerade der Einsatz eines Wertpapierdarlehens zur Ermöglichung eines Squeeze-out war, dessen rechtsmissbrauchsbegründende Wirkung Gegenstand der erwähnten „Wertpapierdarlehen“-Entscheidung war.[597] Denkbar sind daneben aber auch andere rechtliche Konstruktionen, wie etwa die temporäre Übertragung von Aktien auf einen Treuhänder oder auf eine für diesen Zweck gegründete Holding (*spezial purpose vehicle*).[598] Für diese Fallgestaltungen gelten die folgenden Ausführungen entsprechend.

Rechtlich ist das Wertpapierdarlehen als Sachdarlehen im Sinne des § 607 BGB einzuordnen.[599] Der darlehensgebende Aktionär verpflichtet sich dabei, dem darlehensnehmenden Aktionär gegen ein Darlehensentgelt die vertraglich bestimmten Aktien zu überlassen. Nach Ablauf der Vertragslaufzeit ist der darlehensnehmende Aktionär verpflichtet, Aktien gleicher Art, Güte und Menge rückzuerstatten (vgl. § 607 Abs. 1 BGB). Sowohl Aktienüberlassung als auch Aktienrückerstattung stellen dabei Übereignungstatbestände dar, der darlehensnehmende Aktionär wird also Eigentümer der ihm darlehensweise überlassenen Aktien.[600]

Mit Blick auf das Ausschlussverfahren der §§ 327a ff. AktG kommt ein Rückgriff auf das Wertpapierdarlehen praktisch immer dann in Betracht, wenn mehrere Aktionäre, von denen jedoch keiner Hauptaktionär im Sinne des § 327a Abs. 1, S. 1 AktG ist, gemeinsam den Ausschluss einer Restminderheit beabsichtigen. Verfügen diese Aktionäre zusammen über das erforderliche 95-prozentige Anteilsquorum, so bietet der Einsatz eines Wertpa-

---

597 Vgl.: BGH, WM 2009, 896 (Wertpapierdarlehen).

598 Siehe etwa: Austmann, in: Münchener Handbuch des Gesellschaftsrechts, Band 4, 3. Aufl. (2007), § 74 Rn. 125; Ph.Baums, WM 2001, 1843 (1845 f.); Kort, AG 2006, 557 (560); Moritz, „Squeeze out“: Der Ausschluss von Minderheitsaktionären nach §§ 327 a ff AktG, 2004, S. 271; Rieder, ZGR 2009, 981 (994 f.); Riehmer, Der Konzern 2009, 273 (274); Ziemons, GWR 2009, 159 (160); im Falle eines special purpose vehicle lässt sich die Aktienkumulierung dabei entweder durch die Einbringung der Aktien gegen Gewährung von Geschäftsanteilen der Zweckgesellschaft oder im Wege des Aktienverkaufs erreichen (vgl.: Pluskat, NZG 2007, 725 (727); Schäfer/Dette, NZG 2009, 1 (2)).

599 Ph.Baums, WM 2001, 1843 (1846); Hüffer, AktG, 9. Aufl. (2010), § 327a Rn. 12; Markwardt, BB 2004, 277 (280); Rieder, ZGR 2009, 981 (989); Schmid/Mühlhäuser, BB 2001, 2609 m.w.N.; Weidenkaff, in: Palandt, BGB, 70. Aufl. (2011), § 607 Rn. 5.

600 BGH, WM 2009, 896 (897) (Wertpapierdarlehen); Kort, AG 2006, 557 (559); Kumpan/Mittermeier, ZIP 2009, 404 (406); Schäfer/Dette, NZG 2009, 1 (2); Schüppen/Tretter, in: Haarmann/Schüppen, Frankfurter Kommentar zum WpÜG, 3. Aufl. (2008), § 327a Rn. 8.

pierdarlehens eine für sie günstige Gestaltungsmöglichkeit, erspart er doch ein kompliziertes und aufwendiges „Umhängen" von Beteiligungen.[601] Dabei werden dem designierten Hauptaktionär als darlehensnehmenden Aktionär zunächst die Aktien der übrigen ausschlusswilligen Aktionäre übereignet. Die so erlangte Hauptaktionärsstellung ermöglicht sodann die Initiierung und Durchführung des Squeeze-out. In einem letzten Schritt übereignet schließlich der Hauptaktionär bei Fälligkeit und gemäß seiner Rückerstattungspflicht den darlehensgebenden (ehemaligen) Aktionären eine entsprechende Anzahl von Aktien gleicher Art und Güte. Dadurch verliert er jedoch seine zuvor durch den Squeeze-out gewonnene Alleingesellschafterstellung wieder.

Es ist aber gerade diese zeitliche Begrenzung der Hauptäktionärsstellung, die die Stimmrechtsausübung im Rahmen des Übertragungsbeschlusses rechtsmissbräuchlich werden lassen soll.[602] Begründet wird der Rechtsmissbrauchsvorwurf mit einem Verstoß gegen Sinn und Zweck des Squeeze-out.[603] Damit sei es nämlich nicht vereinbar, wenn das Grundkapital nach erfolgtem Ausschluss der Minderheitsaktionäre erneut zwischen mehreren Aktionären verteilt würde und somit genau der Zustand eintrete, der mit der Durchführung des Ausschlussverfahrens eigentlich verhindert werden soll.[604] Dem Ausschlussverfahren der §§ 327a ff. AktG sei wesensimmanent, dass es nach dessen Durchführung nicht umgehend zu einer erneuten Vermehrung der Aktionäre komme, sondern es einer gewissen Dauerhaftigkeit der so gewonnenen Alleinaktionärsstellung bedürfe.[605]

---

601 Zur Verhinderung eines solchen „Umhängens" von Beteiligungen: BGH WM 2009, 896 (898) (Wertpapierdarlehen).

602 OLG München, ZIP 2006, 2370 (2374); Fleischer, ZGR 2002, 757 (778); Grunewald, in: Münchener Kommentar zum AktG, 3. Aufl. (2010), § 327a Rn. 21; Rößler, Squeeze-out, 2007, S. 62.

603 So etwa: Hofmann, Minderheitsschutz im Gesellschaftsrecht, 2011, S. 426, der – mit Blick auf special purpose vehicles – einen institutionellen Rechtmissbauch annimmt.

604 Ph.Baums, WM 2001, 1843 (1846f.); Rößler, Squeeze Out, 2007, S.62.

605 Ph.Baums, WM 2001, 1843 (1846) (für den Fall eines special purpose vehicle); Heidel/Lochner, in: Heidel, Aktienrecht und Kapitalmarktrecht, 3. Aufl. (2011), § 327a Rn. 16.

b) Kein Verstoß gegen Sinn und Zweck des Squeeze-out (institutioneller Rechtsmissbrauch)

Dem kann jedoch nicht gefolgt werden. Zwar ermöglicht ein solches Vorgehen letztendlich den gezielten Ausschluss nur einzelner Aktionäre, was auf den ersten Blick den Anschein eines Rechtsmissbrauchs nahe legen mag. Der Umstand, dass es nach erfolgtem Squeeze-out nicht bei der Alleinaktionärsstellung des vormaligen Hauptaktionärs bleiben soll, weil die Hauptaktionärsstellung von vorneherein nur auf eine bestimmte Zeit begrenzt war, rechtfertigt jedoch für sich genommen noch nicht die Annahme eines zum institutionellen Rechtsmissbrauch führenden zweckwidrigen Fehlgebrauchs der §§ 327a ff. AktG.

aa) Vermeidung umständlichen „Umhängens“ von Beteiligungen

Dass der nur vorübergehenden Konzentrierung von Aktien in der Person des Hauptaktionärs nicht die Teleologie der Squeeze-out-Regelungen entgegensteht, zeigt sich bereits an dem Zurechnungstatbestand des § 327a Abs. 2 i.V.m. § 16 Abs. 4 AktG, der die Addition auch nur mittelbar gehaltener Kapitalbeteiligungen des Hauptaktionärs gestattet. Auch dadurch soll ein umständliches „Umhängen“ von Beteiligungen überflüssig gemacht werden.[606] Lässt es das Gesetz aus diesem Grund aber ausnahmsweise zu, dass es schon gar nicht erst zu einer Zusammenlegung von Aktien kommt, so kann nichts anderes für den Fall einer nur vorübergehenden, Aktienkumulierung gelten, wenn damit ebenfalls ein zulässiges „Beteiligungsumhängen“ vermieden wird.[607] Wie das Wertpapierdarlehen führt auch die Anwendung des § 327a Abs. 2 i.V.m. § 16 Abs. 4 AktG zu einem – im letztgenannten Fall sogar ununterbrochenen – Vorhandensein einer Mehrzahl von Aktionären in der Gesellschaft. Angesichts dessen lässt sich aber nur schwer argumentieren, Sinn und Zweck der §§ 327a ff. AktG sei es, nur den auf bestimmte Dauer angelegten Erwerb der Hauptaktionärsstellung zuzulassen.

Hinzu kommt, dass es nach Wortsinn, Entstehungsgeschichte und Systematik des § 327a Abs. 1, S. 1 AktG für das Hauptaktionärsquorum des § 327a Abs. 1, S. 1 AktG einzig und allein auf die formale Eigentümerstel-

---

606 Begr. RegE, BT-Drucks. 14/7034, S. 72.

607 Zu diesem Erst-Recht-Schluss siehe auch: Kort, AG 2006, 557 (563); Pluskat, NZG 2007, 725 (729).

lung hinsichtlich der gehaltenen Aktien ankommt.[608] Der Darlehensnehmer erhält Volleigentum an den Aktien und kann mit diesen – unabhängig von zeitlichen Vorgaben – folglich nach freiem Belieben und Ermessen verfahren (vgl. § 903 S. 1 BGB).[609]

bb) Effektive Unternehmensführung

Sinn und Zweck der §§ 327a ff. AktG ist wie erwähnt die Gewährleistung einer effektiven Unternehmensführung durch Vermeidung bzw. Reduzierung des durch die Existenz von Kleinstbeteiligungen verursachten Formalaufwands.[610] Im Vordergrund standen dabei wie erwähnt das Einsammeln kostenintensiver Splitterbeteiligungen und der Ausschluss „störender" Aktionäre.[611] Die Effizienz der Unternehmensführung kann aber durchaus ein wirtschaftliches Bedürfnis dafür begründen, nur einzelne Aktionäre gezielt aus der Gesellschaft auszuschließen. Denkbar ist insofern ein „negatives" Interesse des Unternehmens am Ausschluss einzelner querulantischer Minderheitsaktionäre ebenso wie ein „positives" Interesse am Verbleib bestimmter Minderheitsaktionäre in der Gesellschaft (z.B. Finanzinvestoren).[612] Es wäre daher mit Sinn und Zweck der §§ 327a ff. AktG nicht vereinbar, den Übertragungsbeschluss allein deshalb wegen Rechtsmissbrauchs für anfechtbar zu erklären, weil es später zu einer erneuten Vergrößerung des Aktionärskreises kommen und damit gezielt nur der Ausschluss solcher Aktionäre betrieben werden soll, deren fortdauernde Beteiligung unternehmenspolitisch sinnlos ist. Anderenfalls wäre ein Unterneh-

---

608 BGH, WM 2009, 896 (897) (Wertpapierdarlehen); dem folgend die wohl herrschende Meinung, vgl. etwa: OLG Düsseldorf, ZIP 2004, 359 (362); Fleischer, in: Großkommentar zum AktG, 4. Aufl. (2004), § 327a Rn. 34; Grunewald, in: Münchener Kommentar zum AktG, 3. Aufl. (2010), § 327a Rn. 6; Hüffer, AktG, 9. Aufl. (2010), § 327a Rn. 12; Kort, AG 2006, 557 (560); Kumpan/Mittermeier, ZIP 2009, 404 (406); Schnorbus, in: K.Schmidt/Lutter, AktG, 2. Aufl. (2010), § 327a Rn. 5.

609 Damit wendet sich der BGH ausdrücklich gegen das OLG München, (ZIP 2006, 2370 (2374)), das in der Vorinstanz noch davon ausgegangen war, dass der Rückübertragungsanspruch des § 607 Abs. 1 S. 2 BGB das so erworbene Aktieneigentum belaste mit der Folge, dass dieses wirtschaftlich nicht mit einem uneingeschränkten Vollrechtserwerb deckungsgleich sei, es sich vielmehr um ein bloßes "Eigentum auf Zeit" handele; so auch ausdrücklich: Schmidt/Mühlhäuser, BB 2001, 2609 (2612).

610 Dazu im Einzelnen: § 1) III).

611 Vgl.: Reg.Begr., BT-Drucks. 14/7034, S. 31 f.

612 Ähnlich auch: Rieder, ZGR 2009, 981 (1000 f.); Singhof, in: Spindler/Stilz, AktG, 2. Aufl. (2010), § 327a Rn. 26.

men gezwungen, entweder sämtliche Minderheitsaktionäre und damit auch etwaige Finanzinvestoren auf Dauer auszuschließen oder aber gänzlich von der Durchführung eines Squeeze-out abzusehen. Eine derartige gesetzgeberische Einschränkung des unternehmerischen Entscheidungsermessens, dessen Stärkung doch gerade mit der Einführung der Squeeze-out-Vorschriften bezweckt war, dürfte aber nicht dem gesetzgeberischen Willen entsprechen. Die Gewährleistung einer dauerhaften Alleinherrschaft des Mehrheitsaktionärs ist – wie auch der Bundesgerichtshof ausdrücklich anerkennt[613] – gerade nicht *ratio legis* der §§ 327a ff. AktG.[614]

Die vom Ausschluss betroffenen Minderheitsaktionäre werden dabei auch nicht schlechter gestellt als sie bei einem Squeeze-out mit fortdauernder Alleinaktionärsstellung des Hauptaktionärs stünden, da auch dann die Rechtsfolgen – der Verlust der Mitgliedschaft gegen Barabfindung – für sie dieselben wären. Das Willkürverbot (§ 226 BGB) und der Gleichbehandlungsgrundsatz (§ 53a AktG) bleiben davon allerdings unberührt.

cc) Vermeidung von Formalaufwand

Der nur temporären Aktienkumulierung steht auch nicht die Tatsache entgegen, dass die erneute Vergrößerung des Aktionärskreises für das Unternehmen mit neuem Formalaufwand verbunden ist, dessen Vermeidung ein wesentliches Element der den §§ 327a ff. AktG gesetzgeberisch zugrunde gelegten Zweckbestimmung ist.[615] Denn auch insofern lässt sich entsprechend der vorstehenden Argumentation den Squeeze-out-Regelungen nicht die Wertung entnehmen, der einmal zur Vermeidung von Zeit- und Kostenaufwand erfolgte Squeeze-out binde den Hauptaktionär und die Verwaltungsorgane der Gesellschaft dergetalt, dass die Begründung neuen Formalaufwands für die Zukunft ausgeschlossen sein soll.

Der Gesetzgeber hat das Squeeze-out-Verfahren wie erwähnt weitestgehend in das freie Ermessen des Hauptaktionärs gestellt.[616] Die Entschei-

---

613 BGH, WM 2009, 896 (898) (Wertpapierdarlehen).

614 Habersack, in: Emmerich/Habersack, Aktien- und GmbH-Konzernrecht, 6. Aufl. (2010), § 327a R. 30; Hasselbach, in: Kölner Kommentar zum WpÜG, 2. Aufl. (2010), § 327a AktG Rn. 86; Kort, AG 2006, 557 (560); Kumpan/Mittermeier, ZIP 2009, 404 (408); Singhof, in: Spindler/Stilz, AktG, 2. Aufl. (2010), § 327a Rn. 26.

615 So aber: Ph.Baums, WM 2001, 1843 (1845) (für den Fall eines special purspose vehicle), der in diesem Fall allerdings als Rechtsfolge von einer Gesetzesumgehung ausgeht.

616 Dazu im Einzelnen: § 7) I) 1).

dung über das „Ob“ der Vermeidung bestehenden Formalaufwands durch die Initiierung und Durchführung eines Squeeze-out obliegt damit allein dem Unternehmen selbst. Gleiches muss aber auch für die Reichweite der Aufwandsreduzierung gelten. Zwar weist der Gesetzgeber darauf hin, dass es stets „(...) *ökonomisch* keinen Sinn mache, sehr kleine Minderheiten in Aktiengesellschaften zu belassen.“[617] Inwieweit der Ausschluss darüber hinaus allerdings auch *unternehmenspolitisch* sinnlos ist, stellt eine rein unternehmerische Entscheidung dar und hat daher im ausschließlichen Ermessen des jeweiligen Unternehmens zu verbleiben. Maßgebliches Kriterium sollte demnach allein der unternehmenspolitische Sinngehalt von Minderheitsbeteiligungen und des dadurch bedingten Formalaufwands sein. Es liegt nahe, anzunehmen, der Gesetzgeber habe Unternehmen in die Lage versetzen wollen, nur solchen Formalaufwand zu vermeiden, der aus Unternehmenssicht unerwünscht ist, etwa weil es sich um bloße Splitterbeteiligungen oder „störende“ Aktionäre handelt. Für die Gesellschaft sinnvolle Minderheitsbeteiligungen – wie die von Finanzinvestoren – sollten dieser hingegen erhalten bleiben dürfen, auch wenn dies mit dem Aufrechterhalten alten oder der Begründung neuen Formalaufwands verbunden ist.

Letztlich dürfte auch die Tatsache des (vorübergehenden) Zusammenwirkens der an der Aktienzusammenlegung beteiligten Aktionäre ein starkes Indiz dafür sein, dass diese „am selben Strang ziehen“, sie mit ihrer Beteiligung also übereinstimmende Ziele und Interessen verfolgen und zu einer blockadefreien, einvernehmlichen Zusammenarbeit bereit und imstande sind, was den durch sie verursachten Formalaufwand gering hält.[618] Damit wird aber zugleich auch Sinn und Zweck des Squeeze-out – soweit sie die Vermeidung bzw. Reduzierung von Formalaufwand betreffen – entsprochen.[619]

5. Fazit

Die bisherige Untersuchung hat gezeigt, dass beim Squeeze-out ein zur Abwertung des Ausschlussinteresses führender unredlicher Erwerb der Hauptaktionärsstellung grundsätzlich nicht in Betracht kommt.

Weder ein vorgeschalteter Formwechsel oder eine Kapitalerhöhung unter Bezugsrechtsausschluss noch die nur vorübergehende Zusammenlegung von Aktien in der Hand des Hauptaktionärs lassen die dem Squeeze-

617 Begr. RegE, BT-Drucks. 14/7034, S. 31 f.
618 Kort, AG 2006, 557 (559); Markwardt, BB 2004, 277 (286).
619 Kort, AG 2006, 557 (559).

out zugrunde liegenden Stimmrechtsausübungen missbräuchlich und den Übertragungsbeschluss daher anfechtbar werden. Dies folgt aus der gesetzgeberischen Wertungsentscheidung, den Formwechsel und den Squeeze-out jeweils in das freie und damit weitestgehend vorbehaltslose Ermessen der Gesellschaftermehrheit zu stellen, sowie aus Rechtssicherheitserwägungen.

III. Unredliches Ausnutzen der Hauptaktionärsstellung

Eine Abwertung des Ausschlussinteresses kommt neben den Fällen des unredlichen Erwerbs der Hauptaktionärsstellung wie erwähnt aber auch dann in Betracht, wenn die auf redliche Weise erlangte Hauptaktionärstellung in unredlicher Weise ausgenutzt wird.[620]

1. Geplante (Wieder-)Aufnahme von Aktionären

Ein in diesem Zusammenhang häufig diskutierter Fall ist die geplante (Wieder-)Aufnahme von Minderheitsaktionären nach erfolgreichem Squeeze-out. Auch insofern wird vereinzelt der Vorwurf erhoben, ein solches Vorgehen konterkariere den mit dem Zwangsausschluss verfolgten Zweck, nämlich das „Loswerden" von Minderheitsaktionären und führe daher zu einem institutionellen Rechtsmissbrauch.[621]

a) Keine andere rechtliche Beurteilung als im Fall vorübergehender Aktienbündelung

Überzeugender erscheint jedoch erneut die Gegenansicht, die von der grundsätzlichen Zulässigkeit der (Wieder-)Aufnahme von Minderheitsaktionären ausgeht.[622] Es kann dabei weitestgehend auf die Ausführungen zur

---

620 Dazu im Einzelnen: § 8) I) 1).

621 Heidel/Lochner, in: Heidel, Aktienrecht und Kapitalmarktrecht, 3. Aufl. (2011), § 327a AktG Rn. 16, die die Aufnahme neuer Aktionäre als Anzeichen für das Vorliegen eines Rechtsmissbrauchs deuten; Schäfer/Dette, NZG 2009, 1 (3); widersprüchlich insofern jedoch: Müller-Michaels, in: Hölters, AktG, 2011, § 327a Rn. 22.

622 Grunewald, in: Münchener Kommentar zum AktG, 3. Aufl. (2010), § 327a Rn. 26; Grzimek, in: Geibel/Süßmann, WpÜG, 2. Aufl. (2008), § 327a AktG Rn. 59; Kort, AG 2006, 557 (560); Kumpan/Mittermeier, ZIP 2009, 404 (408); Rieder, ZGR 2009, 981 (1000 f.); Schüppen/Tretter, in: Haarmann/Schüppen, Frankfurter Kommen-

nur vorübergehenden Aktienbündelung bei einem Rechtsträger verwiesen werden, da die Rechtsfolge – das Vorhandensein einer Mehrzahl von Aktionären nach erfolgtem Squeeze-out – in beiden Fällen identisch ist. Soweit *Schäfer/Dette* der Vergleichbarkeit dieser beiden Fallgestaltungen entgegenhalten, bei den an der Aktienbündelung beteiligten Aktionären handele es sich nach der Logik des § 327a Abs. 2 AktG schon gar nicht um „Minderheitsaktionäre" im Sinne des § 327a Abs. 1, S. 1 AktG, es gehe in diesem Fall also rechtlich schon gar nicht um eine dem Sinn und Zweck des Squeeze-out widersprechende „Wiederaufnahme" von Minderheitsaktionären,[623] überzeugt dies nicht. Denn faktisch macht es keinen Unterschied, ob sich ein Minderheitsaktionär an einer Aktienbündelung beteiligt oder er zunächst aus der Gesellschaft ausgeschlossen und anschließend wieder „aufgenommen" wird; das Ergebnis ist dasselbe. Eine unterschiedliche rechtliche Handhabe dieser Fälle erscheint daher nicht gerechtfertigt.

b) Ökonomisch veranlasste Maßnahmen

Dass Sinn und Zweck der §§ 327a ff. AktG einer (Wieder-)Aufnahme von Minderheitsaktionären nach Durchführung eines Squeeze-out nicht entgegen stehen, zeigt sich insbesondere an folgenden praktischen Überlegungen.

Gerät ein Unternehmen in wirtschaftliche Schieflage, steigt damit meist auch der Bedarf an frischem Kapital. Will sich das betreffende Unternehmen dabei allerdings nicht allein auf die Beschaffung von Fremdkapital beschränken oder geht es um die Verhinderung einer bilanziellen Überschuldung der Gesellschaft, so bleibt als Mittel zur Anheben der Eigenkapitalquote regelmäßig nur eine Kapitalerhöhung.[624] Folge ist dann jedoch eine erneute Vergrößerung des Aktionärskreises. Wollte man sich nun aber auf den Standpunkt stellen, ungeschriebene Voraussetzung des Squeeze-out sei stets auch eine zumindest gewisse Dauerhaftigkeit der durch den Ausschluss erreichten Alleinaktionärsstellung, würde dies aber Sinn und Zweck des Squeeze-out gerade widersprechen. Denn die gesetzgeberisch bezweckte Gewährleistung effektiver Unternehmensführung verlangt in diesem Fall,

---

tar zum WpÜG, 3. Aufl. (2008), § 327a AktG Rn. 45; Singhof, in: Spindler/Stilz, AktG, 2. Aufl. (2010), § 327a Rn. 26.

623 Schäfer/Dette, NZG 2009, 1 (6).

624 Vgl. etwa: Vaupel/Reers, AG 2010, 93; eine beispielhafte Auflistung namhafter Fälle, in denen in die Krise geratene Unternehmen durch Kapitalerhöhung ihre Eigenkapitalquote erhöht haben, findet sich bei: Seibt/Voigt, AG 2009, 133.

dass es dem Unternehmen unbenommen sein muss, neue Minderheitsaktionäre als Kapitalgeber „an Bord zu holen“.[625] Entsprechendes gilt auch dann, wenn private Gläubiger zum Zwecke der Sanierung oder Restrukturierung des Unternehmens Aktionäre der Gesellschaft werden, indem sie ihre Forderungen ganz oder teilweise gegen Anteile an der Zielgesellschaft „tauschen“ (*debt-equity-swap*).[626] Zuletzt kann noch an den Fall gedacht werden, dass der Hauptaktionär eine wirtschaftlich vorteilhafte oder gar gebotene Verschmelzung mit einem industriellen Partner oder Konkurrenten plant.[627]

c) Beweisschwierigkeiten

Ferner stellt sich auch hier erneut die bereits im Zusammenhang mit dem vorbereitenden Formwechsel und der Kapitalerhöhung unter Bezugsrechtsausschluss dargestellte Beweisproblematik.[628] Denn wie dort bedarf es auch in diesem Fall für die Frage einer institutionellen Rechtsmissbräuchlichkeit stets des Nachweises, dass der Hauptaktionär im maßgeblichen Zeitpunkt der Beschlussfassung eine (Wieder-)Aufnahme von Aktionären geplant hat.

2. Fehlendes Unternehmensinteresse / Schikane (§ 226 BGB)

Gemäß der allgemeinen Rechtsmissbrauchslehre wird ein Rechtsmissbrauch angenommen, wenn der Rechtsinhaber mit der Rechtsausübung kein eigenes Interesse verfolgt.[629] Dies gilt insbesondere für die sog. Schikanefälle, in denen die Rechtsausübung also bereits *objektiv* keinem anderen Zweck dienen kann als einen Dritten zu schädigen (vgl. § 226 BGB).[630]

Dementsprechend soll auch das Squeeze-out-Verfahren rechtsmissbräuchlich sein, wenn dem Ausschluss der Minderheitsaktionäre keine un-

---

625 Kort, AG 2006, 557 (559).

626 Ausführlich zum debt-equity-swap: § 9) III) 4) a) bb).

627 Krieger, BB 2002, 53 (62).

628 Dazu: § 8) II) 1) a) dd) und § 8) II) 1) b) cc).

629 Siehe nur: Larenz/Wolf, BGB AT, 9. Aufl. (2004), S. 286 f.; Looschelders, Schuldrecht AT, 8. Aufl. (2010), Rn. 79.

630 Zur dogmatischen Einordnung des Schikaneverbots unter den Oberbegriff des Rechtsmissbrauchs: Hager, Schikane und Rechtsmißbrauch, 1913, S. 1 ff.; Roth, in: Münchener Kommentar zum BGB, 5. Aufl. (2007), § 242 Rn. 211; Ellenberger, in: Palandt, BGB, 70. Aufl. (2011), § 226 Rn. 1.

ternehmerische Initiative zugrunde liegt[631] oder dieser sich als schikanös darstellt.[632] Dies dürfte jedoch nur dann der Fall sein, wenn der Zwangsausschluss tatsächlich weder dem Unternehmensinteresse noch der effektiven Unternehmensführung, sondern einzig der Durchsetzung persönlicher und sachfremder Motive und Interessen des Hauptaktionärs dient.

Es kann jedoch bereits bezweifelt werden, ob ein solcher Fall fehlenden unternehmerischen Interesses bzw. ein Verstoß gegen § 226 BGB beim Squeeze-out überhaupt denkbar ist. Denn mit dem Ausschluss von Minderheitsaktionären reduziert sich wie erwähnt zugleich der durch die Existenz der Mindestbeteiligungen begründete Formalaufwand der Gesellschaft.[633] Dies entspricht aber stets dem Unternehmensinteresse und steht folglich auch der Annahme einer Schikane entgegen. Letztere wäre etwa nur dann begründet, wenn die Initiierung des Squeeze-out und die Stimmrechtsausübung als maßgebliche Rechtsausübung *objektiv*[634] keinen anderen Zweck haben können als sämtlichen oder einzelnen Minderheitsaktionären einen Schaden zuzufügen. Eine Schikane liegt damit bereits dann nicht vor, wenn neben den Schädigungszweck ein weiterer, *objektiver* Zweck tritt.[635] Gerade dies ist jedoch angesichts der mit dem Ausschluss von Minderheitsaktionären verbundenen Kostenreduzierung der Fall. Es genügt also nicht, dass der Hauptaktionär im Einzelfall mit dem Aktionärsausschluss subjektiv und unabhängig von der Kostenreduzierung die Schädigung einzelner oder alle Minderheitsaktionäre beabsichtigt.

3. Ausschluss zur Unzeit

Wartet der Hauptaktionär nach Erlangung der 95-prozentigen Anteilsmehrheit mit der Initiierung eines Squeeze-out bis zu einem für ihn günsti-

---

631 Hüffer, AktG, 9. Aufl. (2010), § 327a Rn. 12; Müller-Michaels, in: Hölters, AktG, 2011, § 327a Rn. 25; Schäfer/Dette, NZG 2009, 1 (3).

632 Rieder, ZGR 2009, 981 (1002 f.); Schäfer/Dette, NZG 2009, 1 (2).

633 Dazu bereits: § 1) III).

634 Dennhardt, in: Bamberger/Roth, 2. Aufl. (2007), § 226 Rn. 5; E.Wagner, in: Erman, 13. Aufl. (2011), § 226 Rn. 5.

635 Ellenberger, in: Palandt, BGB, 70. Aufl. (2011), § 226 Rn. 2; Grothe, in: Münchener Kommentar zum BGB, 5. Aufl. (2006), § 226 Rn. 4; Repgen, in: Staudinger, BGB, 2009, § 226 Rn. 16; sollte ein solcher zusätzlicher, von der Rechtsordnung gebilligter Zweck nicht vorliegen, ist umstritten, ob das Schikaneverbot darüber hinaus einen Schädigungsvorsatz des Rechtsausübenden verlangt (bejahend etwa: Dennhardt, in: Bamberger/Roth, 2. Aufl. (2007), § 226 Rn. 5; E.Wagner, in: Erman, 13. Aufl. (2011), § 226 Rn. 5; verneinend etwa: Repgen, in: Staudinger, BGB, 2009, § 226 Rn. 20 mit Hinweis auf BGH, NJW 2008, 3438).

gen Zeitpunkt und entsteht den ausgeschlossenen Minderheitsaktionären dadurch – wie vom Hauptaktionär beabsichtigt – ein Verlust dergestalt, dass sie infolge des Ausschlusses eine außergewöhnliche Geschäftschance nun nicht mehr realisieren können, diese vielmehr dem Hauptaktionär allein zugute kommt,[636] fragt sich, ob der Aktionärsausschluss in diesem Fall gemäß den für die Kündigung zur „Unzeit" entwickelten Grundsätzen als treuwidrig angesehen werden kann.[637] Dem steht allerdings bereits das Barabfindungserfordernis der §§ 327a Abs. 1, S. 1, 327b AktG entgegen. Anders als etwa im Fall der übertragenden Auflösung, für die der Bundesgerichtshof in seiner *Linotype*-Entscheidung *obiter* die Möglichkeit einer Auflösung zur „Unzeit" anerkannt hat,[638] finden im Rahmen der Barabfindungsbemessung beim Squeeze-out sämtliche Ertragschancen Berücksichtigung, vorausgesetzt, sie waren am Bewertungsstichtag bereits in den Verhältnissen der Gesellschaft angelegt (sog. Wurzeltheorie).[639]

4. Fazit

Auch eine Abwertung des Ausschlussinteresses wegen unredlicher Ausnutzung der Hauptaktionärsstellung scheidet grundsätzlich aus. Ein Rechtsmissbrauch aufgrund fehlenden Eigeninteresses bzw. schikanöser Stimmrechtsausübung kommt vor dem Hintergrund der kostenreduzierenden Wirkung des Squeeze-out schon von vorneherein nicht in Betracht. Der häufig anzutreffenden Fallgruppe der (Wieder-)Aufnahme von Alt- bzw. Neuaktionären nach Durchführung des Squeeze-out steht hingegen die gesetzgeberische Ausgestaltung des Squeeze-out als Selbstzweck und das gesetzlich vorgesehene Ermessen des Hauptaktionärs entgegen. Ferner lässt sie sich mit den wirtschaftlichen Bedürfnissen von Unternehmen – insbesondere in Krisensituationen – nicht in Einklang bringen.

---

636 Hamann, Minderheitenschutz beim Squeeze-out-Beschluss, 2003, S. 178.

637 Vgl. zu dieser Thematik beim Squeeze-out bereits: Hamann, Minderheitenschutz beim Squeeze-out-Beschluss, 2003, S. 178 f.; Posegga, Squeeze-out, 2006, S. 105 f.; Rößler, Squeeze Out, 2007, S. 77.

638 BGHZ 103, 184 (189); allerdings soll in diesem Fall Rechtsfolge nicht die Unzulässigkeit der Auflösung aufgrund deren Rechtsmissbräuchlichkeit, sondern vielmehr ein Schadensersatzanspruch der betroffenen Minderheitsgesellschafter wegen etwaiger erlittener Vermögensschäden sein. Auch aus diesem Grund ist ein Verweis auf die Linotype-Rechtsprechung an dieser Stelle ungeeignet.

639 Vgl.: Hamann, Minderheitenschutz beim Squeeze-out-Beschluss, 2003, S. 179 f. m.w.N.; Rößler, Squeeze Out, 2007, S. 77 m.w.N.

§ 9: Bestandsschutz durch Aufwertung des Bestandsinteresses

Möglich ist ein Rechtsmissbrauch jedoch nicht nur dann, wenn die Umstände des Einzelfalls ausnahmsweise eine Abwertung des Mehrheitsinteresses an einer Durchführung des Squeeze-out erforderlich machen. Zu einer Interessenverschiebung zulasten des Hauptaktionärs und damit zu einer Abweichung von der Interessenlage, wie sie der Gesetzgeber bei Schaffung der §§ 327a ff. AktG vor Augen hatte, kommt es spiegelbildlich vielmehr auch dann, wenn im Einzelfall eine Aufwertung des Interesses der Minderheitsaktionäre an einem Fortbestand ihrer Mitgliedschaft gegenüber dem Ausschlussinteresse der Mehrheit geboten erscheint.

I. Vertrauensschutzbegründete Aufwertung

Eine Aufwertung des Bestandsinteresses kommt aber nicht schon allein deshalb in Betracht, weil ein Minderheitsaktionär ohne Weiteres von dem Fortbestand seiner Beteiligung ausgegangen ist. Allein die Enttäuschung emotionaler Erwartungen verdient noch keinen Schutz.[640] Die Annahme eines von der gesetzgeberischen Wertungsentscheidung abweichenden Bestandsschutzes ist vielmehr nur hinsichtlich solcher Minderheitsaktionäre gerechtfertigt, die in ihren hinter der Beteiligung stehenden Vorstellungen, Erwartungen und Motiven (Beteiligungsinteressen) von der Rechtsordnung ausnahmsweise als besonders schützenswert angesehen werden.

Dabei ist ein Schutz derartiger subjektiver Willenselemente und inneren Einstellungen der Rechtsordnung keinesfalls fremd. Als Vertrauensschutz spielt er vielmehr rechtsbereichsübergreifend eine tragende Rolle.[641] Auch für die Aufwertung des Bestandsinteresses der Minderheitsaktionäre gewinnt der Vertrauensschutzgedanke somit entscheidend an Bedeutung. Dies gilt umso mehr, als die Minderheitsaktionäre wie gezeigt der gesteiger-

640 Siehe u.a.: DAV-Handelsrechtsausschuss, NZG 1999, 850.

641 So umschreibt „Vertrauen" gerade die (ethischen) Vorstellungen und Erwartungen des Einzelnen hinsichtlich des Vorliegen oder Nichtvorliegen bestimmter Tatsachen oder Eigenschaften, ähnlich auch: Schwarz, Vertrauensschutz als Verfassungsprinzip, 2001, S. 31; zu den Kriterien des Vertrauensschutzes im Rahmen des Rechtsmissbrauchs siehe im Einzelnen: § 9) III) 2).

ten Einwirkungsmacht des Mehrheitsaktionärs ausgesetzt sind,[642] sie diesem also ihre Rechtsgüter und Interessen „anvertrauen“.[643]

Ferner lässt sich mit dem Vertrauensgedanken das erforderliche Maß an Rechts- und für den Hauptaktionär auch Planungssicherheit erreichen, setzt die Annahme schutzwürdigen Vertrauens doch unter anderem das zurechenbare Hervorrufen eines Vertrauenstatbestands auf Seiten des Vertrauenden, also der Minderheitsaktionäre, voraus.[644] Der Hauptaktionär hat damit letztendlich die Aufwertung des Bestandsinteresse im Einzelfall selbst „in der Hand“, zumindest aber kann er sie durch sein Verhalten beeinflussen.

Schutz verdient ein solches Bestandsvertrauen dabei allerdings nur dann, wenn es dessen überhaupt würdig (abstrakte Schutzwürdigkeit) (dazu unter II.) und im Einzelfall auch bedürftig (konkrete Schutzbedürftigkeit) (dazu unter III.) ist.

II. Abstrakte Schutzwürdigkeit des Bestandsvertrauens

Die Frage, ob und inwieweit das Bestandsvertrauen von Minderheitsaktionären grundsätzlich schutzwürdig sein kann, hängt einerseits von der Person des Minderheitsaktionärs und andererseits von der Art des Vertrauens, wie es beim Squeeze-out zum Tragen kommt, ab.

1. Person des Vertrauenden

In persönlicher Hinsicht kommt eine Schutzwürdigkeit des Vertrauens in den Fortbestand der eigenen Beteiligung beim Squeeze-out nur begrenzt in Betracht. Sie findet ihre Grenze erneut in der gesetzgeberischen Wertungsentscheidung zugunsten eines rein kapitalmarktrechtlichen Vermögensschutzes anstelle eines mitgliedschaftlichen Bestandsschutzes.[645] Danach ist den Minderheitsaktionären ein Bestandsschutz von vorneherein abgeschnitten, wenn ihre kumulative Beteiligung die Schwelle von fünf Prozent nicht übersteigt.

---

642 Zur gesteigerten Einwirkungsmöglichkeit im Rahmen gesellschaftsvertraglicher Sonderbeziehungen ausführlich: § 4) II) 2) b) bb).

643 Canaris, Die Vertrauenshaftung im deutschen Privatrecht, 1971, S. 440.

644 Siehe: § 9) III) 3) a).

645 Siehe: § 7) I) 2).

a) Kein schutzwürdiges Bestandsvertrauen bei vom Aktionärsleitbild getragenen Minderheitsaktionären

Dabei war es dem Gesetzgeber im Rahmen seiner bei Erlass der §§ 327a ff. AktG vorgenommenen Interessenabwägung jedoch nicht möglich, die Gesamtheit aller denkbaren Fallkonstellationen – gemessen an den konkreten Beteiligungsinteressen[646] der betroffenen Minderheitsaktionäre – zu überblicken und bei seiner Interessenwürdigung zu berücksichtigen. Geht es um den Erlass gesetzlicher Vorschriften, ist der Gesetzgeber vielmehr stets beschränkt auf die Abbildung und normtechnische Regelung allein solcher Lebenssachverhalte, die er unter dem Blickwinkel des beabsichtigten Regelungsbereichs als typisch ansieht – etwa weil sie am häufigsten oder am auffälligsten sind.[647] Ausgehend von seiner Wirklichkeitsanschauung entwickelt der Gesetzgeber daher im Wege der Abstraktion ein Leitbild, das er seiner Gesetzgebung zugrunde legt.

aa) Der Kapitalanleger als Idealtypus

Nichts anderes gilt für das aktienrechtliche Squeeze-out-Verfahren. Auch die §§ 327a ff. AktG als abstrakt-generelle Gesetzesvorschriften bedurften demnach der Orientierung an einem aus den mit der Beteiligung verfolgten Interessen der Minderheitsaktionäre abgeleiteten Aktionärsleitbild, also der Zugrundelegung eines Idealtypus von Minderheitsaktionär, an dem die konkreten aktienrechtlichen Regelungsinhalte und damit auch der jeweilige Minderheitenschutz auszurichten waren. Dabei setzte der Gesetzgeber seine mitunter kritisierte[648] aktienrechtshistorische Abkehr von einem ver-

646 Zum besseren Verständnis sei darauf hingewiesen, dass sich die Beteiligungsinteressen der Minderheitsaktionäre strikt von deren Bestandsinteresse, um dessen Aufwertung es hier geht, unterscheiden. Ist das Bestandsinteresse das grundsätzliche Interesse eines Aktionärs am Fortbestand seines Aktieneigentums, so handelt es sich bei den Beteiligungsinteressen um die mit der Beteiligung verfolgten Partikularinteressen des Aktionärs, also die hinter dem Aktieneigentum stehenden Vorstellung und Motive sowie der Zweck, dem die Beteiligung aus Sicht des Aktionärs dienen soll. Das Bestandsinteresse beschreibt damit nichts anderes als das Interesse an der fortbestehenden Ermöglichung und Verwirklichung der Beteiligungsinteressen.

647 Allgemein zur gesetzgeberischen Beschränkung auf bestimmte „typische Fälle“: Leenen, Typus und Rechtsfindung, 1971, S. 80 ff.

648 Bayer, NJW 2000, 2609 (2615); Hofmann, Minderheitsschutz im Gesellschaftsrecht, 2011, S. 418; Hüffer, in: FS Kropff, 1997, 128 (142 ff.).

bandsrechtlich-bestandsbezogenen Verständnis der Mitgliedschaft hin zu einer kapitalmarktrechtlich-vermögensbezogenen Interpretation der Aktionärsstellung fort.[649] Hatte er zunächst noch die Bestandsfestigkeit der Mitgliedschaft vor Augen,[650] ist aktienrechtliches Leitbild heute die große Publikums-Aktiengesellschaft mit dem Idealtypus des (Minderheits-)Aktionärs als reine Vermögensinteressen verfolgendem Anlegergesellschafter.[651] Die Leitidee vom Aktionär als wirtschaftlichem oder mittelbarem Eigentümer des Gesellschaftsvermögens wurde somit abgelöst von der Leitidee des Aktionärs als bloßem Anleger auf dem Kapitalmarkt.[652]

Einzig dieser Idealtypus war demnach für die Ausgestaltung der §§ 327a ff. AktG prägend. Damit war er zugleich aber auch Bezugspunkt der dargestellten gesetzgeberischen Wertungen. Nur in dieser Hinsicht soll grundsätzlich die gegebenenfalls zwangsweise erfolgende Aktienübertragung durch die „Gegenleistung" der bloßen Barabfindung gerechtfertigt sein.

bb) Keine Schutzwürdigkeit im Falle monetärer Beteiligungsinteressen

Eine Aufwertung des Bestandsinteresses eines Minderheitsaktionärs hat somit jedenfalls immer dann zu unterbleiben, wenn und soweit die der gesetzgeberischen Wertungsentscheidung zugrunde liegenden Parameter, in anderen Worten: das die gesetzgeberische Interessenabwägung tragende Leitbild des Minderheitsaktionärs als reinem Kapitalanleger, in seiner Person erfüllt sind.

---

649 Henssler/Wiedemann, in: Bayer/Habersack, Aktienrecht im Wandel, Band II, 2007, 1 (20); Mülbert, in: FS Ulmer, 2003, 433 (449).

650 So schaffte der Gesetzgeber im Zuge der Reform des Umwandlungsrechts etwa die Möglichkeit des Ausschlusses einer Aktionärsminderheit gegen deren Willen im Wege einer sog. übertragenden Umwandlung mit der Begründung ab, ein solcher „Zwang zum Ausscheiden" widerspreche den „heutigen Vorstellungen über den Schutz von Anteilsinhabern.", vgl.: RegBegr. zum Entwurf eines Gesetzes zur Bereinigung des Umwandlungsrechts (UmwBerG), BT-Drucks. 12 /6699, S. 144; dazu auch: Mülbert, in: FS Ulmer, 2003, 433 (435 f.).

651 Bayer, Empfehlen sich besondere Regeln für börsennotierte und für geschlossene Gesellschaften?, 2008, E 22; Henssler/Wiedemann, in: Bayer/Habersack, Aktienrecht im Wandel, Band II, 2007, 1 (23); Kallmeyer, in: FS Kropff, 1997, 145 (149); Mülbert, in: FS Ulmer, 2003, 433 (434 f.); Schiel, Aktionärsschutz zwischen Aktienrecht und Kapitalmarkt, 2009, S.128, 132 ff. und 553; Schön, in: FS Ulmer, 2003, 1359; so wohl auch: Geßler, AktG, 2008/2009/2010, § 327a Rn. 14.

652 Schiel, Aktionärsschutz zwischen Aktienrecht und Kapitalmarkt, 2009, S. 79.

Dann ist ein etwaiges Bestandsvertrauen von vorneherein nicht schutzwürdig. Entspricht ein Minderheitsaktionär diesem aktienrechtlichen Aktionärsprototypen, ist sein Beteiligungsinteresse also tatsächlich ausschließlich oder weit überwiegend monetärer Natur, ist der gesetzlich vorgesehene und auf reinen Vermögensschutz ausgerichtete systematische Aufbau sowie die innere Struktur des Squeeze-out zur Gewährleistung eines angemessenen Minderheitenschutzes in der Lage und ausreichend. Gerade für diesen gesetzgeberisch vorgesehenen "Normalfall" hat der Gesetzgeber bei Erlass der §§ 327a ff. AktG die betroffenen Minderheitsinteressen im Zuge seiner Abwägung angemessen gewürdigt und einen abschließenden Minderheitenschutz *ipso iure* normiert. Für eine darüber hinaus gehende besondere Berücksichtigung der Beteiligungsinteressen im Rahmen der horizontalen Treuepflicht und damit für die Begründung eines Bestandsschutzes durch Rückgriff auf das Rechtsmissbrauchsverbot ist dann aber – abgesehen von den Fällen einer ausnahmsweise erforderlichen Abwertung des Mehrheitsinteresses an einem Ausschluss der Minderheitsaktionäre[653] – kein Raum mehr. Insofern überzeugt die postulierte Vorrangigkeit der Interessen der Mehrheit an der Wirtschaftlichkeit der Unternehmensführung. Die Vermögensinteressen der beteiligten Minderheitsaktionäre stehen in keinem Verhältnis mehr zu dem zeitlichen und wirtschaftlichen Aufwand, den ihre Beteiligung für die Gesellschaft und damit den nach Durchführung des Squeeze-out allein beteiligten Hauptaktionär mit sich bringt (Abhaltung von Hauptversammlungen, Informationspflichten, Anfechtungsprozesse).[654] Es wäre geradezu widersinnig, dieses vermögensbezogene Beteiligungsinteresse erneut in die Waagschale zu werfen und damit deren doppelte Berücksichtigung herbeizuführen.[655]

b) Schutzwürdiges Bestandsvertrauen bei vom Aktionärsleitbild abweichenden Minderheitsaktionären

Steht nun aber fest, dass Geltungsgrund und innere Rechtfertigung der *de lege lata* vorgesehenen Ausgestaltung des Squeeze-out-Verfahrens das Leitbild vom Minderheitsaktionär als Anlagegesellschafter ist und schutzwürdiges Bestandsvertrauen insofern nicht angenommen werden kann, so

653 Vgl. dazu: § 8).

654 Lutter/Drygala, in: FS Kropff, 1997, 191 (210).

655 Insofern auch: Winter, Mitgliedschaftliche Treuebindungen im GmbH-Recht, 1988, S. 163 f., der ebenfalls vom Erfordernis einer erneuten Abwägung absieht, wenn es um die Vermögensinteressen der Minderheitsaktionäre geht.

bedeutet dies im Umkehrschluss, dass von der abstrakten Schutzwürdigkeit des Bestandsvertrauens auch eines Minderheitsaktionärs immer dann auszugehen ist, wenn diese Vermutung einmal nicht zutrifft, dessen Beteiligung also ausnahmsweise von anderen als bloß vermögensorientierten Beteiligungsinteressen getragen ist.

aa) Auseinanderfallen von Realtypus und Idealtypus

Dass dies im realen Verbandsleben nicht nur ausnahmsweise der Fall sein wird, lässt sich dabei angesichts der unterschiedlichen und weitreichenden Erscheinungsformen von Kapitalgesellschaften kaum leugnen. So sind die korporationsintern anzutreffenden Partikularinteressen der Aktionäre trotz der grundsätzlichen Annahme eines präsumtiven Interessengleichlaufs[656] regelmäßig heterogener Natur.[657] Sie hängen von der persönlichen Motivation des Aktionärs ebenso ab wie von dessen Stellung im Unternehmen und der Realstruktur der Gesellschaft. Gemessen an ihren beteiligungsbezogenen Interessen können Minderheitsaktionäre deshalb unter Umständen durchaus von dem Leitbild des Kapitalanlegers abweichen, so dass ihre Beteiligungsinteressen bei der den §§ 327a ff. AktG inhärenten gesetzgeberischen Interessenabwägung keine Berücksichtigung gefunden haben.

Besonders deutlich wird dies etwa mit Blick auf stark personalistisch geprägte (gegebenenfalls nichtbörsennotierte) Familiengesellschaften, die in ihrer Ausgestaltung durchaus mit einer GmbH vergleichbar sein können.[658] In einem solchen Fall kann nicht ausgeschlossen werden, dass der gesetzlich vorgesehene Vermögensschutz als Minderheitenschutzmechanismus in Form der Barabfindung (§ 327b AktG) unzureichend ist, er vielmehr zu einer unangemessenen Beeinträchtigung von Minderheitsinteres-

---

656 Zum präsumtiven Interessengleichlauf bereits: § 6) I) 2) a).

657 Kort, in: Großkommentar zum AktG, 4. Aufl. (2009), Vor § 76 Rn. 69; Schiel, Aktionärsschutz zwischen Aktienrecht und Kapitalmarkt, 2009, S. 79; siehe auch Hofmann, Minderheitsschutz im Gesellschaftsrecht, 2011, S. 418 f., der als Beispiel die hoch kapitalisierte nichtbörsennotierte Aktiengesellschaft nennt und insofern darauf hinweist, dass die Beteiligung eines Minderheitsaktionärs in diesem Fall durchaus unternehmerische Züge erlangen kann, wenn dieser aufgrund der fehlenden Börsennotierung an der jederzeitigen unproblematischen Veräußerung seiner Beteiligung gehindert ist.

658 Amberger, Die Missbrauchskontrolle im Rahmen des aktienrechtlichen Squeezeout, 2007, S. 127; zur Vergleichbarkeit nichtbörsennotierter Aktiengesellschaften vgl. auch: BGHZ 103, 184 (195) (Linotype); v.Morgen, WM 2003, 1553 (1559).

sen führen kann mit der Folge, dass die Anerkennung eines Bestandsschutzes der betroffenen Aktionäre ausnahmsweise geboten erscheint.[659]

bb) Keine vorrangige Wortsinnreduktion

Dabei ist ein Rückgriff auf das Rechtsmissbrauchsverbot zur Vermeidung einer solchen potentiellen *Gleichbehandlung von Ungleichem* aber nicht etwa schon deshalb ausgeschlossen, weil sich ein angemessener Minderheitenschutz vorrangig im Wege einer wertungsorientierten oder teleologischen Reduzierung des Wortlauts des § 327a Abs. 1, S. 1 AktG erreichen ließe.

Eine wertende Auslegung des Tatbestandsmerkmals „Minderheitsaktionär" dahin gehend, dass darunter nur solche Minderheitsaktionäre fallen sollen, deren Beteiligungsinteressen der gesetzgeberischen Prämisse entsprechend rein vermögensbezogen sind, verbietet sich. Zwar orientierte sich der Gesetzgeber bei Erlass der §§ 327a ff. AktG wie gezeigt am aktienrechtlichen Leitbild vom Minderheitsaktionär als Anlegergesellschafter. Eingang in den Wortlaut des § 327a Abs. 1, S. 1 AktG fand dies jedoch nicht. Der Gesetzgeber entschied sich vielmehr für den geschlossenen Begriff des „Minderheitsaktionärs" und damit gegen eine bloße, der Auslegung zugängliche Typenbeschreibung.[660] In Abgrenzung zum gesetzgeberischen Einsatz von „Typen", sind „Begriffe" aber nur der logischen Subsumtion zugänglich und bedürfen somit keines wertenden Denkvorgangs des Rechtsanwenders.[661] Ob jemand „Minderheitsaktionär" im Sinne der Norm ist, lässt sich damit aber eindeutig und unzweifelhaft anhand sachenrechtlicher Eigentumsregelungen und dem konkreten Umfang der gehaltenen Beteiligung – hier: weniger als fünf Prozent – ermitteln. Eine wertende Interpretation und Bestimmung der Aktionärsstellung – wie es etwa für den „Tierhalter" (§ 833 BGB), den Verrichtungsgehilfen (§ 831 BGB) oder den Besitzdiener (§ 855 BGB) der Fall ist[662] – und damit eine Beschränkung des Wortlauts auf lediglich kapitalmarktorientierte Anlegeraktionäre hat daher auszuscheiden.

---

659 So auch zur übertragenden Auflösung: Lutter/Drygala, in: FS Kropff, 1997, 191 (219).

660 Zur diesen Begriffen siehe etwa: Larenz/Canaris, Methodenlehre der Rechtswissenschaft, 3. Aufl. (1995), S. 36 ff.; Leenen, Typus und Rechtsfindung, 1971, S. 80 ff.

661 Larenz/Canaris, Methodenlehre der Rechtswissenschaft, 3. Aufl. (1995), S. 36 ff.

662 Zu diesen Beispielen: Larenz/Canaris, Methodenlehre der Rechtswissenschaft, 3. Aufl. (1995), S. 39 ff.

Ebensowenig kommt eine entsprechende teleologische Wortlautreduktion in Betracht. Insofern fehlt es bereits an einer planwidrigen Gesetzeslücke, da der Gesetzgeber bei Erlass der §§ 327a ff. AktG ausweislich der Gesetzesbegründung durchaus erkannt hat, dass unter Umständen auch Minderheitsaktionäre mit einer abweichenden Interessenverfolgung von dem Ausschluss betroffen sein könne („regelmäßig").[663]

Sind Realtypus und Idealtypus des Minderheitsaktionärs nicht deckungsgleich, bleibt demnach als *ultima ratio* zur Verhinderung einer Schutzlosstellung einzelner Minderheitsaktionäre nur das Rechtsmissbrauchsverbot.

2. Art des Vertrauens: Vertrauen auf ein freiwilliges Unterlassen

Einschränkungen in seiner Schutzwürdigkeit erfährt das Bestandsvertrauen der Minderheitsaktionäre darüber hinaus aufgrund der besonderen Art des Vertrauens, wie es sich im Rahmen des Squeeze-out darstellt. So vertrauen Minderheitsaktionäre nicht – wie in der Vertrauenslehre meist der Fall – auf das Bestehen einer bestimmten Rechtslage, sondern allein auf ein zukünftiges *freiwilliges* Verhalten des Hauptaktionärs – hier: das Unterlassen eines Übertragungsverlangens. Sie wissen also um das Fehlen eines entsprechenden Rechtsanspruchs auf ein solches Unterlassen. Darin liegt zugleich der wesentliche Unterschied dieser Vertrauenskonstellation zu dem klassischen Fall, in dem jemand über die Wirksamkeit oder einzelne Pflichten eines Vertrags irrt.[664]

---

663 BegrRegE, BT-Drucks. 14/7034, S. 32; von einer solchen teleologischen Reduktion des § 327a Abs. 1, S. 1 AktG ist die bereits dargestellte teleologische Auslegung dieser Vorschrift im Kontext des institutionellen Rechtsmissbrauchs strikt zu trennen (dazu: § 4) I) 3) a)). Denn anders als hier geht es dort um die Frage, ob die mit dem Squeeze-out verfolgten Ziele sich mit dessen Sinn und Zweck, namentlich der Effektivierung der Unternehmensführung, decken. Nicht im Fokus steht hingegen die teleologische Interpretation einzelner Tatbestandsmerkmale anhand nicht von Sinn und Zweck gedeckter Maßstäbe (hier die Auslegung der Minderheitsaktionärseigenschaft).

664 Siehe zu dieser Problematik: Canaris, Die Vertrauenshaftung im deutschen Privatrecht, 1971, S. 352 ff.

a) *Grundsatz des Vorrangs rechtsgeschäftlicher Bindung*

Richtet der Vertrauende sein Vertrauen aber einzig auf ein zukünftiges freiwillige Verhalten des Rechtsinhabers und weiß er daher um die fehlende rechtliche Bindung, so erscheint er in seinem Vertrauen grundsätzlich nicht schutzwürdig. Es ist dann schon kein Raum für die Annahme eines Vertrauensschutzes, da die Rechtsordnung mit den Grundsätzen der Rechtsgeschäftslehre insofern ein vorrangiges Hilfsmittel zur Verfügung stellt, um die gewünschte Rechtsfolge herbeizuführen. Zutreffend führt *Canaris* aus: „(D)ie Rechtsordnung hat als Mittel zur rechtlichen Gestaltung der Zukunft die Möglichkeit des Vertragsschlusses zur Verfügung gestellt, und daher hat sie regelmäßig keinen Anlaß zum Eingreifen, wenn jemand dieses Instrument zur Sicherung seiner Interessen verschmäht und sich statt dessen einfach nur auf einen Vertrauenstatbestand verlässt.“[665]

Vor Augen hatte *Canaris* dabei allerdings Fälle, in denen sich das Vertrauen ausschließlich auf das freiwillige *aktive* Verhalten eines anderen – etwa die Erbringung einer Leistung trotz fehlenden Rechtsanspruchs oder der Abschluss eines Vertrages – richtet, obwohl der Vertrauende weiß, dass ihm ein entsprechender Anspruch nicht zusteht.[666] Das Vertrauen auf ein freiwilliges Tun ist jedoch nicht anders zu bewerten als das Vertrauen auf das freiwillige Unterlassen einer bestimmten Rechtsausübung. Denn auch im letztgenannten Fall muss sich der Vertrauende grundsätzlich den Vorwurf gefallen lassen, er habe sein Vertrauen durch eine entsprechende vertragliche Abrede absichern können bzw. müssen.

b) *Ausnahmen: Unzumutbarkeit und besondere soziale Verbundenheit*

Dass dies jedoch nicht uneingeschränkt gelten kann, der genannte Grundsatz vielmehr in besonders gelagerten Fällen auch Ausnahmen zulassen muss, liegt nahe.

So findet er seine Grenze immer dort, wo dem Vertrauenden eine rechtsgeschäftliche Bindung mittels vertraglicher Abrede unzumutbar ist.[667] Gerade dies kann mit Blick auf die Minderheitsaktionäre beim Squeeze-out aber wohl grundsätzlich angenommen werden. Denn diesen dürfte aufgrund ihrer geringen Beteiligung ein Hinwirken auf eine vertragliche

665 Canaris, Die Vertrauenshaftung im deutschen Zivilrecht, 1971, S. 495.
666 Canaris, Die Vertrauenshaftung im deutschen Zivilrecht, 1971, S. 352 ff.
667 Canaris, Die Vertrauenshaftung im deutschen Privatrecht, 1971, S. 354 f.

Verzichtserklärung seitens des Hauptaktionärs nicht nur unzumutbar, sondern in der Regel auch faktisch unmöglich sein.

Eine weitere Ausnahme lässt sich für den Fall annehmen, dass zwischen den Beteiligten eine besondere soziale oder persönliche Verbundenheit besteht.[668] Denn es erscheint unbillig, dem Vertrauenden in diesem Fall den Vertrauensschutz allein deshalb zu versagen, weil er die rechtliche Unverbindlichkeit kannte, er aber aufgrund der besonderen Verbundenheit davon ausging und auch davon ausgehen durfte, der andere würde eine bestimmte Handlung vornehmen bzw. von der Ausübung eines Rechts Abstand nehmen. Insofern ist allerdings Zurückhaltung geboten. So dürfte im Falle des Squeeze-out etwa das Fehlen einer Börsennotierung für sich genommen noch nicht ausreichen. Ob für kleine, stark personalistisch geprägte Aktiengesellschaften, insbesondere Familiengesellschaften, etwas anderes gilt, kann nur anhand der Umstände des Einzelfalls entschieden werden.

III. Konkrete Schutzbedürftigkeit des Bestandsvertrauens

Unabhängig von der abstrakten Schutzwürdigkeit des Bestandsvertrauens ist die Frage nach dessen Schutzbedürftigkeit im konkreten Fall zu beurteilen.

1. Auseinanderfallen von Idealtypus und Realtypus nicht ausreichend

Die Aufwertung des Bestandsinteresses von Minderheitsaktionären kann nicht allein auf das bloße Auseinanderfallen von Realtypus und Idealtypus in der Person des einzelnen Minderheitsaktionärs gestützt werden. Dessen Bestandsvertrauen wird also nicht schon deshalb schützenswert und die gesetzgeberische Wertungsentscheidung zugunsten eines reinen Vermögensschutzes nicht schon deshalb rückgängig gemacht, weil dieser im Einzelfall keine vermögensbezogenen Beteiligungsinteressen verfolgt. Angesichts der Vielfalt subjektiver Beteiligungsinteressen wäre anderenfalls das Ergebnis der Missbrauchskontrolle im Rechtsverkehr kaum vorhersehbar und in den meisten Fällen wohl auch nicht nachvollziehbar. Ferner würde

668 Vgl.: Canaris, Die Vertrauenshaftung im deutschen Privatrecht, 1971, S. 357 ff., der insofern auf die Hofübergaberechtsprechung des Bundesgerichtshofs (BGHZ 12, 286; 23, 249) verweist.

das Rechtsinstitut des aktienrechtlichen Squeeze-out gänzlich seiner Effektivität beraubt und damit im Ergebnis leer laufen.

Gerechtfertigt erscheint die ausnahmsweise Aufwertung des Bestandsinteresses vielmehr nur dann und ausschließlich hinsichtlich solcher Minderheitsaktionäre, die mit ihrer Beteiligung nicht nur vermögensbezogene Interessen verfolgen und deshalb in ihrem Bestandsvertrauen grundsätzlich schutz*würdig* sind, sondern deren Bestandsvertrauen darüber hinaus nach der Schutzkonzeption der Rechtsordnung (Vertrauensschutz) im Einzelfall – insbesondere durch das Hinzutreten besonderer Umstände oder eines bestimmten Verhaltens des Hauptaktionärs – auch schutz*bedürftig* ist. Nur dann liegt überhaupt erst eine rechtlich relevante Lücke in der gesetzlichen Schutzkonzeption der §§ 327a ff. AktG vor, die es unter dem Deckmantel des Rechtsmissbrauchsverbots durch eine von der gesetzgeberischen Interessengewichtung abweichende Interessenbewertung zu schließen gilt. Das Bestandsinteresse der Minderheitsaktionäre muss in diesem Fall ausnahmsweise nicht hinter das Durchführungsinteresse des Hauptaktionärs zurücktreten.[669] Der Gesetzgeber begäbe sich in einen nur schwer hinnehmbaren Widerspruch, würde er einem Bestandsvertrauen im Rahmen des Squeeze-out den Schutz versagen, dessen Schutzbedürftigkeit von der Rechtsordnung grundsätzlich anerkennt und anderenorts auch durchgesetzt wird. Der Minderheitenschutz beim Squeeze-out endet somit nicht automatisch dort, wo es zu einer Abweichung vom Aktionärsleitbild kommt, wenngleich sich in diesem Fall der Schutz der Minderheitsaktionäre nicht mehr nach der ja gerade am Aktionärsleitbild orientierten Schutzkonzeption des Aktienrechts, sondern nach dem allgemeinen Vertrauensschutzprinzip richtet.

Die Prüfung, ob eine Aufwertung des Bestandsinteresses der Minderheitsaktionäre ausnahmsweise geboten ist, erfolgt demnach zweistufig: Zunächst gilt es zu klären, ob die vom Zwangsausschluss betroffenen Minderheitsaktionäre dem den §§ 327a ff. AktG zugrundeliegenden gesetzgeberischen Leitbild vom Kleinaktionär als Kapitalanleger entsprechen. Ist dies der Fall, scheidet eine Aufwertung von vorneherein aus. Liegt eine solche Abweichung hingegen vor, ist das Bestandsvertrauen schutz*würdig*, wobei damit noch nichts über dessen konkrete Schutz*bedürftigkeit* gesagt ist. Nur wenn auch diese vorliegt, verbleibt Raum für die Annahme eines Rechtsmissbrauchs.

---

669 Zur allgemeinen Kritik: Hanau, NZG 2002, 1040 (1043), der sich gegen den Ersatz des Bestandsschutzes durch bloßen Vermögensschutz, sondern vielmehr für einen Vermögensschutz durch Bestandsschutz ausspricht.

2. Vertrauensschutz aufgrund widersprüchlichen Verhaltens

Wann das Bestandsvertrauen im Einzelfall schutzbedürftig ist, richtet sich dabei nach den allgemeinen Grundsätzen der Vertrauenslehre.[670]

Wie das Rechtsmissbrauchsverbot ist auch der Vertrauensschutz ein mit diesem eng verbundenes allgemeines Prinzip des geltenden Rechts, das seine Legitimation und gesetzlichen Niederschlag in zahlreichen Einzelnormen, wie etwa den §§ 122, 170 ff., 179, 311 Abs. 2 BGB, findet.[671] Als Wesenselement des allgemeinen Treuegebots in § 242 BGB (Treu und *Glauben*) ist er vor allem aber auch für das Rechtsmissbrauchsverbot von entscheidender Bedeutung.[672] Zum Tragen kommt der Vertrauensgedanke dabei anerkanntermaßen als das Verbot widersprüchlichen Verhaltens, wonach eine Rechtsausübung rechtsmissbräuchlich ist, wenn der Rechtsinhaber sich mit ihr in vorwerfbarer Weise zu seinem früheren Verhalten in Widerspruch begibt (*venire contra factum proprium*).[673]

---

670 Ausführlich zur Vertrauenslehre: Canaris, Die Vertrauenshaftung im deutschen Privatrecht, 1971.

671 Looschelders/Olzen, in: Staudinger, BGB, 2009, § 242 Rn. 288; Singer, NZA 1998, 1309 (1310); vereinzelt hat der Gesetzgeber das Vertrauensprinzip in den Stand eines „absoluten Verkehrsschutzes" erhoben, indem das Gesetz einzig aufgrund des Vorliegens bestimmter Tatsachen – insbesondere der Eintragung in ein öffentliches Register (z.B. § 15 Abs. 2, S. 1 HGB) – von dem Bestehen oder Nichtbestehen einer unter Umständen tatsächlich aber zweifelhaften oder nur scheinbar vorliegenden Rechtslage mit Wirkung gegenüber jedermann, einschließlich dem Bösgläubigen, ausgeht (Canaris, Die Vertrauenshaftung im deutschen Privatrecht, 1971, S. 1).

672 Neben der Rechtsbegrenzungsfunktion i.R.d. Rechtsmissbrauchsverbots entwickelt der in § 242 BGB zum Ausdruck kommende Vertrauensschutz vielerorts aber auch anspruchsbegründende Wirkung in Form einer rechtsscheinbedingten „Erfüllungshaftung" (vgl.: Canaris, Die Vertrauenshaftung im deutschen Privatrecht, 1971, S. 266 ff., der insofern allgemein von einer „Vertrauenshaftung kraft rechtsethischer Notwendigkeit gemäß § 242 BGB spricht); rechtsbegründend wirkt der venire contra factum proprium-Grundsatz, wenn dem anderen Teil die Geltendmachung tatsächlich bestehender Einwendungen und Einreden untersagt wird, weil „die Berufung auf die wahre Rechtslage in Widerspruch zum eigenen Tun stehen würde." (Singer, Das Verbot widersprüchlichen Verhaltens, 1993, S. 6).

673 Zur Rechtsprechung u.a.: BGHZ 32, 271 (279); 44, 367 (371); 47, 184 (189); 87, 169 (177); 94, 344 (354); 121, 224 (234); zur Literatur: Grüneberg, in: Palandt, BGB, 70. Aufl. (2011), § 242 Rn. 55 f.; Larenz, Lehrbuch des Schuldrechts, Band I, 14. Aufl. (1987), S. 133; Looschelders, Schuldrecht AT, 8. Aufl. (2010), Rn. 84;

Die bloße Widersprüchlichkeit eines Verhaltens kann allerdings für sich genommen noch nicht ausreichen, eine inhaltliche Beschränkung oder gar den Verlust einer bestehenden Rechtsposition zu rechtfertigen. Es steht vielmehr jedem, der nicht rechtsgeschäftlich gebunden ist,[674] grundsätzlich frei, seinen Willen und damit auch sein Verhalten nachträglich zu ändern.[675] Etwas anderes gilt nur und erst dann, wenn der von der Rechtsausübung betroffene andere Teil auf das Ausbleiben eines solchen Widerspruchs vertraut hat.[676]

---

ders./Olzen, in: Staudinger, BGB, 2009, § 242 Rn. 286 ff.; Roth, in: Münchener Kommentar zum BGB, 5. Aufl. (2007), § 242 Rn. 255; ausführlich zur Korrelation zwischen Widerspruchsverbot und Vertrauensschutz: Singer, NZA 1998, 1309 (1310) m.w.N.; gegen die Einordnung des *venire contra factum propriums* als Treueverstoß und für eine rechtsgeschäftliche, konkludente Verzichtserklärung hingegen: Wieling, AcP 176 (1976), 334 ff.

674 Singer, NZA 1998, 1309 (1315).

675 Etwa: BGHZ 32, 273 (279); 87, 169 (177); BGH, NJW 1985, 2589 (2590); NJW 1997, 3377 (3379); ZIP 2005, 716 (718); Canaris, Die Vertrauenshaftung im deutschen Privatrecht, 1971, S. 287; Grüneberg, in: Palandt, BGB, 70. Aufl. (2011), § 242 Rn. 55; G.Hohloch, in: Erman, BGB, 13. Aufl. (2011), § 242 Rn. 106; Teichmann, JA 1985, 497 (500).

676 Daneben wird von der wohl überwiegenden Ansicht im Schrifttum ein Verstoß gegen das Widerspruchsverbot auch ohne das Vorliegen schutzwürdigen Vertrauens aus anderen Gründen für möglich gehalten, insbesondere weil es zu einem „unlösbaren Selbstwiderspruch" gekommen ist (Grüneberg, in: Palandt, 70. Aufl. (2011), § 242 Rn. 57; Roth, in Münchener Kommentar zum BGB, 5. Aufl. (2007), § 242 Rn. 287 ff.; kritisch: Looschelders, Schuldrecht AT, 8. Aufl. (2010), Rn. 85; a.A.: Martinek, JZ 1996, 471 ff.; Singer, Das Verbot widersprüchlichen Verhaltens, 1993, S. 179 f.; ders., NZA 1998, 1309 (1311f.)). Dies erscheint jedoch deshalb bedenklich, weil es erst das Vertrauen ist, das ein an sich widersprüchliches Verhalten unzulässig werden lässt; hat der andere Teil hingegen gar nicht auf ein konsequentes Verhalten des Rechtsinhabers vertraut, besteht schon kein Bedürfnis für eine Unzulässigkeit der Rechtsausübung, der damit verbundene Eingriff in die Handlungsfreiheit des Rechtsinhabers erscheint dann nicht gerechtfertigt (so auch: Singer, NZA 1998, 1309 (1311); Die BGH-Rechtsprechung ist insofern nicht konsistent: für ein Vertrauen etwa: BGHZ 94, 344 (354); 121, 224 (234); gegen ein Vertrauen u.a.: BGHZ 50, 191 (196); 130, 371 (375), wobei es in den zuletzt genannten Fällen bereits an einem „früheren Verhalten" des Rechtsinhabers und damit eigentlich schon an einem widersprüchlichen Verhalten fehlte (vgl.: Singer, NZA 1998, 1309 (1312)).

3. Vertrauensbildung

a) Vertrauenstatbestand

Dabei genügt es für die Begründung von Vertrauensschutz wiederum nicht, dass der Vertrauende lediglich „blind" auf die Beständigkeit eines bestimmten Verhaltens des Rechtsinhabers vertraut.[677] Er muss sein Vertrauen vielmehr auf eine objektive Grundlage - den sog. Vertrauenstatbestand - stützen können.[678] Dies bedeutet, dass der Rechtsinhaber durch sein Verhalten in zurechenbarer Weise[679] eine Sach- oder Rechtslage geschaffen haben muss, auf deren Beständigkeit der andere Teil vertrauen durfte und auch vertraut hat.[680] Nur ein „vertrauensbildendes Vorverhalten"[681] kann den Vorwurf eines mit der Rechtsordnung nicht in Einklang stehenden widersprüchlichen Verhaltens und damit den Entzug oder die Beschränkung des entsprechenden Rechts rechtfertigen. Auf die Art und Weise, wie der Vertrauenstatbestand geschaffen wurde - durch aktives Handeln oder Unterlassen[682], durch eine ausdrückliche Erklärung oder ein konkludentes Verhalten - kommt es dabei allerdings ebenso wenig an wie darauf, ob den Rechtsinhaber insofern ein Verschulden trifft (insbesondere Arglist).[683]

677 Canaris, Die Vertrauenshaftung im deutschen Privatrecht, 1971, S. 287.

678 BGHZ 32, 273 (279); 94, 344 (354); BGH, NJW 2005, 716 (718); Canaris, Die Vertrauenshaftung im deutschen Privatrecht, 1971, S. 287; Looschelders, Schuldrecht AT, 8. Aufl. (2010), Rn. 84.

679 Das Erfordernis der Zurechenbarkeit verlangt, dass der Rechtsinhaber die vertrauensbildenden Umstände beherrscht bzw. hätte vermeiden können, vgl.: Canaris, Die Vertrauenshaftung im deutschen Privatrecht, 1971, S. 482; Looschelders/Olzen, in: Staudinger, BGB, 2009, § 242 Rn. 293; Teichmann, in: Soergel, BGB, 12. Aufl. (1990), § 242 Rn. 319; a.A.: Grüneberg/Sutschet, in: Bamberger/Roth, BGB, 2. Aufl. (2007), § 242 Rn. 109, die insofern die rechtsgeschäftlichen Zurechnungsregeln anwenden.

680 G.Hohloch, in: Erman, BGB, 13. Aufl. (2011), § 242 Rn. 106; Larenz, Lehrbuch des Schuldrechts, Band I, 14. Aufl. (1987), S. 133; Looschelders/Olzen, in: Staudinger, BGB, 2009, § 242 Rn. 292; Teichmann, JA 1985, 497 (501).

681 Teichmann, in: Soergel, BGB, 12. Aufl. (1990), § 242 Rn. 317.

682 Wenn die Entstehung eines Vertrauenstatbestands durch ein vertrauenshemmendes oder vertrauensvernichtendes Handeln hätte vermieden werden können.

683 Looschelders/Olzen, in: Staudinger, BGB, 2009, § 242 Rn. 292 f.; Teichmann, JA 1985, 497 (501); zum Verschulden etwa: BGH, NJW 2009, 1343 (1346); Heinrich, in: FS Laufs, 2006, 585 (605); Roth, in: Münchener Kommentar zum BGB, 5. Aufl. (2007), § 242 Rn. 259.

Nicht erforderlich ist ferner, dass dem Verhalten des Rechtsinhabers ein „Kundgabesinn“ gegenüber dem Vertrauenden zukommt.[684]

b) Diskutierte Fälle vertrauensbildenden Vorverhaltens beim Squeeze-out

aa) Einseitige Erklärung und schuldrechtliche Nebenabrede

Teilweise wird ein Squeeze-out in Fällen für unzulässig gehalten, in denen der Hauptaktionär durch Erklärungen im Vorfeld des Ausschlusses bei den Minderheitsaktionären ein Vertrauen darauf hervorgerufen hat, dass mit einem Squeeze-out nicht zu rechnen sei.[685] Anfechtbar soll der Übertragungsbeschluss nach herrschender Meinung entsprechend der Rechtsprechung[686] des Bundesgerichtshofs zur schuldrechtlichen Nebenabrede bei Gesellschaftsverträgen jedenfalls dann sein, wenn es im Vorfeld des Ausschlusses zwischen dem Hauptaktionär und *sämtlichen* Minderheitsaktionären zu einer ausdrücklichen schuldrechtlichen Vereinbarung hinsichtlich der Nichtdurchführung des Squeeze-out gekommen ist.[687] In diesem Fall sollen den Minderheitsaktionären nicht nur schuldrechtliche Abwehr- und Schadensersatzansprüche, sondern auch der *venire contra factum proprium*-Einwand zustehen.[688]

Die Annahme, ein Aktionärsausschluss entgegen einer früheren Erklärung des Hauptaktionärs oder einer vertraglichen Abrede zwischen den Aktionären stelle einen Fall des *venire contra factum prorium* dar, erscheint jedoch – zumindest dogmatisch – problematisch. Denn auf das Verbot widersprüchlichen Verhaltens lässt sich die Unzulässigkeit einer Rechtsausübung grundsätzlich nur dann und insoweit stützen, als die Erklärung des

684 Canaris, Die Vertrauenshaftung im deutschen Privatrecht, 1971, S. 493.

685 So OLG Celle, AG 2004, 206 f.; Hofmann, Minderheitsschutz im Gesellschaftsrecht, 2011, S. 424; Schäfer/Dette, NZG 2009, 1 (6).

686 BGH, NJW 1983, 1910 (1911), NJW 1987, 1890 (1891 f.).

687 Fleischer, in: Großkommentar zum AktG, 4. Aufl. (2007), § 327a Rn. 83 und § 327f Rn. 12; Grunewald, in: Münchener Kommentar zum AktG, 3. Aufl. (2010), § 327a Rn. 25; Habersack, in: Emmerich/Habersack, Aktien- und GmbH-Konzernrecht, 6. Aufl. (2010), § 327a Rn. 31; Schüppen/Tretter, in: Haarmann/Schüppen, Frankfurter Kommentar zum WpÜG, 3. Aufl. (2008), § 327a AktG Rn. 47; Singhof, in: Spindler/Stilz, AktG, 2. Aufl. (2010), § 327a Rn. 28; so wohl auch: Austmann, in: Münchener Handbuch des Gesellschaftsrechts, Band 4, 3. Aufl. (2007), § 74 Rn. 127; a.A. hingegen: Koppensteiner, in: Kölner Kommentar zum AktG, 3. Aufl. (2004), § 327f Rn. 6.

688 Fleischer, in: Großkommentar zum AktG, 4. Aufl. (2007), § 327a Rn. 83.

Rechtsinhabers nicht rechtsgeschäftlicher Natur ist, es sich dabei also nicht um eine Willenserklärung handelt.[689] Zwar kommt auch dem rechtsgeschäftlichen Versprechen grundsätzlich vertrauensschaffende Wirkung mit der Folge zu, dass dessen Bruch durchaus als widersprüchlich angesehen werden kann.[690] Gleichwohl verbleibt für das Widerspruchsverbot kein Raum, wenn sich eine Lösung des bestehenden Widerspruchs vorrangig bereits mit Hilfe der allgemeinen Rechtsgeschäftslehre erreichen lässt.[691]

Erklärt also der Hauptaktionär gegenüber den Minderheitsaktionären, dass mit einem Ausschluss nicht zu rechnen sei, könnte darin bereits ein rechtserheblicher Verzicht[692] auf das Recht zur Stellung des Übertragungsverlangens (§ 327a Abs. 1, S. 1 AktG) gesehen werden, so dass es eines Rückgriffs auf das Prinzip des *venire contra factum proprium* nicht mehr bedürfte. Kann dies bei ausdrücklichen vertraglichen Vereinbarungen unproblematisch angenommen werden, wird es bei einseitigen Erklärungen oder einem sonstigen Verhalten des Hauptaktionärs häufig schwer fallen, einen Rechtsfolgewillen des Hauptaktionärs hinsichtlich einer solchen Rechtsaufgabe anzunehmen.[693] Angesichts der bereits erwähnten praktischen Bedeutung des Squeeze-out für eine effektive Unternehmensführung

---

689 Insofern kann auch nicht auf die Linotype-Entscheidung des Bundesgerichtshofs (BGHZ 103, 184) verwiesen werden, in der der BGH eine Treuebindung des Mehrheitsgesellschafters gegenüber den Minderheitsgesellschaftern aber gerade an einer vor der Auflösung der Gesellschaft getroffenen Vereinbarung festgemacht hat; unabhängig davon, dass es in diesem Fall nicht um die Widersprüchlichkeit des Verhaltens des Mehrheitsgesellschafters ging, scheidet ein Rückgriff auch deshalb aus, weil die getroffene Abrede zwischen dem Mehrheitsgesellschafter und dem Vorstand der Gesellschaft, nicht aber dem Minderheitsgesellschafter erfolgte.

690 Singer, Das Verbot widersprüchlichen Verhaltens, 1993, S. 6.

691 So die herrschende Meinung; statt vieler: Canaris, Die Vertrauenshaftung im deutschen Privatrecht, 1971, S. 440 f.; Singer, Das Verbot widersprüchlichen Verhaltens, 1993, S. 6 f.; so wohl auch: Teichmann, JA 1985, 497 (500); a.A.: Wieling, AcP 176 (1976), 334 ff., der wie erwähnt auch das venire contra factum proprium als rechtsgeschäftliches Handeln versteht.

692 Da es nicht um den Verzicht auf einen Anspruch geht, ist die einseitige Erklärung ausreichend, ein Erlassvertrag i.S.d. § 397 BGB ist nicht erforderlich, vgl.: Larenz, Lehrbuch des Schuldrechts, Band I, 14. Aufl. (1987), S. 267.

693 So weist Singer (das Verbot widersprüchlichen Verhaltens, 1993, S. 8) darauf hin, dass sich die Anwendung des Widerspruchsverbots in den meisten Fällen darauf zurückführen lässt, dass ein entsprechender Rechtsfolgenwille nicht festgestellt werden konnte; so auch: Looschelders/Olzen, in: Staudinger, BGB, 2009, § 242 Rn. 287; Teichmann, in: Soergel, BGB, 12. Aufl. (1990), § 242 Rn. 312 (zum Sonderfall der Verwirkung).

sowie dessen Charakterisierung als Reaktionsmechanismus kann auch nach dem objektiven Erklärungswert (Empfängerhorizont) wohl grundsätzlich nicht davon ausgegangen werden, der Hauptaktionär wolle sich durch die Erklärung dauerhaft der Möglichkeit eines Aktionärsausschlusses begeben. Ausschlaggebend dafür sind jedoch letztendlich Art und Inhalt der Erklärung ebenso wie die jeweiligen Umstände des Einzelfalls.

Liegt eine rechtsgeschäftlich verbindliche Erklärung des Hauptaktionärs bzw. eine vertragliche Abrede zwischen allen Aktionären vor, ist der Übertragungsbeschluss aber nicht wegen Treuwidrigkeit aufgrund widersprüchlichen Verhaltens anfechtbar. Davon geht auch der Bundesgerichtshof in den zitierten Entscheidungen aus. Nach Ansicht des II. Zivilsenats ergab sich die Anfechtbarkeit der streitgegenständlichen Gesellschafterbeschlüsse in den dortigen Fällen nämlich eben gerade nicht aus einem Stimmrechtsmissbrauch bzw. einem Verstoß gegen die mitgliedschaftliche Treuepflicht, sondern einzig aus dem Umstand, dass eine entsprechende Vereinbarung zwischen sämtlichen Aktionären faktisch einer Satzungsregelung gleich kommt.[694]

bb) Längeres Untätigbleiben des Hauptaktionärs (Verwirkung)

Einen Sonderfall des *venire contra factum proprium* stellt die Verwirkung dar.[695] Die Besonderheit liegt hier darin, dass das Vorverhalten in dem Unterlassen der Rechtsausübung besteht.[696]

(1) Tatbestand der Verwirkung

Eine Verwirkung tritt demnach ein, wenn der Rechtinhaber es über einen gewissen Zeitraum unterlässt, sein Recht auszuüben und der andere Teil deshalb auch in Zukunft mit einer Rechtsausübung nicht mehr rechnen muss.[697] Als allgemeiner Rechtssatz, welcher gerade für Fälle fehlender ge-

---

694 BGH, NJW 1983, 1910 (1911), NJW 1987, 1890 (1892).

695 BGH, NJW 2006, 219; G.Hohloch, in: Erman, BGB, 13. Aufl. (2011), § 242 Rn. 123; Larenz, Lehrbuch des Schuldrechts, Band I, 14. Aufl. (1987) S. 134; Looschelders/Olzen, in: Staudinger, BGB, 2009, § 242 Rn. 302; Teichmann, in: Soergel, BGB, 12. Aufl. (1990), § 242 Rn. 332 .

696 Heinrich, in: FS Laufs, 2006, 585 (603); Roth, in: Münchener Kommentar zum BGB, 5. Aufl. (2007), § 242 Rn. 256.

697 BGHZ 25, 47 (52); 43, 289 (292); 105, 290 (298); Fikentscher/Heinemann, Schuldrecht, 10. Aufl. (2006), S. 123; Looschelders/Olzen, in: Staudinger, BGB, 2009,

setzlicher Fristenregelung eine Rechtsausübungsbeschränkung unter der Prämisse eines gerechten Interessenausgleichs darstellt, findet die Verwirkung auch im Fall des Squeeze-out grundsätzlich Anwendung. Soweit sie jedoch bereits deshalb angenommen wird, weil ein Hauptaktionär einen Squeeze-Out erst nach Ablauf einer gewissen Zeitspanne nach Erreichen des 95-prozentigen Anteilsquorums durchführt,[698] kann dem nicht gefolgt werden.[699] Das bloße Untätigbleiben des Rechtsinhabers kann für sich genommen nicht ausreichen, die schwerwiegenden Rechtsfolgen, die die Verwirkung für diesen mit sich bringt (Unzulässigkeit der Rechtsausübung) und den dadurch bedingten absoluten Eingriff in dessen privatautonome Entscheidungs- und Gestaltungsfreiheit zu rechtfertigen.[700] Es bedarf vielmehr eines „qualifizierten Untätigbleibens".[701]

Als Sonderfall des widersprüchlichen Verhaltens verlangt die Verwirkung daher – wovon allerdings auch die Vertreter der Gegenansicht ausgehen[702] – neben dem Zeitmoment deshalb stets auch das Hinzutreten besonderer Umstände, die die spätere Rechtsausübung „illoyal" erscheinen lassen (Umstandsmoment).[703] Ein Zuwarten des Rechtsinhabers mit der Ausübung seines Rechts berechtigt also nur dann zur Annahme einer Verwirkung,

---

§ 242 Rn. 302 und 309; Teichmann, in: Soergel, BGB, 12. Aufl. (1990), § 242 Rn. 332.

698 So im Ergebnis aber: Fleischer, in: Großkommentar zum AktG, 4. Aufl. (2007), § 327a Rn. 86; ders., ZGR 2002, 757 (786); Fuchs, Der aktienrechtliche Squeeze-out, 2009, S. 454; Heidel/Lochner, in: Heidel, Aktienrecht und Kapitalmarktrecht, 3. Aufl. (2011), § 327a Rn. 17.

699 So auch: Habersack, in: Emmerich/Habersack, Aktien- und GmbH-Konzernrecht, 6. Aufl. (2010), § 327a Rn. 20; Markwardt, BB 2004, 277 (286); Rieder, ZGR 2009, 981 (1006).

700 Vgl.: Austmann, in: Münchener Handbuch des Gesellschaftsrechts, Band 4, 3. Aufl. (2007), § 74 Rn. 127; Esser/Schmidt, Schuldrecht, Band I 1, 8. Aufl. (1995), S. 175 f.; G.Hohloch, in: Erman, BGB, 13. Aufl. (2011), § 242 Rn. 123.

701 Siebert, Verwirkung und Unzulässigkeit der Rechtsausübung, 1934, S. 113.

702 Etwa: Fleischer, ZGR 2002, 757 (786).

703 BGH, NJW 2006, 219 (220); NJW 2008, 2254 (2255); Fikentscher/Heinemann, Schuldrecht, 10. Aufl. (2006), S. 123; Grüneberg, in: Palandt, BGB, 70. Aufl. (2011), § 242 Rn. 87; Larenz, Lehrbuch des Schuldrechts, Band I, 14. Aufl. (1987) S. 134; Looschelders/Olzen, in: Staudinger, BGB, 2009, § 242 Rn. 306; Piekenbrock, Befristung, Verjährung, Verschweigung und Verwirkung, 2006, S. 197 f., 208, 367 und 486.

wenn dadurch auf Seiten des Vertragspartners in zurechenbarer Weise ein schutzwürdiges Vertrauen hervorgerufen wird.[704]

(2) Der Squeeze-out als wirtschaftliches Reaktionsinstrument

Dabei kommt es entscheidend darauf an, ob im konkreten Fall ein Anlass für die Ausübung des jeweilen Rechts bestand, mit ihr also vernünftiger Weise gerechnet werden konnte.[705]

Für den Squeeze-out und das Initiierungsrecht des § 327a Abs. 1 S. 1 AktG folgt jedoch aus der Systematik und Teleologie der §§ 327a ff. AktG, dass die Minderheitsaktionäre nicht ohne weiteres mit der Durchführung des Squeeze-out rechnen können, wenn ein Aktionär die Hauptaktionärsstellung erlangt hat. Auf Seiten des Hauptaktionärs besteht grundsätzlich kein Anlass zur sofortigen oder zeitnahen Initiierung und Durchführung des Squeeze-out nach Erreichen der Hauptaktionärsstellung. Anders als etwa zivilrechtliche Schadensersatzansprüche, mit deren Geltendmachung der Schuldner im Rahmen der gesetzlichen Verjährungsfristen zu rechnen hat, verkörpert der Squeeze-out ein gesellschaftsrechtliches Gestaltungsinstrument, das der Gesetzgeber Aktiengesellschaften und deren Hauptaktionären zu dem Zweck an die Hand gibt, im Einzelfall auf von Minderheitsaktionären ausgehende besondere Veränderungen und Hindernisse für die effektive Unternehmensführung zu reagieren.[706]

Die Notwendigkeit eines Squeeze-out entscheidet sich somit im Einzelfall anhand von Zweckmäßigkeitserwägungen und ist von einer Vielzahl von Variablen abhängig, die der Hauptaktionär häufig zu beeinflussen nicht in der Lage ist. Als ein solches "Reaktionsrecht" lässt sich das Initiierungsrecht im Rahmen des Squeeze-out aber grundsätzlich nicht zeitlich fixieren. So ist etwa denkbar und nicht fernliegend, dass ein Hauptaktionär im Zeitpunkt des Erreichens der 95-prozentigen Anteilsmehrheit noch keine Erforderlichkeit für einen Aktionärsausschluss sieht, eine solche vielmehr erst lange Zeit später auftritt, insbesondere weil bestimmte Minderheitsaktio-

704 Roth, in: Münchener Kommentar zum BGB, 5. Aufl. (2007), § 242 Rn. 297; Teichmann, in: Soergel, BGB, 12. Aufl. (1990), § 242 Rn. 337.

705 Dies dürfte etwa immer dann der Fall sein, wenn während der Zeit des Untätigbleibens bestimmte Gegebenheiten und Umstände eintreten, aufgrund derer von dem Rechtsinhaber vernünftigerweise die Verfolgung seines Rechts erwartet werden kann, er jedoch auch weiterhin von einer Rechtsausübung absieht (so auch: Roth, in: Münchener Kommentar zum BGB, 5. Aufl. (2007), § 242 Rn. 324).

706 Rieder, ZGR 2009, 981 (1001 f.); ähnlich: Markwardt, BB 2004, 277 (286), der auf das unternehmerische Ermessen des Hauptaktionärs verweist.

näre beginnen, ihre Minderheitsrechte missbräuchlich einzusetzen. Dann aber - will man den Squeeze-Out nicht seiner Effektivität berauben - muss der Hauptaktionär rechtlich in der Lage sein, auf die ihm für einen solchen Fall von Gesetzes wegen zur Verfügung gestellten aktienrechtlichen Hilfsmittel zurückgreifen zu können.

Nähme man in einem solchen Fall Verwirkung an, hätte dies notwendigerweise zur Folge, dass ein Hauptaktionär unmittelbar nach Erreichen seiner Hauptaktionärsstellung ein unter Umständen auch unternehmenpolitisch sinnloses Übertragungsverlangen stellen müsste, will er sein Recht aus § 327a Abs. 1, S. 1 AktG nicht verlieren. Alternativ könnte er seine Beteiligung solange unterhalb des 95-Prozent-Quorums halten, bis ein Squeeze-out unternehmenspolitisch indiziert ist. Dass dies allerdings mit nicht unerheblichen Risiken verbunden ist, liegt auf der Hand. So kann nicht selbstverständlich davon ausgegangen werden, dass zu diesem Zeitpunkt ein Aufstocken der Anteile tatsächlich überhaupt noch möglich ist. Die Annahme einer Verwirkung würde somit zu einer unzulässigen Beschneidung des durch § 327a Abs. 1, S. 1 AktG gewährten unternehmerischen Ermessens führen.[707] Das bloße Zuwarten des Hauptaktionärs nach Erlangung der Hauptaktionärsstellung kann folglich für sich genommmen nicht geeignet sein, bei den Minderheitsaktionären das Vertrauen auf ihren endlosen Verbleib in der Gesellschaft zu begründen.

4. Vertrauensmanifestierung

Schafft der Hauptaktionär durch sein Verhalten ausnahmsweise doch einmal einen zurechenbaren Vertrauenstatbestand auf Seiten der Minderheitsaktionäre, etwa weil er - ohne sich rechtsgeschäftlich zu binden - erklärt, einen Squeeze-out nicht durchführen zu wollen, rechtfertigt dies allein aber noch nicht die Annahme schutzbedürftigen Vertrauens und damit die Aufwertung des Bestandsinteresses. Damit ein Minderheitsaktionär auf das Ausbleiben seines Ausschlusses im Wege des Squeeze-out vertrauen darf, sein so gerichtetes Vertrauen also vor dem Hintergrund der bestehenden Rechtsordnung schutzbedürftig ist, müssen vielmehr auch in seiner Person bestimmte Voraussetzungen erfüllt sein.

So will die Rechtsordnung grundsätzlich nur denjenigen schützen, der in gutem Glauben ist und dessen Vertrauen grundsätzlich nicht folgenlos geblieben ist. Das Kriterium der Gutgläubigkeit ist für den Squeeze-out jedoch unbrauchbar, handelt es sich insofern doch gerade um das Vertrauen

707 Markwardt, BB 2004, 277 (286).

auf ein *freiwilliges*, zukünftiges Unterlassen, so dass das Nichtvorliegen der rechtlichen Bindung den Beteiligten regelmäßig bekannt sein dürfte.[708] Wichtiger für die Schutzbedürftigkeit des Bestandsvertrauens der Minderheitsaktionäre ist hingegen das grundsätzliche Erfordernis einer vertrauensveranlassten Disposition bzw. Investition.[709]

a) Grundsatz: Notwendigkeit einer Vertrauensdisposition

Nur dann, wenn ein Minderheitsaktionär – ggfs. auch durch ein Unterlassen[710] – vertrauensbedingte Dispositionen getroffen hat, wirkt sich die Widersprüchlichkeit des Verhaltens des Hauptaktionärs auch tatsächlich wirtschaftlich oder rechtlich nachteilig aus, so dass ein Schutz des Bestandsvertrauens des Minderheitsaktionärs grundsätzlich geboten erscheint.[711]

aa) Bloße Veranlassung zum Gesellschaftsbeitritt nicht ausreichend

Nicht gefolgt werden kann daher der Ansicht in der Literatur, wonach ein Rechtsmissbrauch bereits dann vorliegen soll, wenn der Hauptaktionär einen Minderheitsaktionär zunächst zum Gesellschaftsbeitritt veranlasst, ihn anschließend aber im Wege des Squeeze-out wieder aus der Gesellschaft ausschließt.[712] Zwar wird der Hauptaktionär durch die Veranlassung zum

---

708 Canaris (die Vertrauenshaftung im deutschen Privatrecht, 1971, S. 506) geht davon aus, dass das Erfordernis der Gutgläubigkeit des Vertrauenden für die Schutzwürdigkeit des Vertrauens auf den „zukünftigen" Eintritt einer Rechtsfolge nicht gelten kann.

709 Siehe: Canaris, Die Vertrauenshaftung im deutschen Privatrecht, 1971, S. 491 ff.; Heinrich, in: FS Laufs, 2006, 585 (601); Looschelders/Olzen, in: Staudinger, BGB, 2009, § 242 Rn. 294 f.; Teichmann, in: Soergel, BGB, 12. Aufl. (1990), § 242 Rn. 320 f.; zur Ausnahme des „absoluten Verkehrsschutzes" als Sonderfall des Vertrauensschutzes siehe Fn. 672.

710 Zu denken ist etwa an das Absehen von der Geltendmachung bestimmter Gegenrechte und Einwendungen oder das Verstreichenlassen rechtserhaltender Fristen, insbesondere der Verjährungsfrist (Teichmann, in: Soergel, BGB, 12. Aufl. (1990), § 242 Rn. 321).

711 Allgemein auch: Teichmann, in: Soergel, BGB, 12. Aufl. (1990), § 242 Rn. 321.

712 So aber die wohl herrschende Meinung: Fleischer, ZGR 2002, 758 (785); Grunewald, in: Münchener Kommentar zum AktG, 3. Aufl. (2010), § 327a Rn. 28; dies., ZIP 2002, 18 (22); Habersack, in: Emmerich/Habersack, Aktien- und GmbH-Konzernrecht, 6. Aufl. (2010), § 327a Rn. 30; Heidel/Lochner, in: Heidel, Aktienrecht und Kapitalmarktrecht, 3. Aufl. (2011), § 327a Rn. 17; Hofmann, Minderheitsschutz im Gesellschaftsrecht, 2011, S. 423; Schüppen/Tretter, in: Haar-

Gesellschaftsbeitritt auf Seiten des Minderheitsaktionärs wohl meist einen Vertrauenstatbestand dahin gehend hervorrufen, dass es – jedenfalls nicht zeitnah nach dem erfolgten Beitritt – wieder zu einem Ausschluss kommt. Sieht man einmal von der nicht unproblematischen Frage der Dauer einer solchen Ausschlussfrist ab, so kann ein Verstoß gegen das Prinzip des *venire contra factum proprium* nur dann angenommen werden, wenn der entsprechende Minderheitsaktionär im Vertrauen auf einen Fortbestand seiner Mitgliedschaft auch tatsächlich Dispositionen oder Investitionen getroffen hat, die irreversibel sind, die also durch die Barabfindung des § 327b AktG nicht mehr rückgängig gemacht werden können. Dies wird regelmäßig aber nicht der Fall sein. Insbesondere reicht es nicht aus, dass der neu „an Bord" geholte Aktionär bei dem Anteilserwerb mehr investiert hat als er im Rahmen der Barabfindung erhalten würde, da der Aspekt der Veranlassung zum Beitritt im Rahmen der Abfindungsbemessung Berücksichtigung finden würde.[713]

Auch kann in einem solchen Fall nicht ausnahmsweise auf das Erfordernis einer Vertrauensdisposition verzichtet werden. Denn es wäre nicht nachvollziehbar, weshalb das Vertrauen des neu eintretenden Aktionärs und damit dessen Beteiligungsinteressen schutzwürdiger sein sollen als die der Altaktionäre, die bereits seit längerer Zeit Gesellschafter sind und deren Ausschluss aus der Gesellschaft unstreitig möglich ist.[714]

bb) Beteiligungserwerb in der Krise (debt-equity-swap)

Etwas anderes kann jedoch in wirtschaftlichen Krisenzeiten gelten, wenn ein Unternehmen, dem beispielsweise die Überschuldung oder ein durch Gewinneinbrüche bedingter Liquiditätsengpass droht, zu seiner Sanierung

---

mann/Schüppen, Frankfurter Kommentar zum WpÜG, 3. Aufl. (2008), § 327a AktG Rn. 46; eine Einschränkung findet sich bei: Fleischer, in: Großkommentar zum AktG, 4. Aufl. (2007), § 327a Rn. 84 und Fuchs, Der aktienrechtliche Squeeze-out, 2009, S. 452, die die Anfechtbarkeit des Übertragungsbeschlusses jedoch nur dann bejahen, wenn der Hauptaktionär sich treuwidrig gegenüber sämtlichen Gesellschaftern verhalten hat. Anderenfalls soll es lediglich zu Schadensersatzansprüchen aus § 280 Abs. 1 BGB oder § 311 Abs. 2 BGB kommen; wie hier: Gesmann-Nuissl, WM 2002, 1205 (1210); Markwardt, BB 2004, 277 (286); Koppensteiner, in: Kölner Kommentar zum AktG, 3. Aufl. (2004), § 327f Rn. 11; Posegga, Squeeze-out, 2006, S. 103; Rieder, ZGR 2009, 981 (999 f.).

713 Markwardt, BB 2004, 277 (286) m.w.N.

714 Ähnlich auch: Markwardt, BB 2004, 277 (286); Rieder, ZGR 2009, 981 (999).

einer bilanziellen Restrukturierung und damit der Mitwirkung seiner Gläubiger bedarf.

(1) Der debt-equity-swap als Sanierungsinstrument

Unter einer Sanierung wird jede Maßnahme verstanden, „(...) die darauf gerichtet ist, ein Unternehmen oder einen Unternehmensträger (...) vor dem finanziellen Zusammenbruch zu bewahren und wieder ertragsfähig zu machen (= unternehmensbezogene Sanierung)".[715] Verfügt ein Unternehmen dabei zusätzlich über eine nur sehr geringe Eigenkapitalausstattung, etwa weil es zuvor Zielobjekt einer stark fremdfinanzierten Übernahme durch einen Finanzinvestor (*leveraged buy out*) war und dieser die dazu eingegangenen Verbindlichkeiten an das Unternehmen weitergereicht hat, so wird als probate Sanierungsmaßnahme nicht selten ein sogenannter *debt-equity-swap*[716] – die Umwandlung von Fremd- in Eigenkapital – erwogen.[717]

Hauptakteure einer solchen *debt-equity*-Transaktion sind dementsprechend neben der Gesellschaft insbesondere deren umwandlungswillige Gläubiger, die ihre Forderungen ganz oder teilweise als Sacheinlage in die Gesellschaft einbringen und dafür im Gegenzug Gesellschaftsanteile in entsprechender Höhe erhalten.[718] Mit Einbringung erlischt die Forderung aufgrund Konfusion[719] und die bilanzielle Eigenkapitalquote erhöht sich. Rechtlich handelt es sich bei der Umwandlung demnach um eine Sachkapitalerhöhung unter Ausschluss des Bezugsrechts der Altgesellschafter (vgl. § 186 Abs. 3 AktG).[720]

Die Höhe der geleisteten Sacheinlage richtet sich dabei jedoch nicht nach dem Nennwert der eingebrachten Forderungen, sondern allein nach

---

715 Vgl. :Sanierungserlass des BMF vom 27.03.2003, S. 1 Rn.1.

716 Zur Terminologie: Schmidt/Schlitt, Der Konzern 2009, 279.

717 Carli/Rieder/Mückl, ZIP 2010, 1737 (dort findet sich zudem eine Auflistung namhafter debt-equity-Transaktionen).

718 Statt vieler: Ekkenga, ZGR 2009, 581 (586); Knecht/Drescher, in: Buth/Hermanns, Restrukturierung, Sanierung, Insolvenz, 3. Aufl. (2009), § 20 Rn. 41.

719 Drouven/Nobiling, DB 2009, 1895; Vaupel/Reers, AG 2010, 93 (99).

720 Etwa: Born, BB 2009, 1730 (1731); Oelke/Wöhlert/Degen, BB 2010, 299; Scheunemann/Hoffmann, DB 2009, 983 (983 f.); Schmidt/Schlitt, Der Konzern 2009, 279 (280 f.); häufig wird der Kapitalerhöhung eine Kapitalherabsetzung (§§ 229 ff. AktG) vorgeschaltet, um eine etwaige Unterbilanz zu beseitigen und damit die wirtschaftliche Attraktivität der anschließenden Kapitalerhöhung für die Gläubiger zu steigern (vgl.: Eidenmüller/Engert, ZIP 2009, 541 (542) (dort Fn. 8); Eilers, GWR 2009, 3; Redeker, BB 2007, 673 (674)).

deren tatsächlichem Wert.[721] Angesichts der eingeschränkten Leistungsfähigkeit von Gesellschaften in der Krise müssen Gläubiger insofern aber regelmäßig Abschläge zum Nennbetrag hinnehmen.[722] Deren Umfang hängt wiederum von der jeweiligen Ausfallwahrscheinlichkeit der Gesellschaft als Schuldnerin ab.

(2) Vertrauensdisposition beim debt-equity-swap

Allein in dem Vorliegen eines solchen Abschlags kann jedoch noch keine Vertrauensschutz begründende Vermögensdisposition des Gläubigers gesehen werden, soweit die Anrechnung nach dem tatsächlichen Marktwert erfolgt. Es fehlt dann bereits an einer vertrauensbedingten Vermögenseinbuße. Verständigen sich die Beteiligten hingegen auf einen weitergehenden Abschlag, so dass eine betragsmäßig unter dem Marktwert liegende Anrechnung der Forderungen erfolgt, so kann darin durchaus eine Vermögensdisposition in Form einer freiwilligen Vermögenseinbuße gesehen werden.

Nichts anderes gilt damit auch für den Fall, dass der Sanierungsplan neben der Durchführung des *debt-equity-swap* einen zusätzlichen Forderungsverzicht des Gläubigers (sog. *haircut*) vorsieht. Gerade die Kombination verschiedener Sanierungsmaßnahmen ist in der Praxis aber nicht die Ausnahme, sondern die Regel. Nur so lässt sich in den meisten Fällen eine effektive und nachhaltige Unternehmenssanierung erreichen. Zwar handelt es sich bei diesen flankierenden Maßnahmen meist um liquiditätsschaffende oder liquiditätsverbessernde Maßnahmen,[723] da der *debt-equity-swap* selbst nur einen reinen bilanziellen Passivtausch darstellt,[724] dem keine unmittelbaren[725] Auswirkungen auf die Liquidität der Gesellschaft zukom-

---

721 V.Dryander/Niggemann, in: Hölters, AktG, 2011, § 183 Rn. 19; Vaupel/Reers, AG 2010, 93 (99).

722 Vgl.: Schmidt/Schlitt, Der Konzern 2009, 279 (280 f.) m.w.N.; Sydow/Beyer, AG 2006, 635 (637).

723 Dabei werden meist neue Kredite, aber auch frisches Eigenkapital gewährt, vgl.: Carli/Rieder/Mückl, ZIP 2010, 1737 (1740).

724 Knecht/Drescher, in: Buth/Hermanns, Restrukturierung, Sanierung, Insolvenz, 3. Aufl. (2009), § 20 Rn. 41.

725 Die Reduzierung des Fremdkapitalanteils hat jedoch mittelbar liquiditätsfördernde Wirkung, weil damit zugleich auch der anfallende Schuldendienst sinkt.

men.[726] Gleichwohl ist auch der flankierende *haircut* trotz fehlender Liquiditätsbezogenheit ein wirksames Instrument bilanzieller Restrukturierung.[727] Ebenso wie beim weitergehenden Abschlag im Rahmen der betragsmäßigen Anrechnung der eingebrachten Forderungen liegt aber auch in dem weitergehenden Forderungsverzicht zugleich eine vertrauensbezogene Vermögensdisposition, die zur Schutzbedürftigkeit des Bestandsvertrauens, gefolgt von einer Aufwertung des Bestandsinteresses, führt und damit letztendlich zur Annahme eines Rechtsmissbrauchs berechtigt.

Mit dem sanierungsbedingten Eintritt in die Gesellschaft verfolgt der Gläubiger das Beteiligungsinteresse, einerseits den im Insolvenzfall insbesondere nachrangig besicherten *Mezzanine*-Kreditgebern[728] drohenden Vermögensverlust zu verhindern und andererseits an einer Wertsteigerung des Unternehmens nach Eintritt des Sanierungserfolgs[729] zu partizipieren, um so die Vermögenseinbuße infolge der Abschlagsvereinbarung bzw. des Forderungsverzichts auszugleichen oder bestenfalls sogar in einen Gewinn umzukehren (sog. *upside potential*).[730] Nur dann nämlich, wenn die Sanierung aus seiner Sicht erfolgversprechend ist, wird ein Gläubiger sich zu einem solchen Schritt bereit erklären.[731] Dabei vertraut er aber nicht nur blind auf die Sanierung und den zumindest bis zum Eintritt oder Scheitern des Sanierungserfolgs fortwährenden Bestand seiner Beteiligung. Er trifft vielmehr in diesem Vertrauen eine konkrete Vertrauensdisposition. Dadurch wird sein Bestandsvertrauen auch für den Hauptaktionär erkennbar schutzbedürftig. Sollte die so erworbene Beteiligung einzelner Gläubiger oder Gläubigergruppen dabei die 5%-Grenze des § 327a Abs. 1, S. 1 AktG

726 Der debt-equity-swap verhindert oder vermindert daher in erster Linie nur eine Überschuldung, beseitigt aber nicht zugleich auch eine drohende Zahlungsunfähigkeit.

727 So auch: Bork, ZIP 2010, 397 (407), wonach ein Forderungsverzicht für jeden Sanierungsfall „unverzichtbar" sein soll; Oelke/Wöhlert/Degen, BB 2010, 299.

728 Carli/Rieder/Mückl, ZIP 2010, 1737 (1738).

729 Erfolgreich war eine Sanierung, wenn sämtliche Insolvenzgründe beseitigt wurden und sich die Ertragsfähigkeit des Unternehmens wieder nachhaltig eingestellt hat (Bork, ZIP 2010, 397 (399)).

730 Hass/Schreiber/Tschauner, in: Hommel/Knecht/Wohlenberg, Handbuch Unternehmensrestrukturierung, 2006, S. 843; ähnlich auch: Ekkenga, ZGR 2009, 581 (586).

731 Die Entscheidung zur Durchführung eines debt-equity-swap hängt auf Seiten der Gläubiger dabei von dem Ausfallrisiko im Insolvenzfall ebenso ab wie von der zu erwartenden Geschäftsentwicklung des Unternehmens und dem öffentlichen Druck (vgl.: Hass/Schreiber/Tschauner, in: Hommel/Knecht/Wohlenberg, Handbuch Unternehmensrestrukturierung, 2006, S. 843 (844)).

nicht erreichen, wäre ein anschließend angestrengter Squeeze-out dieser Gläubiger demnach wegen Rechtsmissbrauchs unzulässig.

(3) Besonderheit: Das Insolvenzplanverfahren nach dem ESUG

Dabei dürfte sich diese Problematik angesichts des am 01.03.2012 in Kraft getretenen Gesetzes zur weiteren Erleichterung der Sanierung von Unternehmen (ESUG)[732] verstärkt für die Rettung von Unternehmen aus laufenden Insolvenzplanverfahren (§§ 217 ff. InsO) stellen.[733]

Vor Inkrafttreten des ESUG bedurfte die Durchführung eines *debt-equity-swap* auch im Rahmen eines Insolvenzplanverfahrens mangels Sonderregelung stets der Zustimmung der Altaktionäre, da die Kompetenz zur Vornahme der hierfür erforderlichen gesellschaftsrechtlichen Kapitalmaßnahmen ausschließlich bei der Hauptversammlung liegt (vgl. §§ 182 Abs. 1, 222 Abs. 1 AktG). Damit kam den Altgesellschaftern eine nicht unerhebliche Blockademacht hinsichtlich der Sanierung ihrer Gesellschaft zu.[734] Dem wurde durch das ESUG Abhilfe geschaffen. Wie im Schrifttum bereits zuvor gefordert,[735] werden nunmehr auch die Altaktionäre am Insolvenzplanverfahren beteiligt und ihre Anteils- und Mitgliedschaftsrechte in den Insolvenzplan einbezogen (vgl. § 217 S. 2 InsO n.F.). Insbesondere die für *debt-equity*-Transaktionen unerlässlichen Kapitalmaßnahmen können somit nun zum Gegenstand des gestaltenden Teils des Insolvenzplans gemacht werden (vgl. § 225a Abs. 2 InsO n.F.). Damit liegt aber zugleich auch die Entscheidung über die Durchführung des *debt-equity-swap* – abweichend von §§ 182 Abs. 1, 222 Abs. 1 AktG[736] – nicht mehr bei der Hauptversammlung, sondern bei den zur Abstimmung über den Insolvenzplan berufenen Abstimmungsgruppen (vgl. §§ 222, 243 ff. InsO).

---

732 BGBl. I S. 2582.

733 Dies war etwa bei der Sanierung der Ihr Platz GmbH & Co. KG der Fall, vgl.: Carli/Rieder/Mückl, ZIP 2010, 1737 (1739).

734 Bork, ZIP 2010, 397 (408); Born, BB 2009, 1730 (1731); Eidenmüller/Engert, ZIP 2009, 541 (542); Willemsen/Rechel, BB 2010, 2059 (2062 f.).

735 So etwa Eidenmüller/Engert, ZIP 2009, 541 (549).

736 Rechtfertigen lässt sich diese Abweichung mit dem Gedanken, dass die Beteiligung der Altaktionäre in der Insolvenz wertlos ist, diese also kein berechtigtes Interesse an der Nichtdurchführung einer Unternehmenssanierung mittels eines *debt-equity-swap* haben und ein solcher darüber hinaus deren Beteiligung wirtschaftlich nicht mehr tangiere (so etwa: Bork, ZIP 2010, 397 (408)). Alternativ ließe sich mit derselben Begründung aber auch an eine entsprechende mitgliedschaftliche Treuepflicht der Altaktionäre, gerichtet auf deren Mitwirkung an der Sanierung, denken (so: Redeker, BB 2007, 673 (675)).

Zwar sind auch die Altgesellschafter als eigenständige Gruppe an der Abstimmung beteiligt (vgl. § 222 S. 2, Nr. 4 InsO n.F.), aufgrund des Obstruktionsverbots des § 245 InsO kann die Durchführung des *debt-equity-swap* aber dennoch auch gegen deren Willen beschlossen werden, wenn die Mehrheit der abstimmenden Gruppen dafür stimmt (vgl. § 245 Abs. 1, Nr. 3 InsO). Mit Planannahme gelten die entsprechenden Beschlüsse dann als formell ordnungsgemäß erfolgt (§ 254a Abs. 2 InsO n.F.).

Das ESUG hat das Insolvenzplanverfahren daher nicht nur reformiert, die der Insolvenzordnung bisher unbekannte Verknüpfung von Insolvenz- und Gesellschaftsrecht kam vielmehr einer „Revolution" gleich. Insbesondere der Wegfall der Blockadestellung der Altgesellschafter könnte dazu führen, dass es in der Praxis zu einem vermehrten Rückgriff auf das Sanierungsinstrument des *debt-equity-swap* kommen wird.[737] Die hier dargestellte Problematik der Kombination von Squeeze-out und *debt-equity-swap* wäre dann aber von besonderer Relevanz.

(4) Einschränkung durch den Grundsatz des Vorrangs rechtsgeschäftlicher Bindung

Die vorgenannten Ausführung können allerdings nur hinsichtlich solcher Gläubiger gelten, die nicht über genügend Einfluss verfügen, um auf eine rechtsgeschäftliche Verzichtserklärung des Hauptaktionärs im Vorfeld des *debt-equity-swap* hinzuwirken. Mit Blick auf Bankenkonsortien dürften dies jedoch – wenn überhaupt – erneut nur die nachrangig besicherten Kreditgeber sein. In allen anderen Fällen ist insofern auf den bereits dargestellten Einwand des Vorrangs rechtsgeschäftlicher Bindung zu verweisen und ein schutzbedürftiges Vertrauen abzulehnen, falls auf den Abschluss einer vertraglichen Abrede verzichtet wurde.[738]

Trotz der drohenden eigenen wirtschaftlichen Verluste im Falle einer Insolvenz der Gesellschaft dürfte es regelmäßig zudem an einer ausreichenden Zwangslage der Gläubiger fehlen. Etwas anderes könnte allerdings erneut für *Mezzanine*-Gläubiger gelten, da die wirtschaftlichen Risiken einer ansonsten drohenden Insolvenz für diese aufgrund ihres Nachrangs besonders hoch sind,[739] sie sich also durchaus zu einem Forderungstausch ge-

737 Kritisch insofern jedoch: Bauer/Dimmling, NZI 2011, 517 (520).
738 Zu diesem Einwand im Einzelnen: § 9) II) 2) a).
739 Carli/Rieder/Mückl, ZIP 2010, 1737 (1738); Knecht/Drescher, in: Buth/Hermanns, Restrukturierung, Sanierung, Insolvenz, 3. Aufl. (2009), § 20 Rn. 44.

zwungen sehen könnten, auch wenn der Hauptaktionär eine entsprechende Verzichtserklärung ablehnen sollte.

b) Keine Ausnahme bei personalistisch geprägten Familiengesellschaften

Nach der allgemeinen Rechtsmissbrauchsdogmatik kann ein Vertrauen ausnahmsweise auch ohne das Vorliegen einer vertrauensbedingten Disposition des Vertrauenden schutzbedürftig sein.[740]

Mit Blick auf das Squeeze-out-Verfahren stellt sich daher die Frage, ob nicht das Fehlen der Börsennotierung einen solchen Ausnahmefall darstellen und damit geeignet sein kann, ohne Weiteres die Schutzbedürftigkeit des Bestandsvertrauens der betroffenen Minderheitsaktionäre zu begründen. Davon scheint *Habersack* auszugehen, der Minderheitsaktionären von nichtbörsennotierten Aktiengesellschaften stets Vertrauensschutz in Form von Bestandsschutz mit der Begründung zuteil werden lassen will, dass diese sich doch gerade auf eine rein gesellschaftsrechtlich determinierte und von Bestandsschutz geprägte Beteiligung entschieden haben.[741] Dem kann jedoch in dieser Allgemeinheit nicht gefolgt werden.[742] Denn die Börsennotierung allein sagt noch nichts über die konkrete Aktionärsstruktur der Gesellschaft aus,[743] so dass die pauschale Annahme einer besonderen Schutzbedürftigkeit des Bestandsvertrauens bereits aus diesem Grund problematisch erscheint.

Gleiches hat darüber hinaus sogar dann zu gelten, wenn es sich bei der betreffenden Gesellschaft um eine Familiengesellschaft mit personalistisch geprägter Aktionärsstruktur handelt.[744] Auch darin kann richtigerweise für

---

740 BGHZ 94, 344 (354 f.), Canaris, Die Vertrauenshaftung im deutschen Privatrecht, 1971, S. 491 (dort Fn. 1); G.Hohloch, in: Erman, BGB, 13. Aufl. (2011), § 242 Rn. 106; Beispiele hierzu finden sich bei: Grüneberg, in: Palandt, BGB, 70. Aufl. (2011), § 242 Rn. 56.

741 Habersack, ZIP 2001, 1230 (1235).

742 Siehe auch: Grunewald, ZIP 2002, 18 (21 f.).

743 So zählen zu den nichtbörsennotierten Aktiengesellschaften auch viele große Gesellschaften, wie etwa eine Reihe kommunaler Energieversorger (vgl.: Lenz/Leinekugel, Eigentumsschutz beim Squeeze out, 2004, S. 74 f.).

744 Gegen einen Rechtsmissbrauch bzw. Treuepflichtverstoß in diesen Fällen im Ergebnis auch: Amberger, Die Missbrauchskontrolle im Rahmen des aktienrechtlichen Squeeze-out, 2007, S. 129 f.; Gesmann-Nuissl, WM 2002, 1205 (1210); Grunewald, ZIP 2002, 18 (21 f.); Hamann, Minderheitenschutz beim Squeeze-out-Beschluss, 2003, S. 184 ff.; Hasselbach, in: Kölner Kommentar zum WpÜG, 2. Aufl. (2010), § 327a AktG Rn. 32; Seuffert, Der Schutz des Aktieneigentums nach

sich genommen noch nicht der Grund für eine Aufwertung des Bestandsinteresses der Minderheitsaktionäre und damit die Annahme grundsätzlichen Bestandsschutzes gesehen werden. So ist es etwa denkbar, dass die betroffenen Minderheitsaktionäre schon überhaupt keine Mitglieder der Familie des Hauptaktionärs sind und damit eine besondere Verbundenheit trotz Existenz einer Familiengesellschaft von vorneherein nicht besteht. Mit einer solchen Konstellation hatte sich der Bundesgerichtshof in der bereits mehrfach zitierten Rechtssache „Wertpapierdarlehen" zu befassen,[745] der für diesen Fall aber ein besonderes Interesse an der Durchführung eines Squeeze-out gerade bejahte.[746] Aber auch dann, wenn es sich bei den Minderheitsaktionären um Familienmitglieder handelt, kann aus der familiären Verbundenheit der Aktionäre nicht pauschal auf das Vorhandensein eines besonders schutzbedürftigen Bestandsvertrauens der einzelnen Familienmitglieder geschlossen werden. Dies zeigt etwa der Fall, dass ein Aktionär seinen Anteil an dem Familienunternehmen nur geerbt, tatsächlich aber kein Interesse daran hat, seine Beteiligung langfristig zu halten. Dass es sich bei der betreffenden Gesellschaft um eine personalistisch geprägte Familiengesellschaft handelt, führt somit lediglich zur regelmäßigen Anerkennung einer abstrakten Schutz*würdigkeit* des Bestandsvertrauens, da die Minderheitsaktionäre einer so strukturierten Gesellschaft meist nicht dem aktienrechtlichen Leitbild des Kapitalanlegers entsprechen dürften.[747] Damit steht aber nicht auch zugleich die konkrete Schutz*bedürftigkeit* deren Bestandsvertrauens im Einzelfall fest. Zwar ist es durchaus denkbar, dass das Bestandsvertrauen einzelner Minderheitsaktionäre aufgrund der besonderen persönlichen Verbundenheit – und zwar losgelöst von etwaigen familiären Beziehungen[748] – einmal auch ohne das Vorliegen einer Vertrauensdisposition als besonders schutzbedürftig angesehen werden muss. Dabei kann es sich aber nur um eine Einzelfallentscheidung des Tatrichters handeln. Eine allgemeine rechtliche Würdigung dahin gehend, dass stets von einer besonderen Schutzbedürftigkeit und dementsprechend einem ausnahmsweisen Bestandsschutz aufgrund einer Rechtsmissbräuch-

Art. 14 GG und seine Auswirkungen im Zusammenhang mit dem Ausschluss von Minderheitsaktionären gemäß §§ 327a ff. AktG, 2005, S. 248 f.; a.A.: Habersack, ZIP 2001, 1230 (1235); Lutter, ZHR 162 (1998), 164 (169), wonach sich aus der persönlichen Verbindung zwischen den Gesellschaftern durchaus „berechtigte Erwartungen" ergeben können, die sich über die Zeit entwickeln und verdichten.

745 BGH, WM 2009, 896.

746 BGH, WM 2009, 986 (899) (Wertpapierdarlehen).

747 Zur abstrakten Schutzwürdigkeit von Bestandsvertrauen im Einzelnen: § 9) II).

748 Vgl. dazu: Hamann, Minderheitenschutz beim Squeeze-out-Beschluss, 2003, S. 185.

lichkeit des Squeeze-out auszugehen ist, hat aber in jedem Fall zu unterbleiben.

IV. Fazit

Eine Aufwertung des Bestandsinteresses der Minderheitsaktionäre ist nur sehr begrenzt möglich.

Schutz*würdig* in ihrem Bestandsvertrauen sind zunächst nur solche Minderheitsaktionäre, die nicht vom aktienrechtlichen Leitbild des Aktionärs als Kapitalanleger gedeckt sind, deren Interessen also bei der gesetzgeberischen Interessenabwägung im Rahmen der §§ 327a ff. AktG keine Berücksichtigung gefunden haben.

Ihre Schutz*bedürftigkeit* im Einzelfall richtet sich hingegen nach den allgemeinen Grundsätzen der Vertrauenslehre, die neben dem zurechenbaren Hervorrufen eines Vertrauenstatbestands grundsätzlich auch eine Vertrauensmanifestierung in Gestalt einer Disposition oder Investition verlangt. An einer solchen dürfte es mit Blick auf den Squeeze-out jedoch regelmäßig fehlen. Lediglich der dargestellte Fall eines vorangegangenen *debt-equity-swap*, kombiniert etwa mit einem Forderungsverzicht, kann unter Umständen die Annahme eines Bestandsschutzes der betreffenden Minderheitsaktionäre und damit eines rechtsmissbräuchlich durchgeführten Squeeze-out rechtfertigen. Dies gilt jedoch nur dann, wenn eine vertragliche Verzichtserklärung des Hauptaktionärs nicht erlangt werden konnte.

Zusammenfassung der wesentlichen Ergebnisse

1. Für Minderheitsaktionäre bedeutete die Einführung des aktienrechtlichen Squeeze-out-Verfahrens eine nicht unerhebliche Beschneidung ihrer Rechtsposition innerhalb der Gesellschaft. Schutz erfahren sie nicht mehr in ihrer Mitgliedschaft, sondern nur noch hinsichtlich der Vermögenskomponente der von ihnen gehaltenen Beteiligung.

2. Als Mehrheitsentscheidung birgt der Übertragungsbeschluss nach § 327a Abs. 1, S. 1 AktG ein besonders hohes Missbrauchspotential. Grund ist das im Kapitalgesellschaftsrecht herrschende Mehrheitsprinzip (vgl. § 133 AktG), das es dem Hauptaktionär gestattet, Minderheitsaktionäre auch gegen deren Willen aus der Gesellschaft auszuschließen. Hinzu kommt, dass der Übertragungsbeschluss keiner sachlichen Rechtfertigung bedarf und damit einer materiellen Beschlusskontrolle nicht zugänglich ist.

3. Eine materielle Schranke findet diese Mehrheitsmacht unter anderem in der Generalklausel des Rechtsmissbrauchsverbots, dessen Aufgabe als rechtsimmanente Inhaltsschranke die Schaffung und Gewährleistung von Einzelfallgerechtigkeit ist.

4. Abweichend von der allgemeinen Zivilrechtsdogmatik ist Grundlage des Rechtsmissbrauchsverbots dabei jedoch nicht der Grundsatz von Treu und Glauben (§ 242 BGB). Im Gesellschaftsrecht gilt mit der mitgliedschaftlichen Treuepflicht vielmehr eine gesteigerte Treuebindung innerhalb von Personenverbänden, die als richterlich geschaffene Generalklausel gegenüber § 242 BGB mittlerweile als eigenständige dogmatische Kategorie geschuldeter Treue anzusehen ist. Damit verdrängt sie § 242 BGB aber auch als dogmatische Grundlage des Verbots missbräuchlicher Rechtsausübung. Zu einer dogmatischen und funktionalen Überschneidung mit der mitgliedschaftlichen Treuepflicht kommt es allerdings – wie bei § 242 BGB – nur hinsichtlich deren rechtsbegrenzender Schrankenfunktion. Dogmatische Eigenständigkeit behält die Treuepflicht dementsprechend als Quelle positiver Handlungspflichten (z.B. Stimmpflichten) und negativer Unterlassungspflichten (z.B. Wettbewerbsverbot).

5. Im Rahmen des Squeeze-out-Verfahrens kommt das Rechtsmissbrauchsverbot als Treuepflicht der Beschlussmehrheit gegenüber der überstimmten Minderheit zum Tragen (mehrheitsbezogene horizontale Rücksichtspflicht). Anknüpfungspunkt ist demnach die Ausübung des

Stimmrechts in der die Aktienübertragung beschließenden Hauptversammlung, nicht aber das vorgelagerte Übertragungsverlangen des Hauptaktionärs. Rechtsfolge ist die Anfechtbarkeit des Übertragungsbeschlusses.

6. Rechtsmethodisch bedarf das Rechtsmissbrauchsverbot als Generalklausel stets der einzelfallbezogenen Konkretisierung durch den Rechtsanwender. Richtige Konkretisierungsmethode ist dabei die an den gesetzlichen Wertungen ausgerichtete, rationale Abwägung des Interesses der Beschlussmehrheit am Ausschluss der Minderheit (Ausschlussinteresse) und des Interesses der Minderheit am Fortbestand ihrer Mitgliedschaft (Bestandsinteresse). Als Leitfaden und weiteres Konkretisierungshilfsmittel dienen dabei die in der Rechtsprechung entwickelten Fallgruppen zu § 242 BGB. Letztere haben indizielle Wirkung und geben dem Rechtsanwender eine erste Wertungsentscheidung vor, ohne den zur Entscheidung berufenen Richter dabei zugleich von der Pflicht zu entbinden, eine ausnahmsweise gebotene Abweichung von dieser Wertung zu prüfen.

7. Hinsichtlich dieser Interessenabwägung liegt die Besonderheit beim Squeeze-out darin, dass der Gesetzgeber mit Erlass der §§ 327a ff. AktG bereits selbst eine Abwägung des Ausschlussinteresses der Mehrheit und des Bestandsinteresses der Minderheit vorgenommen hat. Die in den Squeeze-out-Vorschriften zum Ausdruck kommende Wertung, dass Minderheitsaktionären grundsätzlich ein Bestandsschutz nicht zuteil werden soll, führt aber gleichzeitig zu einer gesetzesimmanenten Begrenzung des Rechtsmissbrauchsverbots. Diese gesetzgeberische Wertungsentscheidung dient als Ausgangspunkt der Missbrauchskontrolle. Ein Rechtsmissbrauch kommt demnach nur noch dann in Betracht, wenn es ausnahmsweise einer Abweichung von dieser bedarf. Dies wäre der Fall, wenn entweder das Ausschlussinteresse der Mehrheit einmal weniger schützenswert erscheint (Abwertung des Ausschlussinteresses) oder spiegelbildlich das Bestandsinteresse der Minderheit im Einzelfall als schützenswerter anzusehen ist (Aufwertung des Bestandsinteresses).

8. Eine Abwertung des Ausschlussinteresses im Rahmen der §§ 327a ff. AktG scheidet aus. Insbesondere reicht es nicht aus, dass dem Squeeze-out ein Formwechsel von einer GmbH in eine AG vorausgeht, dessen einziges Ziel der im GmbH-Recht nicht gestattete anlassunabhängige Ausschluss von Minderheitsgesellschaftern ist. Gleiches gilt für eine vorgeschaltete Beteiligungsaufstockung im Wege der Kapitalerhöhung unter Bezugsrechtsausschluss als Vorbereitung des anschließenden Aktio-

närsausschlusses. Ein ausnahmsweise weniger schützenswertes Ausschlussinteresse der Beschlussmehrheit kann auch nicht für den Fall angenommen werden, dass die Hauptaktionärsstellung durch eine nur vorübergehende Zusammenlegung von Aktien in einer Person – etwa mittels eines Wertpapierdarlehens oder einer Auslagerung der Aktien in einer dafür gegründeten Zweckgesellschaft – zustande gekommen ist und es nach Durchführung des Squeeze-out somit zu einer erneuten Vergrößerung des Aktionärskreises kommt. Unschädlich ist es deshalb auch, wenn nach erfolgtem Squeeze-out Altaktionäre oder neue Minderheitsaktionäre (wieder) in die Gesellschaft aufgenommen werden. Eine Abwertung des Ausschlussinteresses wegen fehlenden Eigeninteresses der Beschlussmehrheit bzw. wegen des Schikaneeinwands aus § 226 BGB kommt ebenfalls nicht in Betracht.

9. Die Aufwertung des Bestandsinteresses der Minderheit richtet sich nach den allgemeinen Grundsätzen des Vertrauensschutzes. Von vorneherein nicht schutz*würdig* sind dabei Minderheitsaktionäre, soweit es sich bei ihnen um vermögensorientierte Anlegeraktionäre handelt, die also dem aktienrechtlichen Leitbild des Minderheitsaktionärs als reinem Kapitalanleger entsprechen. Ihren Interessen hat der Gesetzgeber im Rahmen der den §§ 327a ff. AktG zugrunde liegenden Interessenabwägung ausreichend Rechnung getragen (Barabfindung). Weicht ein Minderheitsaktionär ausnahmsweise von diesem Leitbild ab, hängt seine konkrete Schutz*bedürftigkeit* davon ab, ob der Hauptaktionär nach den Grundsätzen des Verbots widersprüchlichen Verhaltens (*venire contra factum proprium*) bei diesem zurechenbar einen Vertrauenstatbestand hervorgerufen und der betreffende Minderheitsaktionär in diesem Vertrauen bestimmte Dispositionen getroffen oder Investitionen getätigt hat. Allein das Zuwarten mit der Initiierung eines Squeeze-out nach Erreichen der Hauptaktionärsstellung genügt demnach ebensowenig wie der Umstand, dass der Hauptaktionär Minderheitsaktionäre (kurz) vor Durchführung des Ausschlussverfahrens zum Gesellschaftsbeitritt veranlasst hat. In der Praxis wird es regelmäßig an einer vertrauensbedingten Disposition bzw. Investition fehlen. Denkbar ist eine Aufwertung des Bestandsinteresses und damit die Annahme eines zur Anfechtbarkeit des Übertragungsbeschlusses führenden Rechtsmissbrauchs jedoch in der Krise der Gesellschaft. Dies betrifft etwa den Fall, dass Gläubiger Teile ihrer Forderungen unter Wertabschlag gegen Beteiligungen „tauschen" (*debt equity swap*) und als zusätzlichen Sanierungsbeitrag weitere Vermögenseinbußen – etwa in Form eines Forderungsverzichts – eingehen, weil sie sich

von der Sanierung der Gesellschaft eine Reduzierung ihrer Verluste oder sogar einen Gewinn erhoffen. Dies gilt aber nur dann, wenn eine vorrangige rechtsgeschäftliche Verzichtserklärung des Hauptaktionärs nicht erlangt werden konnte.

Literaturverzeichnis

Amberger, Claus-Peter, Die Missbrauchskontrolle im Rahmen des aktienrechtlichen Squeeze-out, Berlin 2007

Angerer, Lutz, „Der Squeeze-out", BKR 2002, 260-268

Bamberger, Heinz Georg / Roth, Herbert (Hrsg.), Kommentar zum Bürgerlichen Gesetzbuch, Band 1, 2. Auflage, München 2007

Bauer, Andreas F. / Dimmling, Andreas, „Endlich im Gesetz(entwurf): Der Debt-Equity-Swap", NZI 2011, 517-521

Bauer, Patrick, „BVerfG: Gerichtliche Prüfungspflicht bei Wahrung der Interessen der Minderheitsaktionäre im Falle einer übertragenden Auflösung", NZG 2000, 1214-1215

Baumann, Jürgen, Einführung in die Rechtswissenschaft - Rechtssystem und Rechtstechnik, 8. Auflage, München 1989

Baumann, Karl-Hermann, „Übernahmegesetz schafft Wettbewerbsgleichheit - Fairness und Transparenz/Regelung zum 'Squeeze out' ein Muss", WM 1999, 1968

Baumbach, Adolf / Hopt, Klaus J. (Hrsg.), Handelsgesetzbuch, 34. Auflage, München 2010

Baumbach, Adolf / Hueck, Alfred (Hrsg.), GmbHG, 19. Auflage, München 2010

Baums, Philipp, „Der Ausschluss von Minderheitsaktionären nach §§ 327 a ff. AktG n.F. - Einzelfragen", WM 2001, 1843-1850

Baums, Philipp, Ausschluss von Minderheitsaktionären, Frankfurt am Main 2001

Bayer, Walter / Habersack Mathias (Hrsg.), Aktienrecht im Wandel, Band 2 (Grundsatzfragen des Aktienrechts), Tübingen 2007

Bayer, Walter / Schmidt, Jessica, „Der Referentenentwurf zum 3. UmwÄndG: Vereinfachungen bei Verschmelzungen und Spaltungen und ein neuer verschmelzungsspezifischer Squeeze out", ZIP 2010, 953-963

Bayer, Walter, „1000 Tage neues Umwandlungsrecht - eine Zwischenbilanz", ZIP 1999, 1613-1626

Bayer, Walter, „Aktionärsklagen de lege lata und de lege ferenda", NJW 2000, 2609-2619

Bayer, Walter, Empfehlen sich besondere Regeln für börsennotierte und für geschlossene Gesellschaften?, Gutachten E zum 67. Deutschen Juristentag, Erfurt 2008

Beater, Axel, „Generalklauseln und Fallgruppen", AcP 194 (1994), 82-89

Becker, Benjamin, Die Zulässigkeit von Hinauskündigungsklauseln nach freiem Ermessen im Gesellschaftsvertrag – Zugleich eine Besprechung von Russian Roulette-, Texan Shoot Out- und Drag-along-Klauseln, Frankfurt am Main 2010

Beckerhoff, Tom, Treupflichten bei der Stimmrechtsausübung und Eigenhaftung des Stimmrechtsvertreters, Frankfurt am Main 1996

Benecke, Martina, „Gesellschaftsrechtliche Voraussetzungen des Delisting – zur Begründung und Fortentwicklung der neuen Rechtsprechung des BGH zum freiwilligen Rückzug von der Börse", WM 2004, 1122-1126

Beuthien, Volker, „Konzernbildung und Konzernleitung kraft Satzung", ZIP 1993, 1589-1599

Bezzenberger, Tilman, „Das Bezugsrecht der Aktionäre und sein Ausschluss", ZIP 2002, 1917-1930

Bischoff, Thomas, „Sachliche Voraussetzungen von Mehrheitsbeschlüssen in Kapitalgesellschaften", BB 1987, 1055-1061

Böckenförde, Thomas, „Die getarnte Enteignung", NJW 2009, 2484-2491

Bokelmann, Gunther, Rechtsmissbrauch des Anfechtungsrechts durch den Aktionär?, Bielefeld 1970

Bork, Reinhard, „Grundfragen des Restrukturierungsrechts", ZIP 2010, 397-413

Born, Alexander, „Aktuelle Steuerfragen im Zusammenhang mit Debt-Equity-Swap-Transaktionen", BB 2009, 1730-1735

Brüggemann, Jürgen, Die richterliche Begründungspflicht – Verfassungsrechtliche Mindestanforderungen an die Begründung gerichtlicher Entscheidungen, Berlin 1971

Buchta, Jens / Ott, Kai-Peter, „Problembereiche des Squeeze-out", DB 2005, 990-994

Burgard, Ulrich, „Das Wettbewerbsverbot des herrschenden Aktionärs", in: Festschrift für Marcus Lutter, Köln 2000, 1033-1051

Burgard, Ulrich, „Die Förder- und Treupflicht des Alleingesellschafters einer GmbH", ZIP 2002, 827-839

Bürgers, Tobias / Körber, Torsten (Hrsg.), Heidelberger Kommentar zum Aktiengesetz, Heidelberg 2008

Buth, Andrea / Hermanns, Michael (Hrsg.), Restrukturierung, Sanierung, Insolvenz, 3. Auflage, München 2009

Bydlinski, Franz, Juristische Methodenlehre und Rechtsbegriff, 2. Auflage, Wien 1991

Canaris, Claus-Wilhelm, „Ansprüche wegen 'positiver Vertragsverletzung' und 'Schutzwirkung für Dritte' bei nichtigen Verträgen", JZ 1965, 475-482

Canaris, Claus-Wilhelm, Die Feststellung von Lücken im Gesetz, Berlin 1964
Canaris, Claus-Wilhelm, Die Vertrauenshaftung im deutschen Privatrecht, München 1971
Carli, Winfried M. / Rieder, Markus S. / Mückl, Norbert, „Debt-to-Equity-Swaps in der aktuellen Transaktionspraxis", ZIP 2010, 1737-1743
Deutscher Anwaltsverein e.V. (DAV) - Handelsrechtsausschuss, „Stellungnahme des Handelsrechtsausschusses des Deutschen Anwaltsvereins e.V. zur Ergänzung des AktG durch einen Titel 'Aktienerwerb durch den Hauptaktionär'", NZG 1999, 850-852
Dißars, Björn-Axel, „Anfechtungsrisiken beim Squeeze-out – zugleich eine Analyse der bisherigen Rechtsprechung", BKR 2004, 389-394
Dreher, Meinrad, „Die gesellschaftsrechtliche Treuepflicht bei der GmbH", DStR 1993, 1632-1636
Dreher, Meinrad, „Treuepflichten zwischen Aktionären und Verhaltenspflichten bei der Stimmrechtsbündelung – Gesellschaftsrechtliche und zivilrechtliche Grundlagen", ZHR 157 (1993), 150-171
Dreier, Peter, Bezugsrechtsausschluss im Aktienrecht – Reduzierung der Anforderungen an die sachliche Rechtfertigung, Münster 2005
Drouven, Ralph / Nobiling, Jesko, „Reverse Debt-Equity-Swaps – Auch steuerlich eine Alternative?", DB 2009, 1895-1900
Drygala, Tim, „Die Vorschläge der SLIM-Arbeitsgruppe zur Vereinfachung des Europäischen Gesellschaftsrechts", AG 2001, 291-299
Ehricke, Ulrich / Roth, Markus, „Squeeze-out im geplanten deutschen Übernahmerecht", DStR 2001, 1120-1127
Eidenmüller, Horst / Engert, Andreas, „Reformperspektiven einer Umwandlung von Fremd- in Eigenkapital (Debt-Equity Swap) im Insolvenzplanverfahren", ZIP 2009, 541-554
Eilers, Stephan, „Der Debt Equity-Swap – Eine Sanierungsmaßnahme für unternehmerische Krisensituationen", GWR 2009, 3-5
Ekkenga, Jens, „Sachkapitalerhöhung gegen Schuldbefreiung", ZGR 2009, 581-622
Emmerich, Volker / Habersack, Mathias (Hrsg.), Aktien- und GmbH-Konzernrecht, 6. Auflage, München 2010
Emmerich, Volker / Habersack, Mathias, Konzernrecht, 9. Auflage, München 2008
Engisch, Karl, Die Idee der Konkretisierung in Recht und Rechtswissenschaft unserer Zeit, 2. Auflage, Heidelberg 1968
Engisch, Karl, Einführung in das juristische Denken, 11. Auflage, Stuttgart 2010

Enneccerus, Ludwig / Kipp, Theodor / Wolff, Martin (Hrsg.), Lehrbuch des Bürgerlichen Rechts, Band 1: Enneccerus, Ludwig (Hrsg.), Allgemeiner Teil des Bürgerlichen Rechts, Teilband 2, 15. Auflage, Tübingen 1960
Erman, Walter (Hrsg.), Bürgerliches Gesetzbuch, Kommentar, 13. Auflage, Köln 2011
Esser, Josef / Schmidt, Eike, Schuldrecht, Band I (Allgemeiner Teil), Teilband 1 (Entstehung, Inhalt und Beendigung von Schuldverhältnissen), 8. Auflage, Heidelberg 1995
Fastrich, Lorenz, Richterliche Inhaltskontrolle im Privatrecht, München 1992
Fikentscher, Wolfgang / Heinemann, Andreas, Schuldrecht, 10. Auflage, Berlin 2006
Fleischer, Holger, „Börseneinführung von Tochtergesellschaften", ZHR 165 (2001), 513-549
Fleischer, Holger, „Das neue Recht des Squeeze out", ZGR 2002, 757-789
Fleischer, Holger, „Rechte der Minderheitsaktionäre bei 'übertragender Auflösung' einer Aktiengesellschaft", DNotZ 2000, 876-880
Freytag, Lars F., „Neues zum Recht der Konzernverschmelzung und des Squeeze out", BB 2010, 1611-1618
Fröde, Christian, „Missbräuchlicher Squeeze-out gem. §§ 327 a ff. AktG", NZG 2007, 729-735
Fuchs, Ingo, Der aktienrechtliche Squeeze-out, Köln 2009
Fuhrmann, Lambertus / Simon, Stefan, „Gestaltungsüberlegungen zur neuen Squeeze-out-Gesetzgebung", WM 2002, 1211-1217
Gampenrieder, Peter, Squeeze-out, Frankfurt am Main 2004
Gehrlein, Markus, Ausschluss und Abfindung von GmbH-Gesellschaftern, Köln 1997
Geibel, Stephan / Süßmann, Rainer (Hrsg.), Wertpapiererwerbs- und Übernahmegesetz (WpÜG), 2. Auflage, München 2008
Gesmann-Nuissl, Dagmar, „Die neuen Squeeze-out-Regeln im Aktiengesetz", WM 2002, 1205-1211
Geßler, Jörg H. (Hrsg.), Aktiengesetz, Frankfurt am Main 2008/2009/2010
Geßler, Jörg H. / Hefermehl, Wolfgang / Eckardt, Ulrich / Kropff, Bruno (Hrsg.), Aktiengesetz, München 1993
Goette, Wulf, Die GmbH – Darstellung anhand der Rechtsprechung des BGH, 2. Auflage, München 2002
Goslar, Sebastian / von der Linden, Klaus, „Grenzen des Rechtsmissbrauchseinwands gegen Gestaltungen beim aktienrechtlichen Squeeze out", BB 2009, 1986-1994

Greulich, Sven, Der Schutz des Minderheitsaktionärs – Eine kritische Analyse der §§ 327a ff. AktG, Aachen 2004
Grigoleit, Hans Christoph, Gesellschafterhaftung für interne Einflussnahme im Recht der GmbH – Dezentrale Gewinnverfolgung als Leitprinzip des dynamischen Gläubigerschutzes, München 2006
Großkommentar zum AktG, Band 1, 4. Auflage, Berlin 2004
Großkommentar zum AktG, Band 2, 4. Auflage, Berlin 2009
Großkommentar zum AktG, Band 3, 4. Auflage, Berlin 2009
Großkommentar zum AktG, Band 4, 4. Auflage, Berlin 2006
Großkommentar zum AktG, Band 5, 4. Auflage, Berlin 2009
Großkommentar zum AktG, Band 6, 4. Auflage, Berlin 2006
Großkommentar zum AktG, Lieferung 27, Berlin 2007
Grundmann, Stefan, Der Treuhandvertrag – insbesondere die werbende Treuhand, München 1997
Grunewald, Barbara, „Die neue Squeeze-out-Regelung", ZIP 2002, 18-22
Grunewald, Barbara, „Rechtsmissbräuchliche Umwandlungen", in: Festschrift für Volker Röhricht, Köln 2005, 129-136
Grunewald, Barbara, Der Ausschluss aus Gesellschaft und Verein, Köln 1987
Grunewald, Barbara, Gesellschaftsrecht, 8. Auflage, Tübingen 2011
Grunewald, Barbara, Kurzkommentar, EWiR 2009, 327-328
Haarmann, Wilhelm / Schüppen, Matthias (Hrsg.), Frankfurter Kommentar zum Wertpapiererwerbs- und Übernahmegesetz, 3. Auflage, Frankfurt am Main 2008
Habersack, Mathias, „'Holzmüller' und die schönen Töchter – Zur Frage eines Vorerwerbsrechts der Aktionäre beim Verkauf von Tochtergesellschaften", WM 2001, 545-549
Habersack, Mathias, „Der Finanzplatz Deutschland und die Rechte der Aktionäre", ZIP 2001, 1230-1239
Habersack, Mathias, Die Mitgliedschaft – subjektives und 'sonstiges' Recht, Tübingen 1996
Hachenburg, Max (Hrsg.), GmbHG Großkommentar, 8. Auflage, Berlin 1997
Hager, Lothar Wilhelm, Schikane und Rechtsmißbrauch, München 1913
Halasz, Christian / Kloster, Lars, „Nochmals: Squeeze-out – Eröffnung neuer Umgehungstatbestände durch die §§ 327a ff. AktG?", DB 2002, 1253-1257
Halm, Dirk, „Squeeze-Out heute und morgen: Eine Bestandsaufnahme nach dem künftigen Übernahmerecht", NZG 2000, 1162-1165
Hamann, Axel, Minderheitenschutz beim Squeeze-out-Beschluss, Köln 2003

Hammen, Horst, „Zur Haftung bei der Stimmrechtsvertretung durch Kreditinstitute in der Hauptversammlung der Aktiengesellschaft“, ZBB 1993, 239-255

Hanau, Hans, „Der Bestandsschutz der Mitgliedschaft anlässlich der Einführung des 'Squeeze Out' im Aktienrecht - Zur Verfassungsmäßigkeit des Zwangsausschlusses“, NZG 2002, 1040-1047

Häsemeyer, Ludwig, „Obstruktion gegen Sanierungen und gesellschaftsrechtliche Treupflichten“, ZHR 160 (1996), 109-132

Hasselbach, Kai, „Aktuelle Rechtsfragen des aktien- und übernahmerechtlichen Ausschlusses von Minderheitsaktionären“, Corporate Finance Law 2010, 24-34

Hasselbach, Kai, „Das Andienungsrecht von Minderheitsaktionären nach der EU-Übernahmerichtlinie“, ZGR 2005, 387-416

Haubelt, Horst Wilhelm, Die Konkretisierung von Generalklauseln, München 1978

Häuser, Franz, Unbestimmte „Maßstäbe“ als Begründungselement richterlicher Entscheidungen, Berlin 1981

Heidel, Thomas (Hrsg.), Aktienrecht und Kapitalmarktrecht, 3. Auflage, Baden-Baden 2011

Heidel, Thomas / Lochner, Daniel, „Der übernahmerechtliche Squeeze- und Sell-out gemäß §§ 39a ff. WpÜG“, Der Konzern 2006, 653-661

Heider, Karsten / Hirte, Markus, „BGH: Squeeze-out mit Hilfe darlehenshalber überlassener Aktien ist grundsätzlich nicht rechtsmissbräuchlich - 'Wertpapierdarlehen'“, GWR 2009, 111

Heinrich, Christian, „Die Generalklausel des § 242 BGB“, in: Festschrift für Adolf Laufs, Heidelberg 2006, 585-607

Heinrich, Christian, Formale Freiheit und materiale Gerechtigkeit - Die Grundlagen der Vertragsfreiheit und Vertragskontrolle am Beispiel ausgewählter Probleme des Arbeitsrechts, Tübingen 2000

Hellgardt, Alexander, „Abdingbarkeit der gesellschaftsrechtlichen Treuepflicht“, in: Festschrift für Klaus J. Hopt, Band 1, Berlin 2010, 765-794

Hellwig, Hans-Jürgen / Bormann, Michael, „Die Abfindungsregeln beim Going Private - Der Gesetzgeber ist gefordert!“, ZGR 2002, 465-496

Hennrichs, Joachim, „Treuepflichten im Aktienrecht - zugleich Überlegungen zur Konkretisierung der Generalklausel des § 242 BGB sowie zur Eigenhaftung des Stimmrechtsvertreters“, AcP, 195 (1995), 221-273

Henze, Hartwig, „Der Schlußpunkt des Bundesverfassungsgerichts unter den Streit um die 'übertragende Auflösung'“, in: Festschrift für Martin Peltzer, Köln 2001, 181-217

Henze, Hartwig, „Die Treuepflicht im Aktienrecht“, BB 1996, 489-498

Henze, Hartwig, „Entscheidungen und Kompetenzen der Organe in der AG: Vorgaben der höchstrichterlichen Rechtsprechung", BB 2001, 253-261
Henze, Hartwig, „Materiellrechtliche Grenzen für Mehrheitsentscheidungen im Aktienrecht (Teil I)", DStR 1993, 1823-1829
Henze, Hartwig, „Treuepflichten der Gesellschafter im Kapitalgesellschaftsrecht", ZHR 162 (1998), 186-196
Heuer, Carl-Heinz, „Wer kontrolliert die 'Kontrolleure'? – Anmerkungen zur Kochs-Adler-Entscheidung des Bundesgerichtshofes", WM 1989, 1401-1408
Hirte, Heribert, Bezugsrechtsausschluß und Konzernbildung – Minderheitenschutz bei Eingriffen in die Beteiligungsstruktur des Aktiengesetzes, Köln 1986
Hofmann, Christian, „Gesellschaftsrecht und Art. 14 GG", in: Festschrift für Klaus J. Hopt, Band 1, Berlin 2010, S. 833-848.
Hofmann, Christian, Minderheitsschutz im Gesellschaftsrecht, Göttingen 2011
Hölters, Wolfgang, Aktiengesetz, München 2011
Hommel, Ulrich / Knecht, Thomas C. / Wohlenberg Holger (Hrsg.), Handbuch Unternehmensrestrukturierung – Grundlagen, Konzepte, Maßnahmen, Wiesbaden 2006
Hommelhoff, Peter, „100 Bände BGHZ: Aktienrecht", ZHR 151 (1987), 493-516
Hueck, Alfred, „Der Treuegedanke im Recht der offenen Handelsgesellschaften", in: Festschrift für Rudolf Hübner, Jena 1935, S. 72 -91
Hueck, Alfred, Der Treuegedanke im modernen Privatrecht, München 1947
Hüffer, Uwe (Hrsg.), Aktiengesetz, 9. Auflage, München 2010
Hüffer, Uwe, "Zur Darlegungs- und Beweislast bei der aktienrechtlichen Anfechtungsklage", in: Festschrift für Hans-Joachim Fleck, Berlin 1988, S. 151-168
Hüffer, Uwe, „Die Ausgleichsklausel des § 243 Abs. 2 S. 2 AktG – misslungene Privilegierung der Mehrheitsherrschaft oder Grundlage für bloßen Vermögensschutz des Kapitalanlegers?", in: Festschrift für Bruno Kropff, Düsseldorf 1997, S. 128-144
Hüffer, Uwe, „Zur gesellschaftsrechtlichen Treupflicht als richterrechtlicher Generalklausel", in: Festschrift für Ernst Steindorff, Berlin 1990, S. 59-78
Immenga, Ulrich, „Bindung von Rechtsmacht durch Treuepflichten", in: Festschrift 100 Jahre GmbH-Gesetz, Köln 1992, S. 189-208

Immenga, Ulrich, Die personalistische Kapitalgesellschaft, Bad Homburg 1970
Jakobs, Angela, Die Rechte des Minderheitsaktionärs beim aktienrechtlichen Squeeze-out, Hamburg 2007
Jauernig, Othmar (Hrsg.), BGB Kommentar, 13. Auflage, München 2009
Jilg, Thomas, Die Treuepflicht des Aktionärs, Berlin 2005
Kallmeyer, Harald (Hrsg.), UmwG, 4. Auflage, Köln 2010
Kallmeyer, Harald, „Ausschluss von Minderheitsaktionären", AG 2000, 59-61
Kallmeyer, Harald, „Die börsennotierte Familien-Aktiengesellschaft", in: Festschrift für Bruno Kropff, Düsseldorf 1997, 145-154
Kamanabrou, Sudabeh, „Die Interpretation zivilrechtlicher Generalklauseln", AcP 202 (2002), 662-688
Kolb, Andreas, Der Ausschluss eines Gesellschafters aus der GmbH, Baden-Baden 2008
Kölner Kommentar zum Aktiengesetz, Band 5/1, 2. Auflage, Köln 1995
Kölner Kommentar zum Aktiengesetz, Band 6, 3. Auflage, Köln 2004
Kölner Kommentar zum UmwG, Köln 2009
Kölner Kommentar zum WpÜG, 2. Auflage, Köln 2010
Koppensteiner, Hans-Georg, „Treuwidrige Stimmabgaben bei Kapitalgesellschaften", ZIP 1994, 1325-1330
Kort, Michael, „Bezugsrechtsfragen und 'Holzmüller'-Fragen einer Tochter-Kapitalerhöhung aus Sanierungsgründen", AG 2002, 369-377
Kort, Michael, „Hauptaktionär nach § 327a Abs. 1 Satz 1 AktG mittels Wertpapierdarlehen", AG 2006, 557-563
Kort, Michael, „Squeeze-out-Beschlüsse: Kein Erfordernis sachlicher Rechtfertigung und bloß eingeschränkte Rechtsmissbrauchskontrolle", ZIP 2006, 1519-1522
Kort, Michael, „Zur Treuepflicht des Aktionärs", ZIP 1990, 294-297
Kort, Michael, Bestandsschutz fehlerhafter Strukturänderungen im Kapitalgesellschaftsrecht, München 1998
Kossmann, Alfred, „Ausschluss ('Freeze-out') von Aktionären gegen Barabfindung", NZG 1999, 1198-1203
Krebs, Peter, Sonderverbindung und außerdeliktische Schutzpflichten, München 2000
Krieger, Gerd, „Beschlußkontrolle bei Kapitalherabsetzungen", ZGR 2000, 885-907
Krieger, Gerd, „Squeeze-Out nach neuem Recht: Überblick und Zweifelsfragen", BB 2002, 53-62

Kübler, Friedrich / Assmann, Heinz-Dieter, Gesellschaftsrecht, 6. Auflage, Heidelberg 2006

Kumpan, Christoph / Mittermeier, Martin, „Risikoentleerte Stimmrechte – Auswirkungen von Wertpapierdarlehen im Gesellschaftsrecht", ZIP 2009, 404-411

Küting, Karlheinz, „Der Ausschluss von Minderheiten nach altem und neuem Recht – unter besonderer Berücksichtigung des Squeeze Out", DStR 2003, 838-844

Land, Volker / Hasselbach, Kai, „Going Private und Squeeze-out nach deutschem Aktien-, Börsen- und Übernahmerecht", DB 2000, 557-562

Larenz, Karl / Canaris, Claus-Wilhelm, Methodenlehre der Rechtswissenschaft, 3. Auflage, Berlin 1995

Larenz, Karl / Wolf, Manfred, Allgemeiner Teil des Bürgerlichen Rechts, 9. Auflage, München 2004

Larenz, Karl, Lehrbuch des Schuldrechts, Band I (Allgemeiner Teil), 14. Auflage, München 1987

Leenen, Detlef, Typus und Rechtsfindung; Die Bedeutung der typologischen Methode für die Rechtsfindung dargestellt am Vertragsrecht des BGB, Berlin 1971

Lenz, Christofer / Leinekugel, Rolf, Eigentumsschutz beim Squeeze out, Köln 2004

Leuering, Dieter / Rubner,Daniel, „Squeeze-out auf Basis von darlehenshalber überlassenen Aktien", NJW-Spezial, 2009, 335-336

Leyendecker, Benjamin E., „Irrelevanz des anteiligen Unternehmenswerts zur Ermittlung der Squeeze-out-Abfindung bei Bestehen eines fortdauernden Beherrschungs- und Gewinnabführungsvertrags", NZG 2010, 927-930

Lieder, Jan / Stange, Kristian, „Squeeze-out: Aktuelle Streit- und Zweifelsfragen", Der Konzern 2008, 617-629

Looschelders, Dirk, Schuldrecht, Allgemeiner Teil, 8. Auflage, Köln 2010

Lutter, Marcus (Hrsg.), UmwG, 4. Auflage, Köln 2009

Lutter, Marcus / Drygala, Tim, „Die Übertragende Auflösung: Liquidation der Aktiengesellschaft oder Liquidation des Minderheitenschutzes?", in: Festschrift für Bruno Kropff, Düsseldorf 1997, 191-223

Lutter, Marcus / Hommelhoff, Peter (Hrsg.), GmbH-Gesetz, 17. Auflage, Köln 2009

Lutter, Marcus / Leinekugel, Rolf, „Planmäßige Unterschiede im umwandlungsrechtlichen Minderheitenschutz?", ZIP 1999, 261-267

Lutter, Marcus, „Die Treupflicht des Aktionärs", ZHR 153 (1989), 446-471

Lutter, Marcus, „Materielle und förmliche Erfordernisse eines Bezugsrechtsausschlusses – Besprechung der Entscheidung BGHZ 71, 40 (Kali + Salz)", ZGR 1979, 401-418

Lutter, Marcus, „Noch einmal: Zum Vorerwerbsrecht der Aktionäre beim Verkauf von Tochtergesellschaften über die Börse", AG 2001, 349-353

Lutter, Marcus, „Theorie der Mitgliedschaft – Prolegomena zu einem Allgemeinen Teil des Korporationsrechts", AcP 180 (1980), 84-159

Lutter, Marcus, „Treupflichten und ihre Anwendungsprobleme", ZHR 162 (1998), 164-185

Lutter, Marcus, „Zur inhaltlichen Begründung von Mehrheitsentscheidungen – Besprechung der Entscheidung BGH WM 1980, 378", ZGR 1981, 171-182

Mader, Peter, Rechtsmißbrauch und unzulässige Rechtsausübung, Wien 1994

Markwardt, Karsten, „Squeeze-out: Anfechtungsrisiken in 'Missbrauchsfällen'", BB 2004, 277-286

Marsch-Barner, Reinhard, „Treuepflichten zwischen Aktionären und Verhaltenspflichten bei der Stimmrechtsbündelung – Prinzipienbildung und Differenzierung in der Praxis", ZHR 157 (1993), 172-195

Martens,Klaus-Peter, „Die GmbH und der Minderheitsschutz", GmbHR 1984, 265-272

Martinek, Michael, „Anmerkung zu BGH, JZ 1996, 469-470", JZ 1996, 470-472

Meilicke, Wienand, „Zur Verfassungsmäßigkeit der Squeeze-out-Regelungen – insbesondere in der Insolvenz des Hauptaktionärs", AG 2007, 261-271

Merkt, Hanno / Binder, Jens-Hinrich, „Änderungen im Übernahmerecht nach Umsetzung der EG-Übernahmerichtlinie: Das deutsche Umsetzungsgesetz und verbleibende Problemfelder", BB 2006, 1285-1292

Merkt, Hanno, „Zum Verhältnis von Kapitalmarktrecht und Gesellschaftsrecht in der Diskussion um die Corporate Governance", AG 2003, 126-136

Michalski, Lutz, Kommentar zum Gesetz betreffend die Gesellschaften mit beschränkter Haftung (GmbH-Gesetz), Band 2, 2. Auflage, München 2010

Morgen, Carl-Christian von, „Das Squeeze-Out und seine Folgen für AG und GmbH", WM 2003, 1553-1560

Moritz, Hans Martin Christian, 'Squeeze out': Der Ausschluss von Minderheitsaktionären nach §§ 327 a ff. AktG, 2004

Mülbert, Peter O., „Abschwächung des mitgliedschaftlichen Bestandsschutzes im Aktienrecht", in: Festschrift für Peter Ulmer, Berlin 2003, 433-450
Mülbert, Peter O., Aktiengesellschaft, Unternehmensgruppe und Kapitalmarkt – Die Aktionärsrechte bei Bildung und Umbildung einer Unternehmensgruppe zwischen Verbands- und Anlegerschutzrecht, München 1995
Münchener Handbuch des Gesellschaftsrechts, Band 2 (Kommanditgesellschaft / GmbH & Co. KG / Publikums-KG / Stille Gesellschaft), 3. Auflage, München 2009
Münchener Handbuch des Gesellschaftsrechts, Band 4 (Aktiengesellschaft), 3. Auflage, München 2007
Münchener Kommentar zum Aktiengesetz, Band 1, 3. Auflage, München 2008
Münchener Kommentar zum Aktiengesetz, Band 4, 3. Auflage, München 2011
Münchener Kommentar zum Aktiengesetz, Band 5, 3. Auflage, München 2010
Münchener Kommentar zum Bürgerlichen Gesetzbuch, Band 1/1, 5. Auflage, München 2006
Münchener Kommentar zum Bürgerlichen Gesetzbuch, Band 2, 5. Auflage, München 2007
Münchener Kommentar zum Bürgerlichen Gesetzbuch, Band 5, 5. Auflage, München 2009
Musielak, Hans-Joachim, Kommentar zur Zivilprozessordnung, 8. Auflage, München 2011
Natterer, Joachim, „Materielle Kontrolle von Kapitalherabsetzungsbeschlüssen? Die Sachsenmilch-Rechtsprechung", AG 2001, 629-635
Oelke, Herbert / Wöhlert, Helge-Torsten / Degen, Stephan, „Debt Mezzanine Swap – Königsweg für die Restrukturierungsfinanzierung?", BB 2010, 299-303
Ohly, Ansgar, „Generalklausel und Richterrecht", AcP 201 (2001), 1-47
Palandt, Otto (Hrsg.), Bürgerliches Gesetzbuch, 70. Auflage, München 2011
Petersen, Sven / Wille, Sophia, „Zulässigkeit eines Squeeze-out und Stimmrechtszurechnung bei Wertpapierdarlehen", NZG 2009, 856-859
Piekenbrock, Andreas, Befristung, Verjährung, Verschweigung und Verwirkung, Tübingen 2006
Piepenburg, Manfred, Mitgliedschaftliche Treupflichten der Aktionäre – Dogmatische Herleitung, Präzisierung und Anwendung einer richterrechtlichen Wertungsgrundlage, Hamburg 1996

Pluskat, Sorika, „Nicht missbräuchliche Gestaltungen zur Erlangung der Beteiligungshöhe beim Squeeze-out", NZG 2007, 725-729
Pluskat, Sorika, „Squeeze-Out nach Wertpapierdarlehen", DB 2009, 1224-1227
Posegga, Sandra, Squeeze-out – Unter besonderer Berücksichtigung möglicher Missbrauchsfälle sowie der Besonderheiten der Bemessung der Barabfindung, Frankfurt am Main 2006
Pötzsch, Thorsten / Möller, Andreas, „Das künftige Übernahmerecht – Der Diskussionsentwurf des Bundesministeriums der Finanzen zu einem Gesetz zur Regelung von Unternehmensübernahmen und der Gemeinsame Standpunkt des Rates zur europäischen Übernahmerichtlinie", WM 2000, Sonderbeilage 2, 1-38
Prütting, Hanns / Gehrlein, Markus (Hrsg.), ZPO Kommentar, 3. Auflage, Köln 2011
Raiser, Thomas / Veil, Rüdiger (Hrsg.), Recht der Kapitalgesellschaften, 5. Auflage, München 2010
Raiser, Thomas, „100 Bände BGHZ: GmbH-Recht – Die Treuepflichten im GmbH-Recht als Beispiel der Rechtsfortbildung", ZHR 151 (1987), 422-443
Redeker, Rouven, „Kontrollerwerb an Krisengesellschaften: Chancen und Risiken des Debt-Equity-Swap", BB 2007, 673-680
Rehbinder, Eckard, „Treuepflichten im GmbH-Konzern – Besprechung der Entscheidung BGHZ 65, 15", ZGR 1976, 386-399
Reinisch, Armin, Der Ausschluss von Aktionären aus der Aktiengesellschaft, Köln 1992
Richard, Jörg / Weinheimer, Stefan, „Der Weg zurück: Going Private", BB 1999, 1613-1620
Rieder, Markus S., „(Kein) Rechtsmissbrauch beim Squeeze-out", ZGR 2009, 981-1006
Riehmer, Klaus, „Squeeze-out: Lösungen zu aktuellen Problemen aus Sicht der Praxis", Der Konzern 2009, 273-278
Röhricht, Volker / Westphalen, Friedrich Graf v. (Hrsg.), Kommentar zum Handelsgesetzbuch, 3. Auflage, Köln 2008
Roitzsch, Frank, Der Minderheitenschutz im Verbandsrecht, Königstein/Ts. 1981
Röpke, Katarina, Gläubigerschutzregime im europäischen Wettbewerb der Gesellschaftsrechte, Berlin 2007
Rößler, Gernot J., Squeeze Out – Rechtsfragen und Probleme einer Neuerung des deutschen Aktienrechts mit Ausblick ins Übernahmerecht, Frankfurt am Main 2007

Roth, Günter H. / Altmeppen, Holger (Hrsg.), GmbHG, 6. Auflage, München 2009

Roth, Markus, „Die übertragende Auflösung nach Einführung des Squeeze-out", NZG 2003, 998-1005

Rowedder, Heinz / Schmidt-Leithoff, Christian (Hrsg.), Gesetz betreffend die Gesellschaften mit beschränkter Haftung (GmbHG), 4. Auflage, München 2002

Rühland, Philipp, „Der übernahmerechtliche Squeeze-out im Regierungsentwurf des Übernahmerichtlinie-Umsetzungsgesetzes – Ökonomisch sinnvoll, aber nicht vollständig mit höherrangigem Recht vereinbar", NZG 2006, 401-407

Rühland, Philipp, „Die Zukunft der übertragenden Auflösung (§ 179a AktG) – Die Konsequenzen des gesetzlichen Ausschlussrechts, der geplanten Reform des Spruchverfahrens und der MotoMeter-Entscheidung des BVerfG für die übertragende Auflösung", WM 2002, 1957-1966

Rühland, Philipp, Der Ausschluss von Minderheitsaktionären aus der Aktiengesellschaft (Squeeze-out), Baden-Baden 2004

Ruoff, Michael / Marhewka, Daniel, „Angriffe auf Übertragungsbeschlüsse unter dem Deckmantel des Missbrauchseinwands werden zurückgehen", BB 2009, 1321-1322

Sagasser, Bernd / Bula, Thomas / Brünger, Thomas R. (Hrsg.), Umwandlungen, 4. Auflage, München 2011

Schäfer, Carsten / Dette, Felix, „Aktienrechtlicher Squeeze-Out – Beschlussnichtigkeit bei missbräuchlicher Erlangung des Kapitalquorums?", NZG 2009, 1-40

Schäfer, Hans-Bernd / Ott, Claus, Lehrbuch der ökonomischen Analyse des Zivilrechts, 4. Auflage, Berlin 2005

Schellhammer, Kurt, Schuldrecht nach Anspruchsgrundlagen, samt BGB Allgemeiner Teil, 7. Auflage, Heidelberg 2008

Schellhammer, Kurt, Zivilprozess, 13. Auflage, Heidelberg 2010

Scheunemann, Marc P. / Hoffmann, Guido, „Dept- Equity- Swap – Steuerliche Strukturierung und zivilrechtliche Rahmenbedingungen", DB 2009, 983-986

Schiel, Alexander, Aktionärsschutz zwischen Aktienrecht und Kapitalmarkt – Aktionärsrechte beim Erwerb fremden Vermögens gegen Gewährung von Aktien der AG und in der Unternehmensgruppe zwischen Verbands- und Anlegerschutzrecht, Berlin 2009

Schiessl, Maximilian, „Ist das deutsche Aktienrecht kapitalmarkttauglich?", AG 1999, 442-452

Schilken, Eberhard, Zivilprozessrecht, 6. Auflage, München 2010

Schmid, Christoph, „Das umwandlungsrechtliche Unbedenklichkeitsverfahren und die Reversibilität registrierter Verschmelzungsbeschlüsse“, ZGR 1997, 493-521

Schmid, Hubert / Mühlhäuser, Felix, „Wirtschaftliches Eigentum und Gewinnrealisierung bei der Wertpapierleihe”, BB 2001, 2609-2618

Schmidt, Karsten / Lutter, Marcus (Hrsg.), Aktiengesetz Kommentar, 2. Auflage, Köln 2010

Schmidt, Karsten, „Einschränkung der umwandlungsrechtlichen Eintragungswirkungen durch den umwandlungsrechtlichen numerus clausus“, ZIP 1998, 181-189

Schmidt, Karsten, „Formwechsel zwischen GmbH und GmbH & Co. KG – Zur Gesellschafteridentität bei der Beteiligung einer Personengesellschaft am Formwechsel“, GmbHR 1995, 693-696

Schmidt, Karsten, Gesellschaftsrecht, 4. Auflage, Köln 2002

Schmidt, Mario / Schlitt, Michael, „Debt Equity Swap – Eine attraktive Form der Restrukturierung“, Der Konzern 2009, 279-290

Schmiedel, Burkhard, „Herbert Wohlmann, die Treuepflicht des Aktionärs. Die Anwendung eines allgemeinen Rechtsgrundsatzes auf den Aktionär.“, ZHR 134 (1970), 173-183

Schmitt, Joachim / Hörtnagl, Robert / Stratz, Rolf-Christian (Hrsg.), UmwG / UmwStG, 5. Aufl., München 2009

Schockenhoff, Martin, Gesellschaftsinteresse und Gleichbehandlung beim Bezugsrechtsausschluß, Köln 1988

Scholz, Franz (Hrsg.), Kommentar zum GmbH-Gesetz, Band 1, 10. Aufl., Köln 2006

Scholz, Franz (Hrsg.), Kommentar zum GmbH-Gesetz, Band 2, 10. Aufl., Köln 2007

Scholz, Franz (Hrsg.), Kommentar zum GmbH-Gesetz, Band 3, 10. Aufl., Köln 2010

Schön, Wolfgang, „Der 'Rechtsmissbrauch' im Europäischen Gesellschaftsrecht”, in: Festschrift für Heribert Wiedemann, München 2002, 1271-1295

Schön, Wolfgang, „Der Aktionär im Verfassungsrecht“, in: Festschrift für Peter Ulmer, Berlin 2003, 1359 – 1392

Schulze, Reiner (Hrsg.), Handkommentar BGB, 6. Auflage, Baden-Baden 2009

Schurig, Klaus, „Die Gesetzesumgehung im Privatrecht – Eine Studie mit kollisionsrechtlichen und rechtsvergleichenden Aspekten“, in: Festschrift für Murad Ferid, Frankfurt am Main 1988, 375-422

Schwab, Martin, Zivilprozessrecht, 3. Auflage, Heidelberg 2010

Schwark, Eberhard/ Geiser, Frank, „Delisting", ZHR 161 (1997), 739-773
Schwarz, Kyrill-A., Vertrauensschutz als Verfassungsprinzip, Baden-Baden 2001
Schwichtenberg, Jörg, „Going Private und Squeeze-outs in Deutschland", DStR 2001, 2075-2082
Seibt, Christoph H. / Voigt, Hans-Christoph, „Kapitalerhöhungen zu Sanierungszwecken", AG 2009, 133-147
Sellmann, Christian, „Ausgleichs- und Verfahrensregelungen des Squeeze-out auf dem Prüfstand des Verfassungsrechts", WM 2003, 1545-1553
Seuffert, Gabriel, Der Schutz des Aktieneigentums nach Art. 14 GG und seine Auswirkungen im Zusammenhang mit dem Ausschluss von Minderheitsaktionären – unter Berücksichtigung schweizerischen und US-amerikanischen Rechts, Würzburg 2005
Siebert, Wolfgang, Verwirkung und Unzulässigkeit der Rechtsausübung – Ein rechtsvergleichender Beitrag zur Lehre von den Schranken der privaten Rechte und zur exceptio doli (§§ 226, 242, 826 BGB), unter besonderer Berücksichtigung des gewerblichen Rechtsschutzes (§ 1 UWG), Marburg 1934
Sieger, Jürgen / Hasselbach, Kai, „Der Ausschluss von Minderheitsaktionären nach den neuen §§ 327a ff AktG", ZGR 2002, 120-162
Sieker, Susanne, Umgehungsgeschäfte, Berlin 2001
Singer, Reinhard, „Wann ist widersprüchliches Verhalten verboten? – Zu den Rechtsfolgen der form- und grundlosen Eigenkündigung eines Arbeitnehmers", NZA 1998, 1309-1315
Singer, Reinhard, Das Verbot widersprüchlichen Verhaltens, München 1993
Soergel, Theodor (Hrsg.), Kommentar zum Bürgerlichen Gesetzbuch, Band 2, 12. Auflage, Stuttgart 1990
Soergel, Theodor (Hrsg.), Kommentar zum Bürgerlichen Gesetzbuch, Band 5/1, 12. Auflage, Stuttgart 2007
Spindler, Gerald / Stilz, Eberhard (Hrsg.), Kommentar zum Aktiengesetz, 2. Auflage, München 2010
Staake, Marco, Ungeschriebene Hauptversammlungskompetenzen in börsennotierten und nicht börsennotierten Aktiengesellschaften, Brühl 2009
Staub, Hermann (Hrsg.), Handelsgesetzbuch, Großkommentar, Band 3, 5. Aufl., Berlin 2009
Staudinger, Julius von (Hrgs.), Kommentar zum Bürgerlichen Gesetzbuch, §§ 164 -240 (Allgemeiner Teil 5), Berlin 2009
Staudinger, Julius von (Hrgs.), Kommentar zum Bürgerlichen Gesetzbuch, Einleitung zu §§ 241ff.; §§ 241-243 (Treu und Glauben), Berlin 2009

Stumpf, Christoph A., „Grundrechtsschutz im Aktienrecht", NJW 2003, 9-15
Sudhoff, Heinrich (Hrsg.), GmbH & Co. KG, 6. Auflage, München 2005
Sydow, Christian von / Beyer, Oliver, „Erwerb von notleidenden Krediten und anschließende Kapitalerhöhung mit Sacheinlage", AG 2006, 635-644
Teichmann, Arndt, „Venire contra factum proprium - Ein Teilaspekt rechtsmißbräuchlichen Handelns", JA 1985, 497-502
Teichmann, Arndt, Die Gesetzesumgehung, Göttingen 1962
Thaeter, Ralf / Guski, Roman, „Shareholder Activism: Gesellschaftsrechtliche Schranken aktiven Aktionärsverhaltens", AG 2007, 301-308
Timm, Wolfram, „Treuepflichten im Aktienrecht", WM 1991, 481-494
Timm, Wolfram, „Zur Sachkontrolle von Mehrheitsentscheidungen im Kapitalgesellschaftsrecht - dargestellt am Beispiel 'strukturverändernder Entscheidungen'", ZGR 1987, 403-442
Ulmer, Peter / Habersack, Mathias / Winter, Martin (Hrsg.), Gesetz betreffend die Gesellschaften mit beschränkter Haftung (GmbHG), Großkommentar, Band 2, Tübingen 2006
Ulmer, Peter, „Begründung von Rechten für Dritte in der Satzung einer GmbH?", in: Festschrift für Winfried Werner, Berlin 1984, 911-931
Vaupel, Christoph F. / Reers, Ulrich, „Kapitalerhöhungen bei börsennotierten Aktiengesellschaften in der Krise", AG 2010, 93-105
Vetter, Eberhard, „Squeeze-out - Der Ausschluss der Minderheitsaktionäre aus der Aktiengesellschaft nach den §§ 327a-327f AktG", AG 2002, 176-190
Vetter, Eberhard, „Squeeze-out nur durch Hauptversammlungsbeschluss?", DB 2001, 743-747
Wank, Rolf, Grenzen richterlicher Rechtsfortbildung, Berlin 1978
Weber, Martin, Vormitgliedschaftliche Treuebindungen - Begründung, Reichweite und Vorauswirkung gesellschaftsrechtlicher Treuepflichten, München 1999
Weber, Ralph, „Einige Gedanken zur Konkretisierung von Generalklauseln durch Fallgruppen", AcP 192 (1992), 516-567
Weber, Ralph, „Erwiderung", AcP 194 (1994), 90-92
Wieacker, Franz, Gesetz und Richterkunst - Zum Problem der außergesetzlichen Rechtsordnung, Karlsruhe 1958
Wieacker, Franz, Zur rechtstheoretischen Präzisierung des § 242 BGB, Tübingen 1956
Wiedemann, Herbert, „Minderheitsrechte ernstgenommen", ZGR 1999, 857-872

Wiedemann, Herbert, „Rechtsethische Maßstäbe im Unternehmens- und Gesellschaftsrecht", ZGR 1980, 147-176

Wiedemann, Herbert, „Rechtssicherheit – ein absoluter Wert? – Gedanken zum Bestimmtheitserfordernis zivilrechtlicher Tatbestände", in: Festschrift für Karl Larenz, München 1973, 199-215

Wiedemann, Herbert, „Treuebindung und Sachlichkeitsgebot", WM 2009, 1-9

Wiedemann, Herbert, „Zu den Treuepflichten im Gesellschaftsrecht", in: Festschrift für Theodor Heinsius, Berlin 1991, 949-966

Wiedemann, Herbert, Gesellschaftsrecht, Band I, München 1980

Wieling, Hans Josef, „Venire contra factum proprium und Verschulden gegen sich selbst", AcP 176 (1976), 334-355

Willemsen, Reinhard / Rechel, Janine, „Die Reform des Insolvenzplanverfahrens – Ein Zwischenstandsbericht: Anmerkungen zu den vorgeschlagenen Änderungen", BB 2010, 2059-2068

Wimmer-Leonhardt, Susanne, Konzernhaftungsrecht – Die Haftung der Konzernmuttergesellschaft für die Tochtergesellschaften im deutschen und englischen Recht, Tübingen 2004

Windbichler, Christine, Gesellschaftsrecht, 22. Auflage, München 2009

Winter, Martin, Mitgliedschaftliche Treuebindungen im GmbH-Recht – Rechtsformspezifische Aspekte eines allgemeinen gesellschaftsrechtlichen Prinzips, München 1988

Wirth, Gerhard / Arnold, Michael, „Anfechtungsklagen gegen Squeeze-out-Hauptversammlungsbeschlüsse wegen angeblicher Verfassungswidrigkeit", AG 2002, 503-507

Wolf, Martin, „Der Minderheitenausschluss qua 'übertragender Auflösung' nach Einführung des Squeeze-Out gemäß §§ 327a-f AktG", ZIP 2002, 153-160

Worch, Karl-Heinz, Treuepflichten von Kapitalgesellschaftern untereinander und gegenüber der Gesellschaft, Frankfurt am Main 1983

Ziemons, Hildegard, „Neuer Gestaltungsspielraum beim Squeeze out (Überlegungen zur BGH-Entscheidung 'Wertpapierdarlehen')", GWR 2009, 159-161

Zöller, Richard (Hrsg.), Zivilprozessordnung, 28. Auflage, Köln 2010

Zöllner, Wolfgang, „Treupflichtgesteuertes Aktienkonzernrecht", ZHR 162 (1998), 235-248

Zöllner, Wolfgang, Die Schranken mitgliedschaftlicher Stimmrechtsmacht bei den privatrechtlichen Personenverbänden, München 1963

Zweigert, Konrad / Kötz, Hein, Einführung in die Rechtsvergleichung, 3. Auflage, Tübingen 1996